Diana Ross · Mein Leben

DIANA ROSS

MEIN LEBEN

EINE
AUTOBIOGRAPHIE

Aus dem Amerikanischen
von Birgit Moosmüller

Goldmann Verlag

Die amerikanische Originalausgabe erschien 1993 unter dem Titel
»Secrets of a Sparrow« bei Villard Books, New York

Gelerimisse einer Spatzen (handwritten)

Umwelthinweis:
Alle bedruckten Materialien dieses Taschenbuches
sind chlorfrei und umweltschonend.

Geboren 1944 (handwritten)

CP 1993 (handwritten)

gestorbe mit 49 (handwritten)

Vidder (handwritten)

Der Goldmann Verlag ist ein Unternehmen
der Verlagsgruppe Bertelsmann

Copyright © der Originalaussprache 1993 by Diana Ross
Copyright © der deutschsprachigen Ausgabe 1994
by Wilhelm Goldmann Verlag, München
Foto- und Quellennachweise am Ende des Buches
Umschlaggestaltung: Design Team München
unter Verwendung eines Fotos von Albert Watson
Satz: Uhl + Massopust GmbH, Aalen
Druck: Graphische Großbetriebe Pößneck
Verlagsnummer: 8288
SN · Redaktion: Regina Winter
Herstellung: Martin Strohkendl
Made in Germany
ISBN 3-442-08288-9

1 3 5 7 9 10 8 6 4 2

Für meine Kinder, meinen Mann
und alle, die mich lieben,
obwohl ich eigentlich nicht möchte,
daß ihr erst durch die Worte
in diesem Buch erfahrt, wer ich bin;
ich hoffe, ihr wißt, wer ich bin,
durch unsere gemeinsame Zeit
und unser Zusammenleben
und durch die Liebe, die ich
für euch empfinde.

Liebe Kinder – Rhonda, Tracee, Chudney, Ross und Evan,
ich wußte immer, daß ich Euch wollte. Noch ehe ich Eure
Gesichter sah, wollte ich meine Babys. Ihr seid mehr, als ich
mir je erträumt habe. Jedes von Euch ist ein ganz besonderes
Geschenk. Ich hoffe, daß ich Euch immer eine gute Mutter
gewesen bin und auch weiterhin einen positiven Einfluß auf
Euer Leben ausüben werde.

Ich weiß, wie schwierig es ist, eine berühmte Mutter zu
haben, und ich weiß, wie wichtig es ist, daß Ihr Euch Eure
Individualität und Unabhängigkeit bewahrt.

Ich will für Euch nur das Beste. Ich liebe Euch alle von
ganzem Herzen, mit all meiner Kraft. Ich hoffe, ich kann noch
lange bei Euch sein. Denkt an mich, wie ich an Euch denke –
voller Liebe.

Mein Herz gehört Euch,
Mom

I sing because I'm happy,
I sing because I'm free
His eye is on the sparrow
And I know He watches me.

»His Eye Is on the Sparrow«

Ich singe, denn ich bin froh und frei,
Ich singe, denn ich bin hier.
Gottes Blick ruht auf jedem Spatzen
Und ich weiß, er ruht auch auf mir.

The human heart has hidden treasures,
in secret kept, in silence sealed.
The thoughts, the hopes, the dreams,
the pleasure, whose charms were
broken if revealed.

Charlotte Brontë, »Evening Solace«, 1846

Des Menschen Herz birgt Schätze,
verborgen und verhüllt von Schweigen.
Gedanken, Hoffnungen, Träume und Freuden,
deren Zauber verschwände,
würde man sie zeigen.

Danke

Andrea Cagan, Dolores Barclay,
Al Lowman, Diane Reverand,
John Frankenheimer,
Judith Service, Rosanne Shelnutt,
Renee Bell, Quintin Anderson,
Arlene Lee, Jason Cunliffe,
Maddy Miller, Jim Goodkind,
Geneva Saunders, Arthur Fowles,
Ken Johnson, Robert T. Lash,
Sharon Davis, Bob Tuschman,
Dennis Woloch, Maureen McMahon,
Bobbi Hicks.

Ohne eure Unterstützung und Hilfe
wäre dieses Buch nicht zustande gekommen.

INHALT

WEGSTRECKEN

INNENRÄUME

WEBEN AM TEPPICH

LEBENSLINIE: MUSIK, MUSIK
UND NOCH MEHR MUSIK

New York

Kalt erwischt

Ich habe ein Leben lang gebraucht,
um hierherzukommen.
Jetzt bleibe ich auch hier!

Donnerstag, 21. Juli 1983, sechs Uhr abends. Draußen rührte sich kein Lüftchen, aber innerlich stand ich unter Strom. Ich trug einen bunten afrikanischen Umhang. Der Anfang der Show sollte sich auf meine Wurzeln beziehen. Bilder vom afrikanischen Dschungel wurden auf eine riesige Leinwand projiziert, und dazwischen sah man Szenen aus New York City, selbst auch eine Art Dschungel. Ich stand auf der Treppe neben der riesigen Bühne. Dies war keine normale Bühne; es war der Ausdruck meiner Phantasie. Und ich stand kurz davor, in einen Traum einzutreten, den ich über ein Jahr lang ersonnen und geplant hatte. Tausende von Details. Eine zermürbende Aufgabe, wie der Bau einer Stadt aus dem Nichts. Aber was für eine Stadt es werden sollte! Eine Stadt der Intensität und des Lichts. Eine Stadt voller Kreativität und Vitalität. Eine Stadt, die am Ende vielen Kindern Freude bringen würde. Ich bin eine Träumerin. Und im Central Park habe ich einen meiner Träume verwirklicht. Ich habe mir ein Ziel gewählt und mir dann alle Details vorgestellt, einen genauen Plan entworfen, und schließlich wußte ich, daß mein Traum wahr werden würde. Ich glaube, daß das Leben voller Zauber steckt, daß wir uns etwas ausdenken und es dann verwirklichen können.

Der Himmel wirkte kristallklar, zumindest von dort, wo ich stand. Die Sonne war auf dem Weg nach Westen, und die Blätter an den Bäumen rührten sich nicht, kein Lüftchen regte sich. Das Wetter war wie bestellt; es hätte gar nicht schöner sein können. Die Luft im Central Park stand unter Strom; der ganze Park schien zu leben und mit dem Herzschlag der versammelten Menschen zu vibrieren. 400 000 waren gekommen. Wir hatten uns versammelt, um gemeinsam eine schöne Zeit zu verleben, um zu tanzen. Sie wollten sich zusammen mit mir bewegen und von der Musik mitreißen

15

lassen. Ich spürte, was sie wollten, und hatte vor, mein Bestes zu geben, ihnen ihren Wunsch zu erfüllen. Es war mir eine Ehre. Und am Ende würde mein Traum von einem Kinderspielplatz in New York wahr werden. Das Konzert sollte keinen Eintritt kosten. Wir hofften, daß der Verkauf von Hüten, T-Shirts, Postern und Fahnen genug Geld einbringen würde, um einen Spielplatz zu finanzieren, einen sicheren Ort, wo Kinder spielen, rennen, lachen und sich treffen konnten, einen Ort, wo sie die magische Zeit der Kindheit gefahrlos verbringen konnten – einen Spielplatz aus Holz, wo sie sich ihre kleinen Finger nicht verletzen würden.

AUF DIE PLÄTZE.

Die afrikanischen Trommeln stimmten ihren mitreißenden Rhythmus an, die Musik setzte ein, und die Bernice Johnson Dancers begannen zu tanzen. Ich konnte nicht mehr ruhig bleiben; jeder Schritt, den die Tänzer machten, bebte in mir nach. Ich war bereit, bereit, auf die Bühne hinauszufliegen und meinen Traum zu tanzen. Ich wußte, daß das Konzert nur ein Teil des Ganzen war. Die meisten Konzerte dienen der bloßen Unterhaltung. Daneben gibt es solche wie »We Are the World«, ein Konzert, das das Interesse der breiten Öffentlichkeit weckte und im Kampf gegen die Armut in den USA und in Afrika Enormes leistete. Obwohl ich mit meinem eigenen Konzert ein persönliches Ziel verfolgte, ging es mir nicht darum, daran zu verdienen. Das Konzert war nur Mittel zum Zweck. Ich war die Träumerin. Der Spielplatz war mein Traum.

Während ich die Fransen meines Umhangs glattzog, mußte ich plötzlich an Belle Isle denken, einen Holzspielplatz aus meiner Jugend, eine Zufluchtstätte für mich und meine Schwestern, als wir noch klein waren. Woran es uns in unserer Kindheit auch immer gemangelt haben mag, immerhin hatten wir einen sicheren und magischen Ort, an dem wir im Freien spielen konnten. Egal, wo wir lebten, immer gab es einen Spielplatz, auf dem wir uns mit anderen Kindern treffen konnten. Dasselbe wünschte ich mir für meine eigenen Kinder. Ich wünschte es mir hier in New York City, direkt hier im Central Park. Der Gedanke daran hatte mich nicht mehr losgelassen. Jemand hat mir mal einen weisen Rat gegeben: Achte immer auf deine Gedanken; das, woran du denkst, wirst du letztendlich auch bekommen.

FERTIG.

Die Tänzer neigten sich bis zum Boden; sie ließen den Rhythmus der Trommeln die Wirbelsäule hinaufgleiten und durch Hüften und Beine kreisen. Sie waren eins mit der Musik, eins miteinander, und sie zogen ihre Kraft aus der Energie der versammelten Menschenmassen. Diese vibrierenden Tänzer waren jung und frisch; sie waren noch nie einer solch mächtigen

16

Energie ausgesetzt gewesen. Aber sie wußten genau, wie sie damit umzugehen hatten. Während ich mich darauf vorbereitete, mich ihnen anzuschlie-
ßen, kam plötzlich ein so starker Wind auf, daß ich Angst hatte, er könnte
die Kinder einfach von der Bühne blasen. Der Wind kam aus heiterem
Himmel. Dann schaute ich zur seitlichen Tribüne hinüber, auf der meine
eigenen Kinder saßen, und wurde wieder ruhiger, während ich sie voller
Stolz betrachtete. Meine Kinder waren der Grund, warum ich hier stand,
sie hatten mich zu diesem aufregenden Traum inspiriert. Aber ich spürte,
daß etwas Seltsames bevorstand.

Warum fühle ich mich plötzlich so sonderbar? Sicher ist es nur die
Aufregung, ein bißchen Lampenfieber. Tief durchatmen. Gleich wird es
mir wieder bessergehen.

Ich hoffte, daß nichts schieflaufen würde. Ich hatte zu hart und zu lange
gearbeitet, um dort hinzukommen, wo ich in diesem Augenblick gerade
stand. Mein Jüngster winkte mir von der Tribüne aus zu. Ich winke zurück.
Jetzt war es soweit.

LOS!

Ich rannte auf die Bühne hinaus. Ich war angekommen! Endlich passierte
es! Ich begann mit den Kindern zu tanzen. Die Stoffbahnen meines Umhangs bauschten sich und umhüllten mich mit lebendiger Farbe und Bewegung. Mein Gott, jetzt konnte ich die Leute zum erstenmal wirklich sehen
und hören! Die Träumerin und ihr Traum waren eins geworden – ekstatische Vereinigung.

Tief in meinem Innersten bin ich eine Tänzerin. Ich liebe es, zu tanzen
und zu tanzen und zu tanzen, bis nichts mehr von mir übrig ist. Jetzt
verbarg ich meinen Kopf hinter dem wehenden Umhang; einen Moment
lang fühlte ich mich körperlos, während ich mit flatterndem Gewand über
die Bühne flog. Dann war es an der Zeit. Ich bereitete mich darauf vor,
meinen farbenprächtigen Umhang abzustreifen. Ich stand am hinteren
Rand der Bühne und ließ ihn mit einer sinnlichen Bewegung zu Boden
gleiten. Darunter trug ich einen orangefarbenen, paillettenbesetzten Bodysuit, an dem hinten ein langer Chiffonschal befestigt war. Der federleichte
Anzug schmiegte sich wie eine zweite Haut an meinen Körper. Hier war
ich. Ohne meinen schützenden Umhang. Alles um mich herum wirkte so
riesig und ich war so klein. Jetzt konnte ich das Publikum richtig spüren.
Ich war bereit, sie alle in mein offenes Herz zu schließen. Ich rannte zur
Mitte der Bühne. In diesem Moment war ich wie ein geschmeidiges Tier, die
Sinne geschärft und für alles offen; ich benützte die Bewegungen meines
Körpers, um den Leuten zu zeigen, wie sehr ich mich freute.

AUF DIE PLÄTZE.

FERTIG.
LOS!
»Hallo, New York! Ihr seht wunderschön aus!«
So begrüßte ich mein Publikum. Die Menschen antworteten mir. Ich hatte das Gefühl, jede einzelne Stimme heraushören zu können. Es war noch hell. Ich konnte sie alle genau sehen: Ihre Gesichter glühten vor ekstatischer Energie, und ihre Herzen waren begierig auf das, was ich ihnen zu geben hatte. Mein sehnlichster Wunsch war, ihnen etwas zurückzugeben – ihnen und diesem Leben, das mich in so vieler Hinsicht so reich beschenkt hatte.

> If you need me, call me.
> No matter where you are.
> No matter how far.
> Just call my name.
> I'll be there in a hurry.
> On that you can depend and never worry.

Ich meinte, was ich sang. Ich meinte es wirklich ernst. Alle diese Menschen, die zu mir aufblickten, sollten wissen, daß ich sie sehen konnte. Ich versuche immer, Blickkontakt zu den Leuten zu bekommen. Sie sind das Geschenk, und ich bin die Beschenkte. Bei Regen wie bei Sonnenschein. Ich liebe meine Arbeit, das Singen; ich genieße jede Gelegenheit, vor so vielen Menschen zu stehen und meine Stimme zu erheben. An diesem Tag im Central Park genoß ich es ganz besonders.

Ich weiß nicht, wie lange ich schon auf der Bühne stand, als diese plötzliche Dunkelheit über uns hereinbrach. Für mich bleibt die Zeit stehen, wenn ich auftrete. Schon nach kurzer Zeit meldete sich der heimtückische Wind zurück. Diesmal blies er so stark, daß es die Sonne einfach vom Himmel fegte. Alles wurde dunkel. Zur Bestürzung aller war der Himmel plötzlich pechschwarz. Wo war die Dunkelheit hergekommen? Sie hatte auf der Lauer gelegen, genauso heimtückisch wie der Wind, der jetzt mit voller Kraft hervorbrach und durch den Park zu peitschen begann. Es donnerte; Blitze zuckten.

Meine Kinder! Geht es ihnen gut? Schnell ließ ich meine Blicke durch die Dunkelheit schweifen. Erleichtert atmete ich auf. Dort saßen sie, und es schien alles in Ordnung zu sein. Natürlich geht es ihnen gut. Nur das Wetter spielt ein bißchen verrückt. Genau in diesem Augenblick umkreiste mich der aufgebrachte Wind mit aller Gewalt, so als hätte ihn meine logische Erklärung beleidigt, und er blies meinen hauchdünnen Chiffonschal hoch in die Luft. Ich hatte das Gefühl, an einem Fallschirm zu hängen, der mich gleich mit in die Luft reißen würde. Dann kam der Regen.

»Es ist alles in Ordnung. Wir werden ein bißchen naß werden. Was soll's. Schaut, ich bin hier. Eigentlich ist es ein schönes Gefühl.« Ich erlaubte dem Wasser, meinen Körper zu liebkosen wie ein Liebhaber. Ich versuchte, mein Publikum zu beruhigen, als wären es meine Kinder. Innerhalb von Sekunden waren wir alle klatschnaß, aber niemand rührte sich von der Stelle. Sie waren hier, mit mir. Wir würden die Sache gemeinsam durchstehen.

»Ich habe ein Leben lang gebraucht, um hierherzukommen. Jetzt bleibe ich auch hier. Los, streckt alle eure Arme in die Luft. Habt ihr Angst vorm Regen? Ich bin nicht aus Zucker, ich werde mich nicht auflösen. Und ihr?« Nur die böse Westhexe löste sich im Regen auf. Ich war sicher. Wir alle waren sicher.

»Ich habe noch nie im Regen gesungen.« Ich hob mein triefendes Mikrofon und begann zu singen: »Ain't no mountain high enough. Nothing in this world can keep me from you.« Nichts würde mich von den Menschen hier fernhalten – nicht einmal dieser Regen. Das war meine Liebeserklärung an mein Publikum. Niemand hatte bis jetzt das Konzert verlassen; die Leute spürten die Energie; sie tanzten im Regen.

Der Regen war in meinem Plan nicht vorgesehen gewesen, aber das hier war schließlich mein Traum, also gehörte der Regen wohl dazu. Ich mußte ihn willkommen heißen. Ich breitete die Arme aus, um meinen inneren Widerstand zu überwinden. Ich verschmolz mit dem strömenden Regen. Ich wurde ein Teil des Wassers, und das Wasser wurde ein Teil von mir. Regen und Frau wurden eins. Jetzt war ich eine Regenfrau. Eine weitere ekstatische Vereinigung. Das gehörte alles zu meinem Traum, und es war gut so. »Es ist alles in Ordnung. Wenn wir das hier schaffen, dann schaffen wir auch alles andere, Baby.«

Alle wirkten bestürzt. Was sollten wir tun? Der ganze Park war vollgepfercht mit Menschen. Der Regen fiel vom Himmel wie Laken aus schimmerndem Glas, und darüber legte sich der Schleier eines Regenbogens. Das Ganze kam mir vor wie ein dramatisches Reinigungsritual. Ich versuchte offen zu bleiben.

Wieder hielt ich nach meinen Kindern Ausschau, aber sie waren nicht mehr da. Jemand mußte sie zum Wagen gebracht haben. Ich war erleichtert, daß man sie gerettet hatte. Wie aus dem Nichts tauchte plötzlich mein Freund Barry Diller neben mir auf. Er gab mir durch ein Zeichen zu verstehen, daß ich die Bühne verlassen sollte, aber das wollte ich nicht. Statt dessen nahm ich sein weißes Jackett, zog es über meinen durchnäßten Bodysuit und kehrte auf meinen Posten zurück. Inzwischen zitterte ich vor

Kälte, rührte mich aber nicht von der Stelle. Ich wußte, was ich zu tun hatte. Dies war mein Traum, ich war der Kapitän, und ich würde mein Schiff nicht verlassen. Wenn ich es jetzt verließ, dann würden die letzten Lichter ausgehen, und die Dunkelheit stellte eine größere Gefahr dar als das, was wir jetzt schon hatten. Ich übernahm die Führung. Ich würde erst gehen, wenn ich sicher sein konnte, daß alle anderen in Sicherheit waren.

»Wer den Park verlassen will, soll gehen, aber ganz langsam. Die Leute auf dieser Seite bewegen sich nach links, dann wird niemandem etwas passieren. Die Leute auf der anderen Seite gehen nach rechts. La-a-a-angsam.«

Bitte, lieber Gott. Laß nicht zu, daß jemand verletzt wird. Leise begann ich das Vaterunser zu beten.

Vater unser im Himmel,
Geheiligt werde dein Name.

Die Musiker, denen das Wasser inzwischen fast bis zu den Knöcheln stand, packten schnell ihre Instrumente ein. Sie hatten Angst, einen Stromschlag zu bekommen, versuchten aber gleichzeitig, ihr wertvolles elektronisches Equipment davor zu bewahren, vom strömenden Regen ruiniert zu werden. Eines der großen Flutlichter ging aus. Noch mehr Dunkelheit. Am liebsten hätte ich um Hilfe gerufen, aber niemand hätte mich gehört. Ich zog mich in mich selbst zurück.

Dein Reich komme.
Dein Wille geschehe, wie im Himmel so auf Erden.

Die Menschen gerieten allmählich in Panik. Ich hörte jemanden schreien, daß es lebensgefährlich sei hierzubleiben. Ich sah, daß ein paar Leute zu rennen anfingen.

Unser tägliches Brot gib uns heute
Und vergib uns unsere Schuld
Wie auch wir vergeben unseren Schuldigern.

»Nicht drängeln.« Ich sprach so zuversichtlich wie möglich. »Bleibt ruhig. Es ist alles in Ordnung. Ich bin hier.« Solang sie wissen, daß ich hier bin, wird vielleicht alles gut ausgehen. Bald waren außer mir nur noch der Pianist, der Schlagzeuger und ein treuer, in Regenkleidung gehüllter Kameramann auf der Bühne. Durch die Schleier der Dunkelheit und des unbarmherzigen Regens konnte ich nur seinen Arm sehen, aber der Daumen seiner

Hand zeigte nach oben, als wollte er mir sagen: »Solange du bleibst, bleibe ich auch.« Es donnerte laut, und noch mehr Lichter gingen aus. Ich sang weiter, denn ich wollte auf meine Art dazu beitragen, daß alle sicher aus dem Park herauskamen. Um ihrer eigenen Sicherheit willen beschwor ich sie:

LIEBT IHR MICH?
LIEBT IHR MICH?
WENN IHR MICH LIEBT,
DANN VERLASST JETZT DIESEN VERDAMMTEN PARK!

Ich sah zu, wie alle gingen, und fühlte mich allein; ich glaube, ich hatte mich noch nie zuvor so allein gefühlt. Mehr als 400 000 Menschen versuchten, das Parkgelände zu verlassen. Der Traum hatte sich verselbständigt, ohne mich um Erlaubnis zu fragen. Als mich schließlich jemand von der Bühne zerrte, bat ich die Leute immer noch, nicht zu drängeln. Manche hörten mich, aber nicht alle; der prasselnde Regen, der Donner und das allgemeine Chaos verhinderten, daß meine Stimme zu allen durchdrang. Die meisten schienen es zu genießen, durch den Regen zu laufen. Trotzdem hörte ich nicht auf zu beten:

Und führe uns nicht in Versuchung,
sondern erlöse uns von dem Bösen:
Denn dein ist das Reich
und die Kraft und die Herrlichkeit, in Ewigkeit,
Amen.

Ich bahnte mir einen Weg durch die Menschenmassen, die im Schlamm dahinrannten und -stolperten. Immer noch versuchte ich, ein fröhliches Gesicht zu machen, aber meine Tränen vermischten sich mit dem Regen und fielen auf die Erde, so daß ein Abdruck meines Kummers und meiner Enttäuschung auf dem schlammigen Boden zu meinen Füßen zurückblieb. Man konnte den Park nur zu Fuß verlassen, also nahm mich mein Freund Armando auf seinen Rücken. Wie ein kleines Mädchen durfte ich hucke-pack reiten, während er sich schwankend und rutschend bis zur Straße vorkämpfte, wo wir das Unmögliche versuchten: in New York bei strö-mendem Regen ein Taxi zu bekommen. Das Wunder geschah. Ich kam heil zu Hause an.

Nachdem Armando mich wohlbehalten in meiner Wohnung abgeliefert hatte, fuhr er zurück, um anderen als hilfreicher Engel beizustehen. Er wollte der Crew helfen zu retten, was von der Anlage, der Bühnendekoration und der Beleuchtung noch zu retten war. Ich rief kurz zu Hause an und erfuhr, daß meine Kinder wohlbehalten in Connecticut angekommen waren. Freunde hatten sie mitgenommen. Allein in meiner New Yorker Wohnung, setzte ich mich an das Fenster, das auf den Central Park hinausging; ein einziges Licht war alles, was von dem ganzen Ereignis übriggeblieben war.

Menschenmassen ergossen sich in die Straßen rund um den Park und liefen durch den Regen. Ein Teil der Leute schien die Situation zu genießen; sie trödelten und alberten miteinander herum. Das Leben geht weiter. Ich vergrub mein Gesicht in beiden Händen. Was war bloß geschehen? Wohin war mein Traum verschwunden? Was geschieht mit einem Traum, wenn man aufwacht? Ist er für immer verloren? Löst er sich einfach in Luft auf, so daß man nie wieder etwas von ihm hört oder sieht? Oder kann er wieder zum Leben erweckt werden, wie ich glaube, daß wir Menschen es können, wenn wir geduldig warten und heranreifen, bis uns ein vertrauensvoller Träumer, der nicht aufgegeben hat, wieder Gestalt verleiht?

Ich beschrieb einen perfekten Kreis, während ich wieder und wieder den Raum umrundete und meine Gebete sprach. Ich hatte nicht aufgegeben. Das liegt nicht in meinem Wesen. Noch immer brauchten die Kinder ihren Spielplatz. Noch immer hatte ich die Aufgabe, diesen Spielplatz zu ermöglichen, und ich würde meine Aufgabe erfüllen. Meine Kleider mochten vom Regen aufgeweicht sein, aber meine Entschlossenheit war es nicht. Was heute abend geschehen war, hatte nicht zu meinem Plan gehört, aber manchmal hat die Natur eben eigene Vorstellungen – da können wir Menschen planen, soviel wir wollen. Zu lernen, daß »der Mensch denkt und Gott lenkt«, war eine enorme Lektion für mich.

Ich blieb am Fenster sitzen und betrachtete die namenlosen Menschen, dieselben Menschen, mit denen ich noch vor kurzem jeden Atemzug geteilt hatte. Ich fühlte mich allein und abgeschnitten. Wie gerne hätte ich die Verbindung wieder hergestellt.

Ich muß mit jemandem reden, muß wissen, daß alles in Ordnung ist.

Alles war in Ordnung. Wir wiederholten das Konzert am nächsten Tag. Es war schwierig, alles wieder herzurichten, die Bühne, die Dekoration, aber Tony Walton tat, was er konnte. Ich durchwühlte meine Kostümsammlung nach etwas, das ich bei meinem Auftritt tragen konnte. Das Kostüm, für das ich mich schließlich entschied, hatte ich schon einmal getragen, aber das war unwichtig. Darum ging es an diesem Tag nicht. Es ging darum, den Vorabend und den Regen zu überwinden. Wir hatten uns nicht unterkriegen lassen.

Heute ist ein neuer Tag! Ein neuer, schöner Tag!

Als ich auf die Bühne hinauslief, sah ich, daß heute alles klappen würde. Die Sonne stand genau dort, wo sie hingehörte, hoch oben am Himmel. Das Wetter war schön, und all die Menschen waren wieder da. Es war, als wären sie nie gegangen. Ich blickte auf die Menge hinaus, und es schien mir, als wären es sogar noch mehr als gestern, aber wer konnte so viele Menschen schon zählen?

HEUTE IST EIN SCHÖNER TAG. IHR SEID SCHÖN. ICH HABE VORHER SCHON ERWÄHNT, DASS DIE WELT JEDEN EINZELNEN VON EUCH SIEHT. IHR MACHT MICH SO STOLZ. IN DIESEM AUGENBLICK BIN ICH DIE GLÜCKLICHSTE FRAU AUF DER WELT, DENN FÜR MICH IST EIN TRAUM WAHR GEWORDEN. ICH MÖCHTE, DASS IHR MIR JETZT ZUHÖRT. AUCH DAS HEUTIGE KONZERT WIRD WIEDER WELTWEIT VOM FERNSEHEN ÜBERTRAGEN. KEIN GRUND ZUR AUFREGUNG. KÖNNT IHR MICH SPÜREN? JA, VIELLEICHT IST DAS DER WICHTIGSTE MOMENT MEINES LEBENS.

Ich begann einen meiner Lieblingssongs zu singen: »We Are a Family«. In diesem Song geht es um Harmonie, um einen gemeinsamen Traum. Meine Gedanken drehten sich um uns, die Familie der Menschen, versammelt, um sich an den Händen zu halten, um eins zu sein.

Der Auftritt war ein großer Erfolg. Wir alle verließen den Park bei Sonnenschein, glücklich und zufrieden.

Das Konzert wurde in voller Länge auf der ganzen Welt ausgestrahlt, zusammen mit Ausschnitten vom Vorabend, und Millionen Menschen sahen die Aufnahmen von meinem Regenritual. Ich glaube, sie verstanden mich. Ich fand die Bilder aufregend, voller Leben und Natürlichkeit. In der ersten Aufregung schrieb die Presse begeisterte Berichte über meine Erfahrung. Aber schon bald begann man über mich herzufallen, als hätte ich den Sturm verursacht. Man schien mir die Schuld für den Regen zu geben. Aber nur Gott besitzt die Macht, meinem Traum Wind und Regen hinzuzufügen.

Der Bau meines Traumparks war also nicht so vor sich gegangen, wie ich es geplant hatte. Aber gebaut habe ich ihn: einen Spielplatz im Central Park, an der West Eighty-first Street. Nur wenige Leute wissen davon, aber das ist auch nicht wichtig. Wichtig ist nur, daß in diesem Augenblick, während Sie diese Zeilen lesen, viele Kinder Spaß haben und rennen und lachen und an einem sicheren Ort miteinander spielen. Und ihre Eltern können sich darauf verlassen, daß die Kinder dort, auf dem Spielplatz meiner Träume, gut aufgehoben sind. Bei Regen wie bei Sonnenschein.

Das Gesicht im Spiegel

An jenem Tag war ich voll ängstlicher Erwartung in den Park gekommen. Wir hatten eine kurze Generalprobe festgesetzt, und bei dieser Gelegenheit sollte ich zum erstenmal die Bühne sehen, auf der ich in meinen Träumen schon sooft getanzt hatte. Ich war sehr gespannt, aber als ich sie dann sah, verschlug es mir völlig den Atem. Wir hatten mehrere Skizzen und sogar eine Karikatur von der Bühne angefertigt, so daß ich eine ungefähre Vorstellung von dem hatte, was mich erwartete; trotzdem war ich auf das, was ich dann tatsächlich vor mir sah, nicht vorbereitet. Ehrfürchtig betrachtete ich die Bühne; sie war riesengroß und wunderschön. Ich hatte sie mir längst nicht so groß vorgestellt; ich muß zugeben, daß ich sie auf den ersten Blick richtig beängstigend fand. Trotzdem ging ich schnurgerade darauf zu. Das hier war der Ausdruck meines Traums. Ich mußte mich damit anfreunden.

Zaghaft stieg ich den seitlichen Aufgang hinauf, überquerte den gefederten Holzboden, um dann mitten auf der leeren Bühne reglos zu verharren. Hier stand ich nun, ein winziges Pünktchen Frau. Vor mir lag ein riesiger, grüner, offener Platz, gesprenkelt mit Menschen, die sich auf dem Rasen entspannten, lachten und picknickten. Sie versammelten sich bereits für das bevorstehende Konzert am Abend; es würde also tatsächlich stattfinden. Ich denke, ein Teil von mir konnte immer noch nicht glauben, daß das alles Wirklichkeit war, daß dieses Konzert tatsächlich kurz bevorstand. Wir hatten es so lange geplant, daß ich die Tatsache fast aus den Augen verloren hatte, daß dieser Tag jemals kommen würde. Aber er war gekommen. Daran bestand kein Zweifel.

Wir probten nur ganz kurz. Mehr halte ich bei einem Open-air-Konzert nicht für sinnvoll, weil ich glaube, daß es dem eigentlichen Auftritt die Spannung nimmt, wenn das Publikum vorher schon zu viel sieht. Natürlich war wie immer ein Soundcheck nötig, und außerdem wollte ich den Boden unter meinen Füßen testen. Für dieses Konzert hatten wir uns bewußt für eine schräge Bühne entschieden, und ich wollte prüfen, ob man auf der Schräge leicht ausrutschte, und wie es sich anfühlte, darauf zu tanzen.

Während ich mich über die Bühne bewegte, ein paar Takte sang und hier und dort ein paar Schritte ausprobierte, wurde mir plötzlich so richtig bewußt, was für eine enorme Verantwortung ich übernommen hatte. Es war mir nicht gelungen, für mein Projekt einen Sponsor zu finden; deshalb würde ich den Traum, den ich mir ausgedacht hatte, nicht nur selbst in die Tat umsetzen, sondern darüber hinaus auch ganz allein finanzieren müssen. Ursprünglich hatte ich gehofft, Coca-Cola oder Pepsi Cola als Sponsoren gewinnen zu können, oder vielleicht sogar Steve Wynn vom Golden Nugget in Las Vegas, aber am Ende hatte nichts davon geklappt. Die Cola-Firmen verlangten als Gegenleistung Werbung für ihre Produkte. Sie hätten ihr Geld und ihren Namen nur dann zur Verfügung gestellt, wenn ich bereit gewesen wäre, hinter meinem Kopf riesige Werbeplakate anbringen zu lassen. Das kam für mich nicht in Frage – nicht bei diesem Konzert –, also beschloß ich, es auf andere Weise zu versuchen.

Tony Walton, ein wunderbarer Designer, der auch bei *The Wiz* mitgearbeitet hatte, entwarf das Bühnenbild und das große Ankündigungsposter für das Konzert im Central Park. Darüber hinaus wollten wir T-Shirts, Mützen und Fahnen verkaufen. Die Produktion dieser Artikel kostete viel Geld, aber wir beabsichtigten, mit jedem Teil einen kleinen Gewinn zu erzielen, um mit dem Erlös den Grundstock für die Finanzierung des Spielplatzes zu legen. Wie sich dann herausstellte, brachten uns die Sachen keinen Pfennig Gewinn; das meiste davon war durch das Gewitter ruiniert worden. Was noch übrig war, verschenkten wir.

Während ich das Ereignis plante und realisierte, bemühte ich mich, mir wegen der immensen Kosten nicht allzuviel Gedanken zu machen. Ich wollte etwas ganz Besonderes erreichen, das Konzert war für mich eine günstige Gelegenheit, und wenn das Ganze erst einmal geschafft war, würde sich schon eine Lösung finden. Ich konnte immer noch die Stadt New York um Hilfe bitten oder versuchen, einen privaten Investor zu finden, der mir helfen würde, meinen Traum für die Kinder zu verwirklichen. Ich sah darin ein so wichtiges und würdiges Anliegen. Bestimmt würden andere meinen Traum teilen und meine Bemühungen unterstützen. Da sich ein kommerzieller Sponsor mit meinen künstlerischen Ansprüchen nicht vereinbaren ließ, würde ich es eben anders versuchen. Ich gründete die Diana Ross Foundation, und sämtliche Mittel, die wir aufbringen konnten, sollten direkt in die Stiftung fließen. Mit diesem Grundstock würde ich anfangen, den Spielplatz zu bauen. Der Bau brauchte ja nicht gleich am Tag nach dem Konzert zu beginnen. Vielleicht würde es ein Jahr dauern, bis ich genug Geld zusammen hatte und wußte, wie ich vorgehen wollte. Das war in Ordnung. Alles zu seiner Zeit.

Jetzt versuchte ich, mich zu beruhigen und die Sache einfach auf mich zukommen zu lassen. Ich warf einen letzten Blick auf die riesige Rasenfläche, die sich zunehmend mit erwartungsvollen Menschen füllte. Ich war dankbar, daß sie da waren; sie erschienen mir wunderschön, und ich begann bereits, auf meine eigene Weise Kontakt mit ihnen aufzunehmen. Als ich über die Bühne zurückging, war mir bewußt, daß in wenigen Stunden, wenn ich das nächste Mal hier stehen und auf den Park hinaussehen würde, unzählige Menschen im Scheinwerferlicht versammelt sein würden. Die Aufgabe, die vor mir lag, überwältigte mich, aber jetzt mußte ich verschwinden, um mich meiner Verwandlung zu unterziehen, meine üblichen Rituale zu absolvieren und mich darauf vorzubereiten, meine Energien zu aktivieren und ins Gleichgewicht zu bringen, damit ich nachher in der Lage wäre, dort hinauszutreten und zu singen.

Als ich die Tür meines Wohnwagens hinter mir zumachte und die Welt und die 400 000 Menschen hinter mir ließ, die bereits einzutrudeln begannen und vollzählig versammelt sein würden, wenn ich später wieder hinauskam, fühlte ich mich plötzlich mutterseelenallein. Dieses Gefühl traf mich nicht unerwartet; ich weiß, daß es bei mir einfach mit dazugehört: Niemals sonst fühle ich mich so allein wie in den Stunden vor meinen größten Auftritten. Und entsprechend dem Ausmaß des Unterfangens empfand ich die Isolation diesmal besonders intensiv. Es war meine eigene Entscheidung gewesen, diese Sache durchzuziehen. Als mir die Idee dazu kam, hatte ich keine Ahnung, wie groß die Produktion werden würde, wieviel sie kosten oder wie schwierig sich die Arbeit gestalten würde. Ich nehme an, wenn wir das alles vorher wüßten, würden wir gar nicht erst versuchen, einen solchen Traum zu verwirklichen.

Ich hatte nie angenommen, daß es einfach werden würde, aber trotzdem überraschte und enttäuschte es mich sehr, auf wie wenig Kooperationsbereitschaft ich traf. Mir war durchaus klar, daß ich alle anfallenden Entscheidungen selbst zu treffen hatte. Ich wußte auch, daß ich für die entsprechenden Schritte allein verantwortlich sein würde, aber ich hatte nicht damit gerechnet, daß Bürgermeister Koch so abweisend und schwierig sein könnte. Oder daß mich Henry Stern, der für den Central Park verantwortlich war, so unfreundlich behandeln würde. Ich sah mich mit diesen ungünstigen Bedingungen konfrontiert und machte trotzdem weiter. Bemüht, diese Enttäuschungen lediglich als Hindernisse zu betrachten, die es zu überwinden galt, tat ich mein Bestes, um eines nach dem anderen aus dem Weg zu räumen. In was für einer armseligen Welt würden wir leben, wenn wir uns immer nur an Dinge heranwagten, bei denen wir sicher sein konnten, ihnen gewachsen zu sein.

Ich ließ mich in meinen Stuhl fallen und betrachtete mein Gesicht im Spiegel. Alle meine Ängste starrten mir entgegen. Nun, ich hatte genug Zeit, damit fertigzuwerden. Genau dafür war diese Zeit gedacht. Ich gebe mir vor jeder Show mindestens zwei Stunden, um mich psychisch und physisch auf den Auftritt vorzubereiten, mein Make-up aufzulegen und mein Kostüm anzuziehen; die meiste Zeit aber verwende ich darauf, einen klaren Kopf zu bekommen, mein seelisches Gleichgewicht zu finden und meine Ängste in den Griff zu kriegen. Ich weiß nicht, ob das normale Publikum eine Vorstellung davon hat, wie lang die Stunden vor einem Auftritt sein können, und was für einem fürchterlichen Druck man als Künstler ausgesetzt ist, bevor man auf die Bühne hinaustritt, sein normales Ich abstreift und vor Hunderttausenden von Menschen seine Seele entblößt.

Wahrscheinlich wirke ich nach außen hin nicht schüchtern, aber in gewisser Weise bin ich es. Es kostet mich unendlich viel Mühe, mich emotional auf eine Show vorzubereiten und den Mut aufzubringen, auf die Bühne hinauszutreten und zu singen. Selbst für eine simple geschäftliche Besprechung muß ich oft erst den Mut aufbringen. Ich glaube, daß ich emotional besser dafür ausgerüstet bin, ein Konzert durchzustehen als eine geschäftliche Besprechung im kleinen Kreis oder ein Gespräch unter vier Augen. In meiner Jugend stellten sogar meine Freundschaften eine Herausforderung für mich dar; es kostete mich viel, in Gegenwart eines anderen Menschen einfach nur ich selbst zu sein. Besprechungen empfand ich immer schon als schreckliche Last. Im Lauf der Zeit habe ich gelernt, wie man sich durch bestimmte Techniken auf solche Situationen vorbereiten kann; dadurch habe ich mehr Selbstvertrauen entwickelt und bin nun eher in der Lage, entspannter mit anderen Menschen umzugehen.

Jedesmal, wenn ein wichtiger Termin bevorsteht, nehme ich mir Zeit, mir den Verlauf des Gesprächs von Anfang bis Ende vorzustellen. Ich weiß, daß es in der Regel bestimmte Erwartungen im Hinblick auf meinen Standpunkt und meine Vorstellungen gibt, und oft sind diese Erwartungen falsch. Ich versuche, auf alles vorbereitet zu sein. Zu diesem Zweck stelle ich mir das bevorstehende Gespräch in allen möglichen Varianten vor, um vor unliebsamen Überraschungen sicher zu sein.

Dank meiner Vorbereitungen erscheine ich oft aggressiver und stärker, als ich in Wirklichkeit bin. Ich wirke nur deswegen so, weil ich schon vorher weiß, was ich sagen werde; für jede Besprechung bin ich so gut gewappnet, als müßte ich in den Ring steigen. Auf manche wirke ich wahrscheinlich kampflustig, aber das ist ein Mißverständnis. Ich versuche lediglich, meine Unsicherheit zu überwinden, mit der ich mich jahrelang

27

herumgeschlagen habe, bis ich schließlich lernte, sie zu überspielen. Je älter ich werde, desto besser bekomme ich das in den Griff, aber noch heute ist es nicht leicht für mich, einfach locker und entspannt zu sein.

An diesem Nachmittag in meiner Garderobe ging ich auf und ab und zermarterte mir wegen der winzigsten Details den Kopf. Alles schien schiefzulaufen, nichts klappte, nichts war dort, wo es sein sollte. Ich ertappte mich dabei, wie ich das Garderobenmädchen wegen einer Kleinigkeit anschrie – bloß weil die Q-Tips oder die Lippenstifte nicht dort lagen, wo sie hingehörten. In der Garderobe ist es auch so schon schwer genug, weil einem so wenig Zeit bleibt, sich vorzubereiten. Da mag ich es nicht, wenn ich nach irgend etwas suchen muß. Ich möchte einfach meine Hand ausstrecken und genau wissen, wo was ist: mein Lippenstift, der Kaffee, der Zucker und alles andere, was ich so brauche. Deswegen kümmere ich mich um das meiste davon selbst, auch um meine Kostüme. Auf diese Weise weiß ich wenigstens, daß alles an Ort und Stelle ist, und das gibt mir das Gefühl von Sicherheit.

Der Druck wird immer größer, und ich kann gar nichts dagegen tun. Es hat schon Konzerte gegeben, vor denen ich innerlich so angespannt war, daß ich glaubte, meine Songs oder gar den ganzen Programmablauf vergessen zu haben. Das hat nichts damit zu tun, wie oft ich vorher geprobt habe oder wie gut ich vorbereitet bin. Manchmal passiert es einfach, daß ich kurz vor dem Auftritt einen Moment lang eine totale Mattscheibe habe. Ich kann mir kein beängstigenderes Gefühl vorstellen. Es gab Zeiten, wenn es so plötzlich passiert und mich so mitnimmt, daß ich glaube, den Verstand zu verlieren. Schuld ist die Verantwortung, die auf mir lastet, und die Angst vor dem Moment, wenn sich alle Augen auf mich richten und ich mein Bestes geben muß, damit alles klappt.

Zum Glück gibt es die Crew, die Musiker und all die anderen wunderbaren Menschen, die einem beistehen. Außerdem wird es besser, je mehr Erfahrung und Routine man hat. Einer der unbezahlbaren Ratschläge, die uns Berry Gordy früher gab, lautete: »Ihr müßt lernen zu improvisieren.« Er hatte recht. Wenn man auf der Bühne steht, muß man seine fünf Sinne beisammen haben und in der Lage sein, schnell zu reagieren. Wenn irgend etwas Unvorhergesehenes passiert – und glauben Sie mir, es kommt oft genug vor, daß man ausrutscht und hinfällt oder daß hinten am Kleid eine Naht platzt –, dann muß man einen klaren Kopf behalten und den schnellsten und elegantesten Weg finden, mit der Situation fertigzuwerden, während Tausende von Menschen zusehen.

Vor dem Konzert im Central Park war ich schrecklich angespannt. Der Druck war so groß, ich saß einfach nur an meinem Garderobentisch und hatte das Gefühl, nichts auf die Reihe zu kriegen, mich völlig zu verzetteln. Jeder kennt diese Träume, in denen man so schnell rennt, wie man kann, aber trotzdem nicht von der Stelle kommt. Genauso fühlte es sich an: wie ein frustrierender Alptraum, in dem ich mich vergeblich abmühte voranzukommen. Ich versuchte mich daran zu erinnern, was ich sagen und tun würde. Ich las mir die Texte meiner Songs immer wieder durch, aber sobald ich den Kopf hob, hatte ich die Worte schon wieder vergessen. Irgendwann schaute ich in den Spiegel und stellte mir wieder einmal die Frage: »Werde ich den Rest meines Lebens damit verbringen müssen, vor diesem Spiegel zu sitzen und mein Make-up aufzulegen?« Seit meiner Kindheit schmiere ich mir nun schon dieses Zeug ins Gesicht, um für zwei oder zweieinhalb, allerhöchstens drei Stunden auf der Bühne zu stehen und mich hinterher der Tortur zu unterziehen, alles wieder abzuschminken. Das macht überhaupt keinen Spaß, aber es läßt sich nun mal nicht ändern. Die Scheinwerfer haben eine seltsame Wirkung auf die Haut, so daß ein dickes Bühnen-Make-up einfach nötig ist. Wenn ich nicht arbeite, versuche ich, möglichst wenig Make-up zu tragen, vor allem tagsüber.

Dickes Haar zu haben ist ziemlich lästig, insbesondere, wenn man auf Reisen ist. Es ist wirklich eine ganz schöne Arbeit, es zu waschen, zu bürsten und sicherzustellen, daß man es nicht mit einer zu starken Dauerwelle oder mit zu vielen Spülungen überstrapaziert. Unterwegs auf gutes Aussehen zu achten ist gar nicht so leicht, wie es zunächst scheinen mag; es ist sogar enorm schwierig. Man hat nicht die Zeit, sich ein bißchen zu verwöhnen. Deswegen habe ich mir eine sogenannte Reiseuniform zugelegt. Sie besteht aus vier schwarzen Hosen, vier Pullis, einem Jogginganzug, meiner Lieblingsjeans und meinen Cowboystiefeln. Bei diesen Sachen braucht man nicht groß nachzudenken – man steht einfach auf, zieht sie an und ist bereit für den Tag. Außerdem bringe ich immer ein Kleidungsstück zum Vermummen mit, einen Mantel oder einen Schal, hinter dem sich eine Menge Sünden verstecken lassen.

Doch zurück zu dem Gesicht im Spiegel. Wer starrt mich da überhaupt an? Eine Frau, eine Mutter, die sich mit jedem Lidstrich, mit jedem Hauch Rouge in eine Bühnenpersönlichkeit verwandelt. Meine Schultern sind verspannt. Ich atme tief durch, während ich versuche, der Realität vor mir für kurze Zeit zu entkommen. Meine Gedanken schweifen zu entfernten Orten, weg von hier, weg von dem Druck. Wenn ich reise, bin ich jedesmal froh, wenn mir jemand ein Privatflugzeug zur Verfügung stellt, denn dann ist es egal, wie ich aussehe; ich brauche mich nicht groß herauszuputzen. Aber das ist nicht immer möglich. Manchmal muß ich öffentliche Flugplätze benutzen, wo mich die Leute sehen, und dann wird von mir erwartet, daß ich auf eine bestimmte Weise aussehe. Ich muß dann Diana Ross sein, die Sängerin, der Star, und nicht Diana, der Mensch, die Mutter, die erschöpfte Reisende. Während ich das schreibe, muß ich lächeln. Das ist wieder so ein Beispiel dafür, daß die Dinge oft nicht sind, was sie scheinen, und daß mein anscheinend so glamouröses Leben in Wirklichkeit ziemlich anstrengend ist.

Jeder, der viel reist, kennt die unvermeidlichen Strapazen, die Flughäfen, die Hotels, das schlechte Essen. Wenn ich Konzerte gebe, ist das ein Problem, denn dann muß ich mein Gewicht halten und jede Form von Exzeß – wie zuviel Alkohol und zuwenig Schlaf – vermeiden. Aber da ich mit dem Schlafen noch nie Probleme hatte, klappt das ganz gut. Sobald das Konzert vorbei ist und ich wieder im Hotel bin, haue ich mich in die Falle. Tagsüber sehe ich mir Videos an oder suche mir irgendeine andere Beschäftigung, um mir die Zeit im Hotelzimmer zu vertreiben, bis es Zeit für den nächsten Auftritt ist. Ich verlasse das Hotel höchstens, um einen Eindruck von der jeweiligen Stadt und ihren Menschen zu bekommen. Ich habe es gern, wenn ich ein bißchen etwas über die Leute weiß, für die ich singe. Oft unterhalte ich mich mit den Taxifahrern, um ein Gefühl für diese Dinge zu bekommen.

Das Make-up schreitet voran. Für die Lippen wähle ich eine Farbe, die perfekt zum Orange des Bodysuits paßt, den ich für diesen Tag ausgesucht habe. Während ich den Lippenstift auftrage, spüre ich, wie die Angst wieder in meinen Körper kriecht. Ich versuche, an andere Dinge zu denken, die mich entspannen und beruhigen. Eine andere Sache, die ich gerne mache, wenn ich auf Reisen bin, ist das Herumstöbern in Antiquitätenläden. Ich liebe alte Dinge, auch wenn sie nicht wertvoll sind. Ich sammle Salz- und Pfefferstreuer und alte Möbel. Was mir gerade gefällt. Mein Geschmack hat sich im Lauf der Jahre sehr gewandelt. Ich weiß noch, daß meine Mutter keine alten Dinge um sich haben wollte. Unser Haus strotzte vor Chrom und Plexiglas. Oft war ich unterwegs, um nach alten Sofas und Tischen Ausschau zu halten. Wenn ich dann damit nach Hause kam, lachte Mama jedesmal; sie fand es lustig, daß ich tatsächlich Geld für das alte Zeug ausgab, das sie gerade weggeworfen hatte.

In Wirklichkeit ist mein Lebensstil viel weniger mondän, als die Leute sich das vorstellen. Irgendwie scheinen sie zu glauben, daß ich in einem Glashaus lebe, aber sie vergessen dabei, daß ich Mutter bin. Wenn man Kinder hat, muß man mit schmutzigen Teppichen, zerrissenen Sofas und leeren Wänden leben. Manche Dinge in meinem Haus klebe ich sogar an, zum Beispiel Zettel, auf denen wichtige Dinge stehen, die ich nicht vergessen darf. Am ehesten läßt sich mein Zuhause wohl als behagliches Nest beschreiben. Es ist warm, gemütlich und wohnlich. Obwohl es im Haus auch Räume gibt, in denen ich Gäste empfangen kann, kommt das nur selten vor. Ich bin ein eher zurückhaltender Mensch, der ein öffentliches Leben führt.

Nun fällt mir nichts mehr ein, womit ich mich ablenken könnte. Das Augen-Make-up ist fertig, die Lippen wirken voll und schimmernd. Ich könnte mir jedes Haar einzeln ausreißen. Vor lauter Angst bin ich ganz verkrampft, und alle um mich herum spüren das. Ich fühle mich, als würde alles Blut aus meinem Körper weichen und mir jede Kraft nehmen. Wie konnte ich mich nur in so eine Lage bringen? Als ich einen Blick in mein Inneres riskiere, wird mir bewußt, daß meine Ängste nicht den Auftritt betreffen. Schließlich bin ich ein alter Hase. Ich habe zu viele Auftritte hinter mir, um noch an meinen Fähigkeiten auf der Bühne zu zweifeln. Woran ich zweifle, ist die Logistik: daß das ganze Drumherum stimmt, daß alles reibungslos ablaufen wird. Aber der Prozeß ist bereits in Gang gesetzt, in Kürze werde ich auf der Bühne stehen. Ich muß einen Weg finden, darauf zu vertrauen, daß alles klappen wird.

Wenn solch negative Gedanken in mir hochkommen, versuche ich sie möglichst schnell wieder loszuwerden. In dieser Hinsicht bin ich sehr streng mit mir, denn ich weiß, wie destruktiv es sein kann, sich zu lange mit solchen Gedanken zu befassen. Oft schalte ich dann meinen Kassettenrecorder an. Ich habe eine ganze Sammlung von Kassetten, die mir helfen, neuen Mut zu fassen, positiv zu denken und meinen Geist zu erfrischen. Manchmal spiele ich mir vor einem Auftritt Ausschnitte von früheren Auftritten vor, um mir Dinge ins Gedächtnis zu rufen, die ich damals gesagt habe, und auf diese Weise zu meiner alten Vitalität und Energie zurückzufinden. Das hat mir oft geholfen, wenn ich so erschöpft war, daß ich glaubte, nicht mehr weitermachen zu können. Es hat Abende gegeben, an denen ich so am Boden zerstört war, daß ich mir einfach nicht vorstellen konnte, woher ich die Kraft nehmen sollte, dem Publikum etwas Frisches, Lebendiges und Brandneues zu bieten. Aber es funktioniert immer: Egal, wie schlimm ich mich fühle, wie erschöpft ich bin oder wie übel mir ist – sobald ich die Bühne betrete, ist alles vorbei.

Es liegt am Publikum. Seine unglaubliche Energie läßt den Schmerz verschwinden. Es gab schon Abende, an denen ich nichts als unerträgliches Schluchzen in meinem Kopf hörte, wenn ich mich verbeugte, um die Leute zu begrüßen. Aber noch während ich mich wieder aufrichtete, gewann das Gefühl der Verbundenheit mit dem Publikum die Oberhand, und der Schmerz war wie weggeblasen. Solange ich auf der Bühne stehe, schießt ständig Adrenalin durch meinen Körper und wirkt wie ein Betäubungsmittel. Sobald ich die Bühne verlasse und hinter der Kulisse stehe, kehrt der Schmerz augenblicklich und mit voller Wucht zurück. Während des Auftritts aber fühle ich mich phantastisch. Es ist ein Phänomen, ein Zustand der Gnade, ein Segen Gottes.

Eine halbe Stunde noch. Zeit, sich anzuziehen. Der letzte Schritt vor der Show. Ich schob meinen Stuhl zurück, stand auf, warf einen letzten Blick in den Spiegel. Ich bin bereit.

DANKE, LIEBER GOTT, FÜR DIESES WUNDERVOLLE LEBEN. DANKE FÜR DEINE GNADE UND DEINEN SEGEN. BITTE LASS DEINEN BLICK AUCH WEITERHIN AUF DIESEM SPATZEN RUHEN.

Detroit

Mama, du fehlst mir

MAMA
SO SCHÖN
ÄNGSTLICH
DÜNN
GUT
UNVERGESSLICH
MEINE BESTE FREUNDIN
MAMA, MAMA
MAMA, DU FEHLST MIR.
WIE GERNE WÜRDE ICH MIT DIR REDEN.
KANNST DU MICH SEHEN?
SCHAU MICH AN, MAMA.
SCHAU.
SCHAU, WIE GUT ES MIR GEHT.
ICH BIN JETZT EINE FRAU.
ICH HAB'S WIRKLICH GESCHAFFT.
SIEH DIR MEINE BABYS AN.
DASS ES IHNEN GUTGEHT
VERDANKEN SIE DIR.
GEHT ES DIR AUCH GUT?

Ich habe nur wenig Erinnerungen an meine ganz frühe Kindheit. Ein Photoalbum hilft mir, die damalige Zeit wieder lebendig werden zu lassen. 1947 war ich drei Jahre alt. Dank der Photos strömen Kindheitserinnerungen zurück in meinen Kopf. Bruchstückhafte Bilder marschieren an meinem geistigen Auge vorbei, wie in einem Traum, surreal, aber gleichzeitig doch greifbar. Ich sehe mich selbst als kleines, leicht verwahrlost wirkendes Kind voll überschäumender Energie, lebhaft, neugierig, strotzend vor Elan und Lebensfreude. Das nächste Photo könnte genausogut jemand anderes sein, denn es weckt in meinem Kopf keine Erinnerung, aber ich habe mir sagen lassen, daß ich es trotzdem bin. Das Mädchen auf dem Photo wirkt schüchtern, kokett, lieb, verschmitzt, glücklich. Ihr Herz ist voll und offen; sie will Leben und Liebe. Sie spürt alles, was um sie vorgeht; ihr entgeht nichts. Auf einem anderen Photo sehe ich mich rennen; ich bin so gerne gerannt! Dann fühlte ich mich wie der Wind. Mit ausgebreiteten Flügeln, die Füße auf dem Asphalt, fliegt das Mädchen durch den Raum und zieht eine Spur aus Licht hinter sich her. Sie ist schnell und flink, schwer zu fangen oder festzunageln. Das bin ich, die Diana meiner Kindheit, die Zweitälteste von sechs kraftstrotzenden Kindern.

MAMA, DU FEHLST MIR
MAMA, WAS WAREN DEINE TRÄUME?
WAS WOLLTEST DU SEIN?
ICH SEHE DICH IN MIR
JEDESMAL
WENN ICH IN DEN SPIEGEL SCHAUE

WARST DU GLÜCKLICH?
WARST DU TRAURIG?
ICH HOFFE, DU WARST GLÜCKLICH
HABE ICH DICH GLÜCKLICH UND TRAURIG GEMACHT?
ICH GLAUBE, ICH HABE DICH GLÜCKLICH GEMACHT
ICH HOFFE ES.

Meine Mutter hatte etwas ungemein Würdevolles an sich. Die Zeiten waren hart, aber das habe ich nie bemerkt. Meine Jugend war zugleich leicht und schwer. Wenn ich jetzt zurückdenke, kann ich mich an die harten Zeiten kaum erinnern; ich habe meine Kindheit wirklich genossen. Ich weiß noch, daß ich vor manchen Dingen Angst hatte, aber meistens genoß ich meine Freiheit. Ich war ein glückliches Kind.

Ich wurde in Detroit geboren, 5736 St. Antoine. Alle Kinder der Ross-Familie kamen in dieser Straße zur Welt. Barbara Jean war die erste. Ich fand, sie war die wahre Schönheit der Familie. Wir nannten sie Bobbi. Ich weiß noch, wie sehr ich meine große Schwester liebte, und wie sehr ich ihre Nähe und Wärme suchte. Sie hatte schönes langes Haar, war sehr klug und trug eine Brille. Ich war das zweite Kind, so daß ich, als ich älter wurde, immer mit ihr wetteiferte. Ich konnte besser singen und tanzen als sie. Ich war auch stärker und sehr schnell. Ich konnte wirklich schnell rennen. Außerdem schwamm ich sehr gerne. Ich weiß noch, daß Mama oft kam, um mir beim Schwimmen zuzusehen; sie fand, daß ich im Wasser eine gute

36

Figur machte, weil ich einfach locker vor mich hinschwamm, während alle anderen nach Luft rangen. Ich glaube, es war für Bobbi hart, im Schwimmteam zu sein, weil es so lange dauerte, bis ihr langes, dickes Haar trocknete. Ich wollte, daß meine Eltern mich genausogern mochten wie Bobbi. Weil ich glaubte, daß sie meine Schwester lieber hatten als mich, tat ich alles mögliche, um ihre Aufmerksamkeit zu erregen. Ich gab für die Familie kleine Vorstellungen und bemühte mich, ein bißchen Freude in das Leben meiner Eltern zu bringen, insbesondere, wenn ich merkte, daß sie unglücklich waren. Ich versuchte, alles so gut wie möglich zu machen, besser als Bobbi, damit Mama und Daddy auf mich aufmerksam würden. Ich hatte niemals Angst, mich vor die Freundinnen meiner Mutter hinzustellen und eine Vorstellung für sie zu geben. Ich führte ihnen einen kleinen Steptanz vor, oder ich sang »Your Cheatin' Heart« für sie.

Dann kam Rita zur Welt. Sie war gegen viele Dinge allergisch, bestimmte Lebensmittel ließen ihre Haut anschwellen, und sie kratzte sich oft. Alle kümmerten sich um sie. Sie war jetzt das Baby – nicht mehr ich. Trotz ihrer Allergien war Rita hübsch; sie hatte graue Augen und schönes Haar. Mein Bruder Fred war der erste Sohn, deswegen nannten sie ihn nach Daddy, Fred Earl Ross, jr. Als nächstes kam Arthur zur Welt, und weil er ein so winziges Baby war, bekam er den Spitznamen T-Boy: T für »tiny«. Schließlich wurde der letzte Sohn geboren, Wilbert Alex Ross, genannt Chico. Nun war die Familie vollständig.

GUT, DASS DU JETZT NICHT HIER BIST.
ES IST ALLES SCHIEFGELAUFEN.
T HAT PROBLEME.
CHICO BEKOMMT SEIN LEBEN NICHT IN DEN GRIFF.

RITA IST MANCHMAL TRAURIG.
BOBBI IST VOLLER LEBEN UND IMMER IN BEWEGUNG
GENAU WIE ICH
ANGETRIEBEN VON EINER SELTSAMEN KRAFT

KANNST DU MICH SEHEN, MAMA?
KANNST DU MICH HÖREN

Mama hatte mit uns alle Hände voll zu tun, aber wir wußten, daß sie uns von ganzem Herzen liebte. Wir alle wußten das. Inzwischen hat Mama uns verlassen. Sie starb am 9. Oktober 1984.

Zwei Jahre lang mußte Mama schrecklich leiden. Es erscheint mir ungerecht, daß sie dieses Leben unter solchen Schmerzen verlassen mußte. Sie
war gütig, liebevoll und großzügig. Sie hatte schon einige Zeit etwas in ihrer
Brust gespürt, hatte aber niemandem davon erzählt. Das war typisch für
sie. Sie wollte niemandem Kummer bereiten. Wir brachten sie zum Arzt,
sobald wir davon erfuhren, aber es war schon zu spät; sie hatte Brustkrebs.
Erst wurde ihr die Brust amputiert, dann mußte sie sich einer Chemotherapie unterziehen. Mit der Chemotherapie schien das Leben aus ihr zu
schwinden. Sie wurde dünn und ausgemergelt.

Das Ganze passierte innerhalb von nur zwei Jahren. Es ging alles so
schnell und war für uns alle traumatisch. Sie nahm sämtliche Medika-
mente, die wir ihr gaben. Wir sahen, daß sie versuchte, am Leben festzuhal-
ten, aber gleichzeitig erkannten wir, wie das Leben langsam aus ihr wich.

Während der letzten Monate ihres Lebens hatte ich ein Engagement in
der Radio City Music Hall, mit das Anstregendste, was ich je gemacht
habe. Meine Mutter wurde von Tag zu Tag schwächer, und ich fing an,
täglich hin- und herzufliegen, zerrissen zwischen meinen beruflichen Verpflichtungen und meiner Mutter, die ich mehr als jeden anderen Menschen
liebte. Mein Leben hatte sich zu einem Alptraum entwickelt; ich konnte
weder für meine Mutter noch für meine Arbeit wirklich dasein.

In den letzten Tagen ihres Lebens wollte sich meine Mutter nicht mehr
hinlegen. Sie wollte herumgehen, winzige Schritte machen und sich sanft
hin- und herwiegen. Ich spürte, was sie wollte, und verstand sie. Ich zeigte
den Krankenschwestern, wie sie ihr am besten helfen konnten. Mama
stützte sich auf die Schultern der Schwester, um das Gleichgewicht halten
zu können, und die Schwestern hielten sie an der Taille, während sie
herumwanderte und Dinge berührte, die ihr etwas bedeuteten. Es war, als
trüge sie einen schweigenden Kampf mit dem Tod aus; noch weigerte sie
sich aufzugeben.

Schließlich konnte ich meine Haushälterin Geneva überreden, bei meiner
Mutter zu bleiben. Ich hatte Vertrauen zu Geneva. Sie sorgte in jenen
letzten Tagen, jenen letzten Stunden dafür, daß es meiner Mutter an nichts
fehlte. Wir alle taten unser Möglichstes; wir versuchten, ihre Schmerzen zu
lindern, aber es gab nicht viel, was man tun konnte. Mama hatte ihr ganzes
Leben lang versucht, mich vor Schmerzen zu bewahren, und nun, da sie
selbst Schmerzen litt, fühlte ich mich so hilflos. Ich hielt sie in meinen
Armen, sooft sie mich ließ. Das war meine Art, ihr zu zeigen, wie sehr ich sie

liebte. Zum Reden blieb keine Zeit mehr, und selbst, wenn wir mehr Zeit gehabt hätten, hätten wir das, was wir fühlten, nicht mit Worten ausdrükken können.

Es war ein Wettlauf gegen die Zeit. Jedesmal, wenn meine Show in New York zu Ende war, sprang ich ins Flugzeug, flog nach Detroit, blieb den ganzen Tag bei Mama, sprang wieder ins Flugzeug und kam abends gerade noch rechtzeitig zur nächsten Show. Ich weiß nicht mehr, wann ich Zeit fand, um zu schlafen oder zu essen. Es war so schwer – der Druck, die Erschöpfung, die Verantwortung. Wenn ich arbeitete, war ich bekümmert und zerstreut. Das Publikum kann niemals, niemals nachvollziehen, was im Leben eines Künstlers vor sich geht, und ich wollte nicht über meinen Kummer sprechen. Das war etwas Persönliches, und damals fiel es mir sehr schwer, darüber zu sprechen. Aber meine Gedanken waren bei Mama. Ich versuchte, meine Tränen zurückzuhalten. Ich versuchte, für sie und die übrige Familie stark zu sein. Es war eine schreckliche Belastung. Im nachhinein wünschte ich, ich hätte diese Shows abgesagt und wäre ganz für meine Mutter dagewesen. Zwar gab es noch viele andere Menschen, die sich um meine Mutter kümmerten, unter anderem Tante Bea und meine Schwestern, aber trotzdem wäre mir heute wohler, wenn ich die ganze Zeit über bei ihr gewesen wäre. Wenn einem die nötige Distanz fehlt, ist es nicht immer leicht, die richtige Entscheidung zu treffen. Ich kann an meinen Fingern abzählen, wie oft ich Engagements oder Shows abgesagt habe. Selbst dann, wenn ich eine große persönliche Tragödie durchmache, versuche ich, meine Termine einzuhalten. Es ist immer sehr wichtig für mich gewesen, mein Wort zu halten. Wenn ich zusage, etwas zu tun oder zu einer bestimmten Zeit an einem bestimmten Ort zu sein, dann kann man sich auf mein Wort verlassen. Integrität und Ehrlichkeit bilden die Eckpfeiler meines Lebens. Mein Problem ist, daß ich immer versuche, es allen recht zu machen, und dadurch meine eigenen Bedürfnisse aus den Augen verliere.

Ich war ungefähr fünf Schritte von meiner Mutter entfernt, als sie starb. Wohin verschwindet das Leben, das gerade noch so kraftvoll pulsiert und im nächsten Moment für immer dahingeht? Ich weiß, sie ist hier bei mir, und ich bin bei ihr. Ich wünschte, sie und ich hätten mehr miteinander gesprochen, über ihre Hoffnungen und Träume, darüber, wer sie wirklich war. Als meine Mutter starb, empfand ich anfangs eine seltsame Wut. Ich hatte keine Gelegenheit gehabt, ihr die Dinge zu geben und die Art von Leben zu ermöglichen, die sie verdient hätte. Sie hatte so hart für uns gearbeitet. Hatte ihre eigenen Träume für ihre sechs Kinder aufgegeben.

Der Platz, den meine Mutter in meinem Herzen und in meinem Leben innehatte, ist jetzt leer. Ich spüre den Verlust, den Schmerz. Darauf sind wir nie vorbereitet. Der Verlust meiner Mutter hat mir bewußt gemacht, wie wichtig es ist, auf seine Gesundheit zu achten, sich finanziell abzusichern und möglichst viel Zeit mit der Familie und den Menschen zu verbringen, die man liebt.

HAT SIE AUFGEGEBEN?
WAR SIE EINFACH SCHON SO MÜDE,
DASS SIE NICHT MEHR KÄMPFEN WOLLTE?
MAMA, DU FEHLST MIR.
ICH WÜNSCHTE, DU KÖNNTEST MEINE KINDER SEHEN.
RHONDA MACHT GERADE IHREN COLLEGE-
ABSCHLUSS.
TRACEE WILL IN DIE MODEBRANCHE –
WOHER SIE DAS WOHL HAT?
CHUDNEY GEHT INS COLLEGE
UND MEINE JUNGS, MAMA –
ENDLICH HABE ICH DIE SÖHNE, DIE ICH IMMER WOLLTE.
ICH HATTE SCHON NICHT MEHR DARAN GEGLAUBT
UND ICH BIN GLÜCKLICH, GLÜCKLICHER DENN JE,
SO GLÜCKLICH, WIE ICH NUR SEIN KANN –
IMMER NOCH AUF DER JAGD NACH DEM GLÜCK,
ABER DEM ZIEL NÄHER ALS JE ZUVOR – GLAUBE ICH

ca 1984? über 40ijjährig

Eine stille Kraft

Daddy

Ich glaube, ich war ein so temperamentvolles Kind, daß Daddy nie genau wußte, wie er mit mir umgehen sollte. Ebensowenig wußte ich, wie ich mit ihm umgehen sollte.

Ich lernte meinen Vater erst mit zwei Jahren kennen. Als man ihn eingezogen hatte, war ich noch ein Baby gewesen, deshalb war er für mich ein Fremder, als er schließlich aus dem Militärdienst entlassen wurde. Vor mir stand eine bedrohliche, riesenhafte Gestalt, die mich weit überragte; sein Kopf schien fast die Decke zu berühren. Mein Vater war sehr groß.

Daddy. Ich wollte unbedingt die Lieblingstochter meines Vaters sein. Immer hoffte ich, Zeichen von Liebe und Anerkennung in seinen Augen zu entdecken. Er war klug, stolz, selbstbewußt, kultiviert und rücksichtsvoll. Außerdem besaß er die Vorzüge einer auffallenden äußeren Erscheinung. Gefühlsmäßig oft meilenweit entfernt, war Daddy ein ruhiger Mann, der mit niemandem viel sprach. Es gelang mir nie, eine engere emotionale Beziehung zu ihm aufzubauen. Ich möchte mich nicht an längst vergangene Szenen erinnern und den Schmerz noch einmal durchleben, den diese Distanz mir bereitete, aber während meiner ganzen Kindheit sehnte ich mich nach seiner Liebe, nach seiner Zuneigung. Da er einfach nicht der Mensch war, der diese Dinge geben konnte, versuchte ich meistens, ihm aus dem Weg zu gehen. Ich fühlte mich sehr zu ihm hingezogen, aber trotzdem war da immer diese Distanz. Ich hatte das Gefühl, daß er für mich immer außer Reichweite blieb, selbst wenn ich direkt neben ihm stand und die Hand nach ihm ausstreckte. Egal, wie lang meine Arme wurden, egal, wie weit ich sie ausstreckte, nie kam ich nahe genug heran, um ihn zu berühren, und ich weiß nicht genau, warum das so war. Er wirkte immer sehr still. Ich kann mich nicht erinnern, daß er viel gelacht oder uns seine Zuneigung gezeigt hätte. Umarmungen oder Küsse gab es nicht. Immer sagte er nein, wenn ich ihn um etwas bat. Kann ich . . . NEIN. Das kam fast automatisch. Als ich älter wurde, bemühte ich mich stets um seine Anerkennung und seine Aufmerksamkeit, aber meistens schien er mit anderen Dingen beschäftigt. Er war da und doch meilenweit entfernt.

Vielleicht haben viele Kinder Angst vor ihrem Vater, aus allen möglichen Gründen. Vielleicht, weil er groß ist. Vielleicht, weil er stark ist. Vielleicht, weil er eine laute Stimme hat oder große Schuhe trägt.

Vielleicht war *er* derjenige, der Angst hatte. Haben Väter Angst? Als Kind konnte ich mir das nicht vorstellen. Ich dachte, Väter wären zu groß und stark, um Angst zu haben. Es kann aber auch sein, daß ich damals Probleme sah, wo gar keine waren. Vielleicht war Fred Earl Ross, sr. einfach so, wie er war. Ich weiß es nicht.

Daddy war ein hart arbeitender Mann. Unsere Familie besaß nicht viel, als wir Kinder waren, aber alle Leute, die wir kannten, waren genauso arm, so daß wir nicht das Gefühl hatten, weniger zu besitzen als die anderen. Im Gegenteil, da Daddy so hart arbeitete, schien es irgendwie so, als hätten wir ein klein bißchen mehr. Er nahm zwei und manchmal sogar drei Jobs gleichzeitig an, um seine Familie zu ernähren. Er arbeitete für die Kofferfabrik Meyers and Stock, an der Tankstelle, in der Post, und für American Brass, um nur ein paar seiner Jobs zu nennen. Während meiner ganzen Kindheit blieb er für mich unerreichbar, und in gewisser Weise ist er das noch heute. Ich nehme an, meine Arme sind nie lang genug geworden.

Bis zum heutigen Tag wünsche ich mir, ihn besser zu kennen. Er ist ein Mensch, der nicht viele Worte macht. Ich frage mich, ob meine Geschwister das früher genauso empfanden wie ich. Damals versuchte ich, ihm möglichst aus dem Weg zu gehen.

Unsere Beziehung ist im Lauf der Jahre gewachsen. Ich verstehe ihn jetzt besser. Er ist ein scheuer Mensch, der zu tiefen Gefühlen fähig ist. Es fällt ihm sehr schwer, diese Gefühle auszudrücken, und er hat nie um etwas gebeten. Ich weiß, daß er seine Familie von ganzem Herzen liebt und wirklich versucht hat, durch all unsere Höhen und Tiefen hindurch für uns da zu sein. Es ist schön, sich ein bißchen Zeit zu nehmen und sich an Kindheitserlebnisse zu erinnern. Es wäre auch schön, sich einfach mal hinzusetzen und mit den Menschen zu reden, die wir lieben, um ihre Hoffnungen und Träume besser verstehen zu können. Ich liebe meinen Vater. Ich bin froh, daß er noch bei uns ist. Ich weiß, daß seine Stärke und seine stille Kraft dazu beigetragen haben, mein Leben auf eine Weise zu prägen, die ich mit Worten vielleicht nie werde beschreiben können.

Die Erwartungen, die ich in meinen Ehemann setze, dürfen nicht auf irgendwelchen negativen Kindheitserlebnissen basieren, sondern müssen auf meiner Weltsicht als Erwachsene aufbauen. Ich betrachte meine schmerzhaften Erfahrungen im Leben als Prüfsteine.

Ich bemühe mich intensiv, meinen Gefühlen für meine Eltern Ausdruck zu verleihen.

Süß wie Gelee

In vieler Hinsicht war Mama das genaue Gegenteil von Daddy. Wo er unerreichbar blieb, war sie ganz Herz. Eine warme, weiche, liebende Frau. Mama war meine Heldin. Ich dachte nicht im Traum daran, daß Heldinnen krank werden und ihre Kinder verlassen könnten. Egal, wer man ist, man ist nie wirklich darauf vorbereitet, daß ein geliebter Mensch stirbt. Ich habe sie so geliebt! Ich wollte, daß sie lange Zeit bei mir blieb und meine Freuden und Sorgen mit mir teilte. Sie sollte an meinem Erfolg teilhaben, mich als Erwachsene erleben, meine Mädchen heranwachsen sehen und mit meinen kleinen Söhnen spielen. Aber es ist anders gekommen. Ich denke jeden Tag an sie. Sie lebt als warme, süße Sehnsucht in meinem Herzen. Ich erinnere mich an ihre Schönheit, ihre Lebenslust. Ihre Liebe war das Fundament meines Lebens. Ihre Güte läßt sich kaum beschreiben, sie war so warm wie das Sonnenlicht, das durch die Fenster ihrer gelbgestrichenen Küche strömte, und so süß wie hausgemachtes Gelee. Ihre Liebe gab mir Kraft.

Wenn Gelee kocht, riecht es so süß und berauschend, daß man am liebsten die Luft aufessen würde. Wenn Mama und Tante Bea Gelee machten, taten sie das immer bei uns, vielleicht, weil in unsere Küche die Sonne so schön hineinschien. Ich saß während der ganzen Zeit am Küchentisch und sog das berauschende Aroma in mich ein.

Ich kann mich noch an den Tag erinnern, als Mama, Tante Bea und ein paar Nachbarinnen gemeinsam Gelee kochten. Tante Bea war Mamas Schwester und wie eine zweite Mutter für uns. Mama war die jüngste von zwölf Geschwistern, und Tante Bea war die zweitjüngste. Die Mutter meiner Mutter, Grandma Moten hatte ihr den Namen Virginia Beatrice gegeben, aber für uns war sie immer Tante Bea. Virginia und Ernestine, meine Mama, waren unzertrennlich; sie waren zusammen nach Detroit gekommen. Obwohl sie sich sehr nahestanden und einander wirklich liebten, sah es auf den ersten Blick gar nicht danach aus; ständig stritten und zankten sie sich. Wir sagten dann immer, sie seien wie Hund und Katz. Mama war oft krank. Ich wußte damals nicht, daß sie Tbc hatte, aber jedesmal, wenn sie ins Krankenhaus mußte – und das war oft der Fall –, sprang Tante Bea ein und kümmerte sich um uns. Einmal fuhren wir sogar zu einer von Mamas anderen Schwestern, Tante Willie.

»Komm uns jetzt nicht zu nahe«, warnte mich Mama. »Und paß auf, daß du nicht an den Tisch rempelst. Das Gelee spritzt sonst, und es ist noch sehr heiß.« Dreimal dürfen Sie raten, was passierte. Natürlich stieß ich gegen den Tisch. Nicht absichtlich, sondern aus Versehen. Ich versuchte eigentlich immer, brav zu sein und meiner Mutter Freude zu machen. Siedendheißer Fruchtsirup spritzte auf meine nackte Haut. Ich war wie gelähmt und konnte nicht mehr rechtzeitig ausweichen; gebannt sah ich zu, wie der Saft durch die Luft segelte und wie dunkelrote Glut auf meinen Armen und Beinen landete. Ich habe mich verbrannt, dachte ich. Nun habe ich die Bescherung. Dann wartete ich. Erst spürte ich gar nichts, aber dann schoß der Schmerz plötzlich durch meinen ganzen Körper. Es tat scheußlich weh. Eben noch war es ein ruhiger, gemütlicher Nachmittag gewesen, die Frauen hatten zufrieden gelacht und geplaudert; jetzt rannten plötzlich alle in Panik durcheinander. Sämtliche Nachbarinnen stürzten in ihre Wohnungen, um mit verschiedenen Ölen, Salben und Tinkturen wiederzukommen, mit denen sie meine glühende Haut einrieben. Ich lag einfach nur da, und während sie mich verarzteten, zählte ich die Wellen des Schmerzes, die meinen Körper durchliefen. Ich hoffte, meine Mutter und Tante Bea würden nicht zu wütend auf mich sein. Sie waren es nicht; sie kümmerten sich liebevoll um mich, und schon bald ging es mir besser. Ich hatte keine schweren Verbrennungen davongetragen. Mama bedachte mich bloß mit ihrem »Ich-hab's-dir-ja-gesagt«-Blick und schüttelte den Kopf.

Mama hatte immer Angst, daß ich etwas anstellen könnte. Ein Brief, den sie uns am 20. Mai 1957 aus Bessemer in Alabama schrieb, endete folgendermaßen:

Bald sind wir wieder bei Euch. Ich hoffe, Diana war brav.

Mutter

5736 St. Antoine

Die Welt meiner Kindheit bestand aus zwei großen Wohnblöcken, einem Spielplatz, einem Hinterhof, ein paar Veranden, Zäunen und Straßen. An Bäume kann ich mich nicht erinnern, dafür an Telefonmasten, auf die ich klettern wollte, als ich älter wurde. Ich wollte allen zeigen, wie unerschrocken ich war. Ich hatte vor nichts Angst.

Wir lebten in einem großen Gebäude mit vielen Wohneinheiten. 5736 St. Antoine. Ich weiß noch, daß ich immer wie der Blitz die Treppe hinauflief und jeweils zwei Stufen auf einmal nahm, um meinen eigenen Streckenrekord zu brechen und unsere Wohnung im zweiten Stock noch schneller als beim letztenmal zu erreichen. Dabei kam ich jedesmal an der Wohnung der Watleys vorbei, die im Erdgeschoß auf der rechten Seite lag. Ich sah die Familie ein einziges Mal und kann mich nicht daran erinnern, sie danach noch einmal gesehen zu haben. Im ersten Stock wohnten die Tolbridges: Dorothy und Anna, Johnny, Brenda und Pat. Ihre Wohnung lag ebenfalls auf der rechten Seite. Links wohnten Thelma Lee und Ed Washington. Ein Stockwerk höher lebten wir, die Ross'. Unsere Wohnung lag auf der rechten Seite des Gangs. Links wohnte Mrs. Marshall, eine alte Frau aus Jamaika.

5736 St. Antoine, Nr. 23. Die Hausnummer sehe ich noch genau vor mir. Aber wie sehr ich mir auch das Gehirn zermartere, wie oft ich mir auch vorstelle, vor unserer Wohnungstür zu stehen, nie kann ich die Apartmentnummer sehen. Jedesmal, wenn ich in unser Wohnzimmer kam, spürte ich die beruhigende Wirkung, die von den dunkelgrün gestrichenen Wänden mit dem freundlichen weißen Rand ausging. Ich genoß es, auf den großen, weichen, weinroten Sofas zu sitzen, in denen mein kleiner Körper fast zu versinken schien. Wenn ich allein war, fuhr ich mit den Fingern in die dunklen Ritzen dieser Sofas und zog verloren geglaubte Schlüssel und Münzen hervor, die den Erwachsenen aus der Tasche gefallen waren. In der Beziehung war ich ein richtiges Glückskind. Immer fand ich Geld.

Wir waren eine Familie, die gerne Musik hörte. In unserem engen Wohnzimmer, das auf die Straße hinausging, standen ein Radio und ein Plattenspieler; eins von beiden lief eigentlich immer. Links ging es in einen schön geschnittenen Raum mit Glastüren, das Schlafzimmer meiner Eltern. Der Raum roch nach meinen Eltern, und er kam mir immer sehr groß vor. Jahre später, als ich hörte, daß das Haus abgerissen werden sollte, fuhr ich hin, um es mir ein letztes Mal anzusehen. Ich fühlte mich wieder wie ein Kind, als ich an die Tür klopfte und die Leute, die jetzt dort wohnten, fragte, ob ich kurz durch die Wohnung gehen dürfe. Ich war so traurig, weil der Geruch von Mama und Daddy nicht mehr da war und alles so viel kleiner wirkte, so als wäre es geschrumpft.

Das Schlafzimmer muß Mama zu klein gewesen sein, denn sie brachte im Gang eine lange Metallstange an und hängte dort ihre Kleider auf. Ich konnte die Stange von meinem Bett aus sehen, und während ich so dalag und einzuschlafen versuchte, spielte mir meine Phantasie Streiche, so daß ich statt der Kleider bizarre Formen und Silhouetten zu sehen glaubte. Ich versteckte mich unter der Bettdecke, weil ich dachte, seltsame Gestalten stünden draußen im Gang und spähten herein, um mich im Schlaf zu beobachten. Ich teilte mir das Zimmer mit meinen Schwestern. Dort kicherten wir zusammen, wir weinten, stritten und spielten. Nur nachts fühlte ich mich dort nicht wohl.

Weiter den Gang hinunter, kurz bevor man in die Küche kam, führte ein zweiter, kleinerer Gang direkt ins Badezimmer. Das Bad hatte ein Geheimnis, ein großes Loch in der Tür, gleich unterhalb der Türklinke. Ich weiß nicht genau, wie das Loch dort hingekommen ist, aber mein Gedächtnis flüstert mir zu, daß jemand mit dem Fuß dagegengetreten hatte. Ich glaube, es war Daddy.

Am Ende des Gangs lag das Zentrum unseres Lebens, die helle, gelbgestrichene Küche, die Mama und wir alle so liebten. Als ich nach Kalifornien zog, ließ ich meine erste eigene Küche auch gelb streichen. Wahrscheinlich wollte ich wie Mama sein. In vieler Hinsicht möche ich das noch immer, und in vieler Hinsicht bin ich tatsächlich wie sie.

Von der Küche aus gelangte man auf einen kleinen Balkon, der auf den Hinterhof hinausging, wo wir gerne spielten. Kein Geräusch der Welt gleicht dem Klicken und Klacken von aufeinandertreffenden Murmeln, und nichts klingt wie die Stille, die sich einstellte, wenn man danebengeschossen hat. Ich frage mich, ob die Kinder von heute noch so spielen wie wir damals? Ich nehme es an, auch wenn ich es nie mitbekomme. Wir hatten damals so viele wundervolle Spiele. Ich weiß noch, wie wir uns bei meinem Lieblingsspiel mit energischen, hohen Kinderstimmen zuriefen:

Wer hat meinen Keks gestohlen?
Ich war's nicht, ich war's nicht!
Wer hat dann den Keks gestohlen?
Nummer eins hat ihn gestohlen.
Ich war's nicht –

(und so weiter und so fort.)

Jeder kam mal kam an die Reihe. Wer nicht aufpaßt, scheidet aus! Wir Kinder freuten uns das ganze Jahr auf den Sommer, denn dann konnten wir raus, und die Tage waren so lang, daß wir sogar nach dem Abendessen noch im Freien spielen konnten. Oft spielten wir dann »root the peg«, ein Spiel, bei dem man ein Messer brauchte, um eine Stelle am Boden zu markieren. Mama stellte sicher, daß wir nur ein kleines Küchenmesser nahmen, nichts zu Scharfes; im Grunde reichte ein spitzer Gegenstand, den man in die Erde stecken konnte. Das war nur eines von den vielen großartigen Spielen, die wir kannten. Wir lachten viel, und wir spielten viel. Ständig tollten wir draußen herum.

Der Klang von Stille. Ich genoß es, ganz allein mit meinem Rad nach Belle Isle zu fahren. Voller Tatendrang sauste ich die Straßen entlang und fühlte mich frei. Mein Fahrrad bot mir eine Art von Freiheit, wie sie nur der Wind kannte. In diesen Augenblicken strahlte die ganze Welt. Nicht, daß Detroit eine schöne Stadt gewesen wäre; ganz im Gegenteil. Aber für mich hatte die Welt um mich herum trotzdem etwas Schönes. Alles in allem verlebte ich eine glückliche Kindheit; die Freiheit, die ich genoß, trug viel dazu bei. Ich liebte es, alleine durch die Gegend zu streifen und die Gehsteige nach Münzen abzusuchen, die die Leute verloren hatten. Da liegt ein Zehncentstück; da ein Nickel. Heute scheint mein Glückstag zu sein. Ich hatte immer Glück, und ich war mir dessen bewußt. Die Straßen und Gassen zu erforschen, fand ich höchst aufregend; damals war es dort noch nicht so gefährlich wie heute. Und wenn es doch gefährlich war, wußte ich es nicht. Mir machte es großen Spaß.

Meistens spielten und lachten wir viel, und wenn wir abends ins Haus kamen, waren wir richtig aufgedreht, wurden dann aber schnell müde, bereit für den Schlaf eines zufriedenen Kindes. Wenn ich heute zurückdenke, erinnere ich mich hauptsächlich daran, wieviel Spaß wir hatten, wie gut wir uns verstanden, und wie begeistert wir miteinander spielten, aber natürlich war das nicht immer so; manchmal stritten wir uns auch.

Ein schlimmer Traum

Eines Nachts wachte ich auf, war mir aber nicht sicher, ob ich wach war oder schlief; ich schwebte in jenem Universum, das nur in der Dämmerung oder mitten in der Nacht existiert, kurz bevor man aufwacht. Ich muß damals etwa sechs Jahre alt gewesen sein; mit halb geschlossenen Augen lauschte ich einem Geräusch, das wie unterdrücktes Weinen klang. Irgend etwas stimmte nicht. Es war Mama. Leise fragte ich: »Mama?«, aber es kam keine Antwort. Bestimmt stammten diese Geräusche nicht von meiner Mama. Sie war stark, die stärkste Frau, die ich kannte. Sie schrie, schimpfte, lachte und sang. Aber sie weinte nicht.

»Ist alles in Ordnung, Mama? Wo bist du?«

»Schlaf weiter, Kleines.«

Ich gab nicht auf. Das Weinen kam von irgendwo im Zimmer. War das Mama? Wo war sie? Ich konnte sie im Dunkeln nicht sehen, aber mein Herz sagte mir, daß ich ihr gehorchen mußte. Ich hatte große Angst. Noch heute zieht sich mir der Magen zusammen, wenn ich daran denke. Was um Himmels willen war los? Einen Moment lang kam es mir so vor, als hätte sie aufgehört zu weinen. Deswegen fragte ich noch einmal: »Mama, kann ich bitte zu dir kommen?« – »Still! Er darf nicht wissen, daß ich hier bin. Ich weiß nicht, was er tun wird, wenn er mich findet! Schlaf weiter, Baby, schlaf weiter.«

Ich konnte Mamas Gesicht in dieser Nacht nicht sehen, aber ich werde nie vergessen, wie ihre Stimme klang, und was für ein Gefühl ich dabei hatte. Für ein kleines Mädchen war das alles sehr beunruhigend, und bis heute weiß ich nicht, was für Sorgen und Ängste sie damals wohl quälten. Mir gegenüber ließ sie sich kaum etwas anmerken. Ich wußte nur, daß Mama nicht glücklich war, und ich gab immer Daddy die Schuld für ihre gemeinsamen Probleme. Ich glaube nicht, daß die beiden sehr glücklich waren.

In jener Nacht weinte ich still vor mich hin, sagte aber nichts mehr. Es dauerte lange, bis ich einschlafen konnte. Ich weiß nicht, wie lange ich wachgelegen habe, aber der Rest der Nacht verlief ruhig. Kein Weinen mehr, kein Streiten oder Schreien. Ich verstand das Ganze einfach nicht. Am nächsten Morgen war alles vorbei, als wäre es nur ein schlimmer Traum gewesen. Mama benahm sich genauso wie an jedem anderen Morgen, aber sie vermied es, mich direkt anzusehen. Wir haben nie darüber gesprochen. Ich war damals noch zu jung, um den wahren Grund verstehen zu können, aber nach diesem Erlebnis glaubte ich jedesmal, wenn ich nachts aufwachte, Mamas Weinen zu hören. Ich hoffe, diese Erinnerungen sind nur Hirngespinste.

Laß die blöden Vorhänge doch abbrennen!

Genau wie Mama war auch Tante Bea immer für uns da. Sie hätte sich nicht liebevoller um uns kümmern können, wenn wir ihre eigenen Kinder gewesen wären. Soweit ich mich erinnern kann, wohnte Tante Bea immer bei uns oder zumindest in der Nähe. Sie war unsere zweite Mom. Lange Zeit hatte sie einen Freund namens Underwood, aber sie hat ihn nie geheiratet und hatte auch nie eigene Kinder. Im Grunde verzichtete sie wohl auf ein eigenes Leben, um sich um uns zu kümmern, die Kinder ihrer Schwester. Ich wünschte, ich hätte mit ihr und Mama mehr über ihr Leben gesprochen. Sie starb ein Jahr nach Mama. Beide fehlen mir schrecklich. Die beiden verbrachten so viel Zeit in Mamas Küche; sie kochten und zankten und gaben uns das Gefühl, eine Familie zu sein.

Eines Tages wäre die Wohnung beinahe abgebrannt. Es begann in der Küche. Eine Flamme schoß vom Herd bis zu den Vorhängen hoch, die sich explosionsartig entzündeten. Einfach so. Das Ganze war ein Unfall. Tante Bea war damals nicht da; sie muß zu der Zeit eine eigene Wohnung gehabt haben. Bobbi, Rita und ich saßen zusammen am Küchentisch, und durch das Fenster neben dem Ofen schien die Sonne herein. Wir aßen oder spielten, taten, was Schwestern in gelben, sonnendurchfluteten Küchen eben so tun, und warteten auf irgendein köstlich duftendes Gericht, das auf dem Herd vor sich hinbrutzelte. Mama war eine großartige Köchin, und mit dem Duft ihres Essens verbanden wir immer Wärme und Sicherheit. Plötzlich schlug die Flamme hoch, die weißen Baumwollvorhänge färbten sich orangerot und begannen zu knistern. Sie standen in Flammen.

Meine Schwestern und ich stürzten ins Nebenzimmer, wo Mama den Boden schrubbte. Mama hielt unsere kleine Wohnung immer blitzsauber. Sauberkeit war wichtig, denn sie bewahrte uns vor Ungeziefer und Ratten.

»Mama, komm schnell«, riefen wir alle auf einmal.

Mama blickte auf, ein wenig genervt, weil wir sie so überfielen. »Hört mal, Mädchen, ich habe hier zu tun. Geht zurück in die Küche und –«

50

»Aber Mama, Mama, beeil dich, schnell!«

Ihre Stimme wurde strenger. »Seht ihr nicht, daß ich zu tun habe? Laßt mich jetzt in Ruhe. Ich versuche, hier fertig zu werden –«

»Schon gut, Mama«, unterbrach ich sie. »Dann laß die blöden Vorhänge doch abbrennen! Mir doch egal!«

Sie flog an uns vorbei. Wir hatten große Angst und drängten uns in den Winkel der Küche, der am weitesten von der sengenden Hitze entfernt war. Mama handelte in Sekundenschnelle. Noch heute höre ich das klatschende Geräusch des nassen Handtuchs, mit dem sie immer wieder auf das Feuer einschlug. Die hellen, orangefarbenen Flammen verwandelten sich bald in grauen Rauch. Der köstliche Geruch nach knusprig gebratenem Hühnchen vermischte sich mit dem beißenden Gestank verbrannter Töpfe und feuchter, rauchgeschwärzter Vorhänge. Es ging aber furchtbar schnell. Mama war fuchsteufelswild, aber sie hatte niemanden, dem sie die Schuld geben konnte. Tante Bea war ja nicht da.

Die meiste Zeit über standen Mama und ich uns sehr nahe. Ich gab mir immer Mühe, ein braves Mädchen zu sein. Ich glaube, es gelang mir auch. Ich wollte, daß Mama stolz auf mich war; ich wollte ihre größte Hilfe sein. Ich glaube, auch das ist mir gelungen. Bobbi sieht das natürlich ganz anders; wenn man ihr glaubt, habe ich überhaupt nicht mitgeholfen, aber da irrt sie sich. Ich half, so gut ich konnte. Im Haushalt mit anzupacken, war eine Möglichkeit, Mamas Anerkennung zu gewinnen. Deswegen übernahm ich das Spülen. Und ich bügelte die Bettwäsche. Es gab damals noch keine bügelfreie Bettwäsche, und Bügeln war nicht gerade meine Lieblingsbeschäftigung, aber ich tat es für Mama. Ich gewöhnte mir einen bestimmten Rhythmus an; ich versuchte, das Ganze interessanter zu gestalten und mich so richtig reinzuhängen. Schließlich machte ich daraus einen Tanz mit dazugehörigem Singsang.

> *Erst falten. – Zack peng.*
> *Die Vorderseite. – Zack peng.*
> *Umdrehen. – Zack peng.*
> *Die Rückseite. – Zack peng.*
> *Volldampf voraus.*
> *Dasselbe noch mal.*

haha!

Ich tanzte mich durchs Bügeln. Jede Bewegung saß. Zack peng. Mama sah mich dann immer mit einem breiten Lächeln an und sagte: »So schnell, wie du bist, wirst du im Handumdrehen schwanger sein, wenn du nicht aufpaßt.« Sie sagte solche Dinge immer mit einem breiten Lächeln. Ich liebte es, wenn sie lächelte; dann mußte ich auch immer lächeln. Sie vermittelte mir ein Gefühl von Geborgenheit und Sicherheit. Natürlich gab es viele Dinge, die für mich als Kind schwer zu verstehen waren, aber ich weiß, daß meine kindliche Unschuld mir half, die Welt schön zu finden und gerne zu leben.

Leinwandzauber

Mama nahm alle möglichen Jobs an, um zum Lebensunterhalt der Familie beizutragen. Samstagvormittag arbeitete sie in einem Kino, dem Regent. Wir Kinder durften sie abwechselnd begleiten. Ich hielt ihre Arbeit dort für etwas ganz Besonderes und fühlte mich wie ein Glückspilz, wenn sie mich mitnahm. Mama und ich standen dann jedesmal sehr früh auf, ehe der Rest der Welt sich rührte, und gingen dann den weiten Weg zu Fuß. Für mich war das Kino der geheimnisvollste Ort auf der ganzen Welt. Wenn wir hinkamen, war der Saal leer. Das war richtig unheimlich. Wenn wir in den dunklen Saal traten, stellte ich mich neben eine der Sitzreihen und betrachtete voller Ehrfurcht die Leere vor mir. Nach einer Weile ging ich die Stuhlreihe entlang und suchte mir irgendeinen Platz aus. Ich fühlte mich allein und winzig klein. Ich weiß noch, wie ich dort auf meinem Platz saß und mir den Film ansah. Es muß an einem Samstag gewesen sein, weil ich nicht in die Schule mußte.

Mama bückte sich und verschwand hinter dieser riesigen, lärmenden Maschine, die sie dort Blasebalg nannten. Sie fing ganz hinten im Saal an und arbeitete sich durch die Reihen nach vorne, indem sie den Arm des fauchenden Geräts unter jeden der Sitze streckte und den Müll herausblies. Sie arbeitete schnell und gewissenhaft; keine Plastiktasse, kein einziges Stück Müll entging ihr. Mama sah dabei nie auf; sie arbeitete ständig in gebückter Haltung. Dann trug sie das ganze Zeug auf einen Haufen zusammen und warf es in die monströsen Mülltonnen, die draußen hinter dem Kino standen. Es war schrecklich viel Arbeit, und ich versuchte ihr zu helfen, aber meistens kam schon bald der Filmvorführer und legte den Film des Tages ein, während Mama noch arbeitete. Mama fuhr einfach fort, den Müll unter den Sitzen rauszublasen, aber ich setzte mich hin, um mir den Film anzusehen. Gebannt starrte ich auf die Leinwand, obwohl der Blasebalg so laut war, daß man die Stimmen kaum hören konnte, und der Vorführer manchmal nur Teile des Films zeigte. Aber das machte nichts. Ich hatte das Gefühl, die Vorstellung sei nur für mich allein gedacht. Sobald die ersten Bilder auf der Leinwand flackerten, tauchte ich in den Film ein, wurde ein Teil der Geschichte, die sich dort vor mir abspielte. Es war wie ein Zauber. Ich mochte die Filme alle, Western wie Liebesgeschichten.

Schwarze kamen in den damaligen Filmen nicht vor, höchstens als Sklaven oder Hausmädchen, aber ich war noch zu jung, um solche Dinge zu bemerken. Das Problem der Hautfarbe war mir nicht bewußt; ich verlor mich einfach in einer magischen, emotionalen Welt voller Freude, Tragik und Lachen. Ich fand es sogar lustig, wenn im Film ein Schwarzer seine Augen ganz weit aufriß und sagte: »Yassuh, Boss.« Wenn ich über ihn lachte, wußte ich nicht, daß ich über mich selbst lachte. Für mich war meine Kindheit eine Zeit der Freiheit und Unschuld.

Eine durchheulte Nacht

Wir Kinder spielten ständig im Hinterhof von 5736 St. Antoine, gleich unterhalb des kleinen Balkons, auf den man von unserer Küche aus gelangte. Im Sommer stellte ich mir immer einen Stuhl auf diesen Balkon, lehnte mich an die offene Balkontür und ließ mir die warme Sonne aufs Gesicht scheinen. Wenn ich zurückdenke, sehe ich mich jedesmal in etwas Rotem, vielleicht einer roten Hose. Nein, es muß ein rotes Kleid gewesen sein, denn ich spüre noch heute, wie das rauhe Holz der Balkontür gegen die Haut meiner mageren Beine scheuerte. In unserem Hinterhof wuchs kein weiches, grünes Gras. Es war nicht einmal ein richtiger Hinterhof. Der Boden war aus hartem, grauem Beton, aber wir spielten trotzdem dort. Unter dem Hof lag ein seltsamer kleiner Keller, der ebenfalls betoniert war und immer nach Pisse roch. Von diesem unteren Bereich hielten wir uns fern, aber auf dem Hof selbst spielten wir gerne. Als das Gebäude abgerissen wurde, fuhr ich noch einmal hin und holte mir ein paar von den Ziegelsteinen, nur zur Erinnerung.

Jedesmal, wenn ich an die Treppe an der Vorderseite unseres Hauses denke, sehe ich wieder das traurige Gesicht einer unserer Nachbarinnen vor mir, einer bemitleidenswerten Frau und Mutter, die einmal eine ganze Nacht lang heulend draußen auf dieser Treppe gesessen hatte. Noch heute kann ich ihr Schluchzen und Schreien hören. Niemand versuchte, sie am Weinen zu hindern. Ich lag neben Bobbi in unserem Doppelbett, und wir hielten uns beide die Ohren zu, um das Geräusch nicht mehr hören zu müssen, aber es half nichts. Nichts konnte sie trösten. Ich habe in dieser Nacht kein Auge zugetan. Bobbi auch nicht. Niemand im Haus konnte schlafen.

Die beiden Kinder dieser Frau hatten neben einem großen alten Kühlschrank gespielt, den jemand einfach auf einer unbenutzten Veranda des gegenüberliegenden Hauses abgestellt hatte. Die Kinder kletterten hinein. Bei ihnen war noch ein älterer Junge. Vielleicht spielten sie Verstecken, bis heute weiß niemand genau, wie es passierte, aber irgendwie fiel die Kühlschranktür hinter ihnen zu. Man erzählte sich damals, daß der größere

55

Junge eigentlich vorgehabt hatte, die beiden wieder rauszulassen. Aber dann war ihm das Spiel zu langweilig geworden. Während die beiden sich noch im Kühlschrank versteckten, vergaß er sie einfach. Als man sie fand, war es schon zu spät. Sie waren tot. Die Nachricht bestürzte uns alle. Niemand vermochte die Mutter zu trösten. Ich war damals noch sehr jung, aber nicht zu jung, um Schmerz zu empfinden. Zum erstenmal war jemand aus meinem Bekanntenkreis gestorben. Wir hatten oft mit diesen Kindern gespielt, und nun waren sie tot. Ich verstand, daß jemand einen Fehler gemacht hatte, der nicht mehr gutzumachen war. Ich erlebte das Gefühl von Hilflosigkeit und tiefer Trauer, das mit dem Tod einhergeht. Ich fragte mich, wie es für diese Kinder wohl gewesen sein mochte. Ich war ja selbst noch ein Kind und mußte dauernd darüber nachdenken, wie lange ihr Todeskampf gedauert hatte, ob sie geschrien und ob sie große Schmerzen gehabt hatten. Das waren neue Gedanken und Gefühle für mich, neue, verwirrende Fragen. Noch heute denke ich nur ungern daran zurück. Trotzdem bleibt es ein Teil meiner Kindheitserinnerungen, untrennbar verwoben mit dem Fundament jenes Wohnhauses – ein Phantom, das weiterlebt, auch wenn das Gebäude selbst schon vor langer Zeit zerstört wurde.

Zeit zurückzuschlagen

Die fünfziger Jahre waren für uns junge Schwarze eine aufregende Zeit. Alles drehte sich darum, ob Joe Louis gewinnen würde, und als er es tat, gewannen wir alle mit ihm. Wir hatten es dringend nötig zu gewinnen. Wir kämpften um unsere Selbstachtung, damit wir auf uns selbst stolz sein und unsere Freiheit genießen konnten.

Ich war ein temperamentvolles Kind, ein richtiger Wildfang. »Laß dich nie auf irgendwelche Kämpfe ein«, sagte Mama immer zu mir. »Wenn etwas Schlimmes passiert, geh einfach weg. Halte dich von Unruhestiftern fern. Mit solchen Leuten hast du nichts zu tun.« Ich tat, was sie sagte. Ich wollte ihr gehorchen und ein braves Mädchen sein.

Eines Tages, ich war damals acht Jahre alt, kam ich weinend aus der Schule heim. Mein Gesicht war rot und geschwollen. Schließlich erzählte ich Mama, daß ein anderes Kind mich ins Gesicht geschlagen hatte. Ihren früheren Rat befolgend, war ich einfach weggegangen.

Sie streichelte meine brennende Wange. »Wie haben sie dich genannt?« wollte sie wissen.

»Sie haben mich ›Nigger‹ genannt, Mama.«

Mama wurde ganz fahl im Gesicht und regte sich schrecklich auf. »Laß nie wieder zu, daß dich jemand ins Gesicht schlägt und Nigger zu dir sagt. Ja, du hast richtig gehört. Ich möchte, daß du kämpfst, und zwar mit aller Kraft. Ich weiß, daß ich dir noch nie geraten habe zu kämpfen, aber jetzt möchte ich, daß du kämpfst, als ginge es um dein Leben. Laß niemals zu, daß ein anderer Mensch dein Selbstwertgefühl zerstört.«

Ihre Worte verwirrten mich. Meinte sie wirklich, was sie sagte, oder verstand ich sie falsch? Sie redete weiter, als könnte sie meine Gedanken lesen. »O ja. Du hast mich richtig verstanden. Und damit meine ich nicht nur, daß du kämpfen sollst. Besser, du gewinnst auch. Denn wenn du zurückkommst und nicht gewonnen hast, dann versohle ich dir den Hintern.«

Eine Woche später mußte mir Mama das Blut von der Nase wischen und mein verschwollenes Gesicht waschen. Ich hatte gekämpft, konnte aber nicht gerade behaupten, daß ich gewonnen hatte. Ich schämte mich und war zugleich wütend und durcheinander. Mit starrem Blick sah ich zu Mama auf. Ich war mir nicht mehr sicher, was richtig und was falsch war. Halb rechnete ich damit, daß Mama wütend auf mich sein würde, weil sie mir früher immer gesagt hatte, ich solle nicht kämpfen; aber sie war nicht wütend.

Es war in der Schule passiert. Mir war an diesem Nachmittag alles nur trist und dreckig vorgekommen. Ein paar andere Kinder hatten mich auf dem Kieker und riefen mir ein Schimpfwort hinterher, ein schlimmes Schimpfwort, und dann kicherten sie und rannten davon. Ich wußte, was sie wollten: Ich sollte mich minderwertig fühlen, aber das tat ich nicht. Ich war einfach nur wütend, deswegen nahm ich die Verfolgung auf und schlug nach ihnen. Sie schlugen zweimal zurück und zerkratzten mir das Gesicht, ehe sie lachend davonliefen.

Ich nahm meine Schulbücher und setzte mich in Bewegung. Als ich zu Hause ankam, hatte ich bereits eine Entscheidung getroffen. Von nun an würde ich zurückschlagen – und ich würde gewinnen, genau wie Mama gesagt hatte. Ich mußte einfach gewinnen. Nie wieder würde ich mit zerkratztem Gesicht nach Hause kommen. Auch blutige Nasen würde es nicht mehr geben. Und diesen Entschluß hatte ich nicht Mama zuliebe gefaßt. Diesmal war es meine eigene Entscheidung gewesen. Nie wieder würde ich mich von jemandem fertigmachen lassen. Es war wichtig für mich, stark zu sein und zurückzuschlagen.

Das war ein Wendepunkt in meinem Leben. Irgendwann schwor ich mir, von nun an so wenig wie möglich zu weinen. Wenn mich jemand schlug, wurde ich richtig wild und wehrte mich meiner Haut. Ich fing sogar an, meine Schwestern zu beschützen, vor allem Bobbi, die ältere. Ich ließ nicht zu, daß jemand auf ihr oder Rita herumhackte. Meistens hielten sich die anderen sowieso zurück, weil sie wußten, daß sie es sonst mit mir zu tun bekamen. Ich war damals vielleicht schmal und dünn gewesen, aber auch zäh, drahtig, schnell und stark. Ich hatte beschlossen, mich von niemandem unterbuttern zu lassen.

Obwohl ich Dritten gegenüber die Rolle als Familienbeschützerin übernommen hatte, stritten Bobbi und ich untereinander sehr viel.

Eines Tages versetzte ich Bobbi einen harten Schlag, und sie schlug zurück. Ich kann mich nicht mehr daran erinnern, worum es eigentlich ging, wahrscheinlich nur um irgendeine Lappalie, aber ich war eine bessere Kämpferin als sie. Auf jeden Fall hatte ich mehr Übung. Ich trieb sie an diesem Tag so zur Weißglut, daß sie sich schließlich nicht mehr anders zu helfen wußte, als mir Ajax-Reiniger ins Gesicht zu schütten. Weinend rannte ich zu Mama. Ich war sonst nicht empfindlich, aber Bobbi hatte mich gedemütigt. Das ätzende weiße Reinigungsmittel über das ganze Gesicht verschmiert, hielt ich Mama die leere Ajax-Flasche hin und schluchzte: »Bobbi hat mich gerade geschlagen und mir das hier ins Gesicht geschüttet.« Mama sah mich an, lachte und fragte: »Warum hast du nicht zurückgeschlagen?« Fassungslos zog ich ab; schon wieder hatte sie mich völlig verwirrt. Ich nehme an, es gibt Situationen, in denen man zurückschlägt, und andere, in denen man das nicht tut.

Wurzeln

I Sing Because I'm Happy

Es gibt nichts Schöneres, als am Sonntagmorgen aufzuwachen und gleich jemanden singen, summen oder pfeifen zu hören. Ich kann mir keine bessere Art vorstellen, einen neuen Tag zu beginnen.

Meine Mutter hörte man immer irgendwo im Haus singen. Manchmal summte oder pfiff sie auch. Mein Vater pfiff ebenfalls gerne. Mamas Lieblingslied war ein sehr bewegendes Spiritual mit dem Titel »His Eye Is on the Sparrow«:

> *Why should I feel discouraged*
> *And why should the shadows come?*
> *Why should my heart feel so lonely*
> *And long for heaven and home?*

Mama sang oder summte diese Worte, bis ich sie auswendig konnte. Der Text ist eindringlich und schwermütig; bevor Mama starb, habe ich ihr das Lied ein letztes Mal vorgesungen. Ihre Lieblingsstrophe ist ein Teil von mir geworden:

> *I sing because I'm happy.*
> *I sing because I'm free.*
> *His eye is on the sparrow*
> *And I know He watches me.*

Ich war Mamas kleiner Spatz, denn ich war flink und klein, und ich sang für mein Leben gern. Ich fühlte mich leicht wie eine Feder, und ich stellte mir immer vor, ich könnte fliegen, wohin ich wollte. Ich sah in dem Spatzen vor allem ein Sinnbild für Freiheit: für Freiheit und für Empfindsamkeit.

Mama sang bei der Hausarbeit – beim Kochen, Putzen, Bügeln – und wenn wir auf dem Weg in die Kirche waren. In ihrer Stimme lag etwas Süßes, aber auch etwas Verletzliches und seltsam Trauriges. Die Traurigkeit kam aus Mamas Innerem, aus ihrer Brust – ein Klang, bei dem man eine Gänsehaut bekam. Meine Mutter hatte eine Gospelstimme, und sie sang »His Eye Is on the Sparrow« in gemächlichem Tempo, ganz langsam.

Haben Sie in der Kirche jemals ein Lied gehört, bei dem es Ihnen kalt den Rücken hinunterlief – »Ave Maria« oder ein anderes schönes Kirchenlied, gesungen von einem Gospelchor? Dieselbe Wirkung hatte die Stimme meiner Mutter auf mich.

»His Eye Is on the Sparrow« hat mir immer sehr viel bedeutet. Das Lied erzählt davon, daß Gott all seine Geschöpfe beschützt, selbst die allerkleinsten. Ich glaube, irgendwie war dieses Lied die ganz eigene Art meiner Mutter, für uns zu beten und uns zu beschützen. Sie beschützte uns vor vielen Dingen, indem sie versuchte, uns die schlimmeren Härten des Lebens zu ersparen. Trotzdem verschlossen wir vor den Widrigkeiten des Lebens nie die Augen, sondern nutzten schmerzhafte Erfahrungen, um daraus zu lernen, daran zu wachsen und dann zu neuen Ufern aufzubrechen.

Ich habe mich immer bemüht, an allem eher die positiven Seiten zu sehen. Wann immer ich etwas Schmerzhaftes erlebe, halte ich es einen Augenblick lang fest, um es dann sofort wieder loszulassen. Ich versuche wirklich, meine negativen Gedanken loszuwerden und alles übrige Gott zu überlassen. Das ist eine der schönsten Gaben, die meine Mutter mir hinterlassen hat: die Fähigkeit, Dinge einfach zu akzeptieren.

Mama schenkte mir dieses Lied, einen Segen für mein ganzes Leben. Ich fühle mich dadurch geborgen, beschützt und geliebt. Es ist mein Gebet, und dafür bin ich jeden Augenblick meines Lebens dankbar.

Meiner Kindheit verdanke ich die größte Gabe, die ein Mensch besitzen kann: meinen tiefen Glauben, einen Glauben, der nie wankte. Ich war noch ein Kind, als ich das erste Mal vorne in der Kirche stand und vor der versammelten Gemeinde die Worte des 23. Psalms rezitierte.

Seitdem weiß ich, daß ich eins bin mit allen Geschöpfen Gottes: seinen Hunden und Katzen, seinen Söhnen und Töchtern. Tief in meinem Innersten weiß ich, daß ich nie allein bin.

> *Muß ich auch wandern in finsterer Schlucht,*
> *ich fürchte kein Unheil; denn du bist bei mir,*
> *dein Stock und dein Stab geben mir Zuversicht.*

Während ich meine Vergangenheit durchschweife und meine Gedanken von einem Moment zum nächsten springen, wird mir klar, daß die Freuden meiner Kindheit die Schwierigkeiten bei weitem überwiegen. Ich besaß genügend Enthusiasmus, und ich hatte Hoffnungen und Ziele, die von den Menschen um mich herum größtenteils unterstützt und gefördert wurden. Mein Glaube ist tief, er ist mein persönliches Geheimnis. Ich weiß, warum es in meinem Leben soviel Wunderbares gibt, wie beispielsweise meine Beziehung zu meiner inneren Stimme, und dafür bin ich so dankbar.

Unter dem Himmel Afrikas

ETWAS PRIVATES
ERSCHEINT AN DER OBERFLÄCHE
EINFACH UND NORMAL
TRÄGERIN DES LICHTS
AUF DEM GIPFEL DES BERGES
FREI IM DENKEN

DER BLUES
SEHT MICH ALS FARBIGE
MICH
DEN KOPF VOLLER STERNE
DAS HERZ VOLL

In den Schulen Amerikas lernt man nicht viel über die Geschichte und das Leben der Schwarzen in den Vereinigten Staaten. Wir rissen unsere Geschichte zwar kurz an, aber der Anteil, den die Schwarzen am Leben in Amerika hatten, kam viel zu kurz. Es war so, als gebe es uns gar nicht.

Die Textbücher hatten einen beleidigenden und irreführenden Namen für Afrika: Sie nannten es den »Schwarzen Erdteil«. Heute verstehe ich, warum, aber in den Ohren eines Kindes klang das beängstigend. Es schien, als würden die schwarzen Menschen an einem lichtlosen, unwirtlichen Ort leben.

Was das Thema Sklaverei anging, sprachen meine Lehrer nur kurz über Plantagen (sie gaben dem Ganzen einen romantischen Anstrich, wie in *Vom Winde verweht*), über Abraham Lincoln und den Bürgerkrieg. Wer sich für die Geschichte der Schwarzen interessierte, mußte lange nach entsprechenden Büchern suchen, und die Lehrer erzählten ihren Schülern nie wirklich detailliert, wie die Schwarzen in Amerika lebten. Ich glaube, heute ist das besser, aber es müßte noch mehr getan werden.

Ich sorgte dafür, daß meine Kinder in Schulen gingen, die ihnen eine gute Ausbildung boten und sie ganz unterschiedlichen Einflüssen aussetzten. Ihr

Umfeld bestand immer aus einer bunten Mischung sämtlicher Hautfarben. Ich habe für sie eine Umgebung geschaffen, in der sie als menschliche Wesen behandelt werden und in dem Bewußtsein leben können, daß ihre Geschichte ein wunderbarer Teil ihres Lebens ist.

Ich möchte, daß sie in der Schule etwas hören und dann nach Hause kommen und sich mit Menschen austauschen können, die Zeit für sie haben und sie lieben. Auf diese Weise werden sie, wenn sie zu einem bestimmten Thema Stellung nehmen, alle nötigen Informationen besitzen. Dann können sie auftrumpfen und sich über die Situation der Frau genauso äußern wie über Abtreibung oder jedes andere Thema.

Ich habe meine Kinder nach bestem Wissen und Gewissen erzogen. Wenn ich etwas falsch gemacht habe, dann nur, weil ich es nicht besser wußte. Ich habe ihnen gegeben, was in meiner Macht stand. Ich bezeichne meinen Anteil an ihrer Erziehung gerne als »Lebenslektionen«. Zu diesen Lebenslektionen gehörte auch unser Urlaub in Afrika.

Als wir 1986 nach Afrika reisten, hoffte ich, mehr darüber zu erfahren, wer ich eigentlich war; ich wollte mir das Land ansehen, in dem die Wurzeln meiner Familie lagen. Es war eine beeindruckende Erfahrung, auch wenn ich das, wonach ich suchte, letztlich nicht gefunden habe.

Ich flog zusammen mit meinen Töchtern in das majestätisch schöne Land Kenia und besuchte dort Freunde meines Mannes. Ich war schon einmal dort gewesen, aber diesmal war es für mich und meine Mädchen ein ganz besonderes Erlebnis. Das Land, die Tiere – alles war so schön und faszinierend. Wir durchquerten das Land per Jeep und Helikopter; während wir durch die Landschaft donnerten, machten wir eine Menge Photos. Manchmal, vor allem von oben, sah die Erde aus wie mit Flechten überzogen, weil es so viele ausgetrocknete Stellen gab. Andere Gebiete waren mit dichtem Dschungel überzogen und leuchteten smaragdgrün. Außerdem gab es trockene, flache Bereiche, die golden oder sandfarben schimmerten. Abends saßen wir lange draußen und beobachteten die Fledermäuse, die in Scharen durch die Luft schwirrten.

Während meines Aufenthalts beim Stamm der Samburu hatte ich ein eindrucksvolles und bewegendes Erlebnis. Ich spazierte zwischen den Mädchen des Stammes herum, die alle mit roter Tonerde eingerieben und in einen Regenbogen aus Perlen gekleidet waren: Unzählige Reihen von Perlen zogen sich bis zu ihrem Hals hoch. Wegen meiner Hautfarbe erregte ich ihre Aufmerksamkeit, und während die anderen in unserer Gruppe zusahen, bemalten sie meinen Körper und mein Gesicht mit ihren traditionellen Farben. Sie zogen mich in ihren Kreis, und ich verlor mich in dem Tanz, den sie um mich herum tanzten, während sie die rote Lehmfarbe von ihrer Haut wischten und mir ins Gesicht schmierten. Ich war mir nicht sicher, was sie von mir hielten, aber ich selbst befand mich in einem Zustand magischer Trance. Ihre Perlen schienen sich in Wellenlinien zu bewegen, während sie mich umkreisten und immer wieder kichernd mein Gesicht berührten. Als ich sie verließ, hatte ich das Gefühl zu schweben; ich war selig, denn ich fühlte mich ihnen plötzlich sehr nahe, wie eine Eingeweihte.

Ich hatte mir diese Verbindung zu meinem schwarzen Erbe sehr gewünscht. Nach Afrika zu fahren war für mich wie eine Reise in die Vergangenheit. Ich besuchte Afrika gleich zweimal, weil ich das Gefühl hatte, daß ein einmaliger Aufenthalt nicht ausreichte, um eine wirklich tiefe Verbindung herzustellen. Wir flogen nach Nairobi und betraten ein pulsierendes Land voller schwarzer Menschen. Und sobald wir in den Busch aufgebrochen waren, erlebte ich das »echte« Land: freie, wilde Tiere, die ihr atemberaubendes Reich durchquerten. Wir lebten in Zelten, aßen im Freien, unter dem Himmel Afrikas, und machten jeden Abend ein riesiges Feuer, um uns vor den Raubtieren zu schützen.

Es war ein reiches Land, dessen Reichtum eher auf dem beruhte, was wir *nicht* hatten, als auf dem, was wir hatten. Es gab keine Telefone oder Fernseher, die uns hätten ablenken können. Statt dessen hatten wir Elefanten und Giraffen und andere Wunder der Wildnis. Eines Tages besuchten wir ein Dorf, dessen Bewohner mich und meine Töchter anstarrten, als seien wir exotische Tiere in einem Zoo. Ich hatte eine Videokamera dabei, die sie nicht besonders zu stören schien; Angst haben sie nur vor den Blitzlichtern normaler Photoapparate. Wir gingen in die Häuser und sahen uns die Schlafstellen an. Die Menschen dort schlafen auf dem Boden, mit kleinen Kopfstützen, die ihr Haar vor Ungeziefer schützen sollen. Ich kaufte ihnen ein paar dieser Kopfstützen und mehrere Stühle ab, die heute zu meiner Sammlung afrikanischer Kunst gehören. Ich besitze eine unglaubliche afrikanische Sammlung. Daß ich solche Schätze sammle, hängt mit meiner Leidenschaft für schöne Dinge zusammen. Denn afrikanische Kunstwerke und Artefakte sind wirklich schön. Ich weiß noch, wie modern es in den siebziger Jahren war, Dashikis zu tragen. Damals gab es viele wirklich hinreißende Schals und Stoffe.

In Kenia besuchten wir viele Massaifamilien und lernten ihre Lebensweise kennen. Wir erfuhren, daß die Kuh für die Massai ein heiliges Tier ist. Sie trinken sogar das Blut der Kuh, gemischt mit ein bißchen Milch. Dazu schneiden sie eine Vene am Hals der Kuh auf und lassen das Blut in einen Becher tropfen, der meist aus einem Flaschenkürbis gefertigt ist. Dann melken sie die Kuh und vermischten die beiden Flüssigkeiten. Sie sagen, das Getränk verleihe ihnen Stärke.

Zum größten Teil war unsere Reise ein schönes Abenteuer, aber einmal kam es zu einem Zwischenfall, der für Unruhe sorgte. Eines Tages machten sich die Männer unserer Gruppe auf, um Elefanten zu suchen, und ließen die Frauen mit den Köchen im Camp zurück. Plötzlich tauchte eine Gruppe von Afrikanern im Camp auf. Sie trugen moderne Kleidung und wirkten irgendwie bedrohlich. Ich bekam es mit der Angst zu tun; wir wurden alle unruhig. Offensichtlich hatten sie es auf unseren Schmuck und unsere Uhren abgesehen. Mir wurde gesagt, ich solle im Zelt bleiben, aber sie hatten die Rechnung ohne Diana gemacht – ein Mädchen aus Detroit, das gelernt hatte, sich nicht unterbuttern zu lassen. Also beschloß ich, das Zelt zu verlassen und mich ihnen zu zeigen, weil ich der festen Überzeugung war, daß mein Anblick – der Anblick einer schwarzen Frau – sie davon abhalten würde, jemanden zu bestehlen oder zu verletzen. Ich glaubte nicht, daß sie wußten, wer Diana Ross war, deswegen sagte ich, ich sei eine »amerikanische Sängerin«. Überraschenderweise schienen sie meinen Namen zu kennen. Einer der Kerle hatte doch tatsächlich einen Kassettenrecorder dabei und spielte einen Luther-Vandross-Song! Dann sahen sie sich alles ganz genau an, inspizierten unsere Zelte und verschwanden wieder. Eine seltsame und erschreckende Erfahrung. Ich war nach Afrika gekommen, um bei Freunden zu sein und eine Verbindung zu meiner Vergangenheit herzustellen, und nun fühlte ich mich, als hätte mich in New York ein Straßenräuber überfallen. Dabei hatte ich mich so verzweifelt nach dieser Verbindung zur Vergangenheit gesehnt.

Es gibt so vieles, was wir alle, Schwarz und Weiß, von Afrika lernen können. Immerhin arbeiteten afrikanische Völker bereits mit Eisen, als in Europa noch die Steinzeit herrschte. Die ersten Sklaven, die aus ihren afrikanischen Heimatländern gerissen und 1619 nach Amerika gebracht wurden, stammten aus hochentwickelten Gesellschaften, in denen der Handel blühte und eine gute Ausbildung viel zählte. Afrikanische Kulturen waren schon vor Jahrhunderten komplex und hochentwickelt – man braucht sich nur die großen Reiche von Songhai, Ghana und Melle anzusehen.

Ich habe bei meinen Afrikabesuchen sehr viel gelernt. Beispielsweise begegnete ich Vertretern der Rendille- und Turkanastämme. Am Beringosee machte ich Bekanntschaft mit dem Pakotstamm. Ich erfuhr von der Universität von Sankor in der Nähe des Flusses Niger, wo Afrikaner im fünfzehnten Jahrhundert Rechtswissenschaft, Erdkunde und Medizin studiert hatten. Das war erwiesen, und es erfüllte mich mit Stolz. Ich spielte sogar mit dem Gedanken, in Afrika eine Farm zu kaufen. Was mir ebenfalls gut gefiel, war die Tatsache, daß den Afrikanern ihre Familie sehr, sehr wichtig war.

Während dieser Reisen stand ich nachts manchmal allein vor dem Zelt und dachte darüber nach, wie das Leben vor so langer Zeit wohl gewesen sein mochte, und wo meine Wurzeln lagen.

Ich stand auf goldenem Boden unter einem saphirblauen Himmel, unter dem vielleicht auch meine Vorfahren gestanden hatten, und atmete die Luft Afrikas ein. So viele verschiedene Düfte und Gerüche, allesamt natürlich, intensiv, und süß. Obwohl ich eine Fremde in einem fremden Land war, hatte ich das Gefühl, hierherzugehören, Teil eines größeren Ganzen zu sein, von dem ich bisher keine Ahnung gehabt hatte. In Kenia fühlte ich mich so friedlich, so ruhig. Ich schloß die Augen und atmete diesen wundervollen Kontinent ein; und während ich so dastand und an eine Vergangenheit dachte, die ich selbst nie erlebt hatte, wurde irgend etwas in mir wach. Ich mußte weinen, und meine Tränen galten jenen, die vor mir gestorben waren, aber zugleich galten sie auch mir, mir und meinen Kindern. Meinen geliebten Babys. Sie wachsen in einer ganz anderen Zeit auf, einer Zeit, die erfüllt ist von Spannungen und Feindseligkeiten zwischen den verschiedenen Rassen und Hautfarben.

Ich selbst bin in einer Zeit großer Veränderungen groß geworden. In den Sechzigern und Siebzigern versuchten die Menschen, den Schmerz der ganzen Welt zu heilen. Die Schwarzen versuchten, die unsinnige Rassentrennung zu überwinden – wir waren wirklich der Meinung, daß all das der Vergangenheit angehörte. Ich empfand die Sechziger als einen Versuch, am gleichen Strang zu ziehen; als eine Zeit des Heilens. Wie und warum es dazu kam, daß wir plötzlich wieder Rückschritte machten, ist mir unbegreiflich, aber ich nehme an, wirtschaftliche Kräfte und das Problem der Armut spielten eine wichtige Rolle.

Heute sorge ich mich hauptsächlich um die Kinder. Viele Leute sprechen über Umweltschutz, aber ich möchte lieber über die amerikanischen Kinder sprechen – alle amerikanischen Kinder, nicht nur die schwarzen.

In den Sechzigern war klar, worum es ging, und Dr. Martin Luther King machte es noch ein bißchen klarer. Im August 1963 hielt er vor dem Lincoln Memorial seine berühmte »Ich habe einen Traum«-Rede. Seine Worte sind immer noch in meinem Herzen:

Heute sage ich euch, meine Freunde, daß ich trotz der gegenwärtigen Schwierigkeiten und Enttäuschungen noch immer einen Traum habe. Es ist ein Traum, der tief verwurzelt ist im amerikanischen Traum. Ich habe einen Traum, daß eines Tages diese Nation sich erheben und der wahren Bedeutung ihres Credos gemäß leben wird:
    »Wir halten diese Wahrheit für selbstverständlich: daß alle Menschen gleich erschaffen sind.«

Als Dr. King ermordet wurde, fühlte ich mich, als hätte mir jemand den Boden unter den Füßen weggezogen. Ich war in New York und verfolgte alles vor dem Fernseher; wie viele andere Menschen auf der ganzen Welt war ich völlig schockiert. Ich konnte einfach nicht glauben, was da passierte. Ich weiß noch, daß ich ihn am Boden liegen sah und hoffte, er würde es überleben, aber tief in meinem Innersten wußte ich bereits, daß jede Hilfe zu spät kam. Es war, als fiele die ganze Welt auseinander.

An dem Tag, als Dr. King starb, hätten die Supremes eigentlich im Copacabana in New York City auftreten sollen. Die Show wurde abgesagt. Am nächsten Abend traten wir in der *Tonight Show* auf und sangen unsere Version von »Somewhere«, indem wir Zeilen aus Dr. Kings »Ich habe einen Traum«-Rede in den Song einbauten. Wir fanden eine Möglichkeit, seine atemberaubende Prosa in den Song von Leonard Bernstein einzuarbeiten, in dem es um einen Ort geht, wo die Menschen ohne Vorurteile leben können:

Wenn wir laut die Freiheit rühmen – wenn wir sie rühmen aus jedem Dorf und jedem Weiler, aus jedem Staat und jeder Stadt, dann naht bald der Tag, an dem alle Kinder Gottes – Schwarze und Weiße, Juden und Heiden, Protestanten und Katholiken – sich die Hände reichen und die Worte des alten Negro Spiritual singen können: »Endlich frei! Endlich frei! Großer, allmächtiger Gott, wir sind endlich frei!«

Ich glaube, auf eine seltsame Weise ist damals etwas zu Ende gegangen. Martin Luther King war der letzte jener Helden, die etwas bewegen konnten und gewillt waren, ihr Leben aufs Spiel zu setzen und für mehr Menschlichkeit einzutreten.

Nach seinem Tod war ich lange Zeit sehr deprimiert. Dr. King hatte mich sehr tief beeindruckt. Ich fühlte mich so hoffnungslos. Mit seinem Leben war noch etwas anderes zu Ende gegangen.

Ich empfand tiefes Mitgefühl für seine Frau Coretta; ich bewunderte ihre Schönheit und Tapferkeit. Ich hatte auch Jackie Kennedys tapfere Haltung bewundert. Und ich fragte mich, wie ich selbst eine solche Situation wohl überstanden hätte: Wäre ich in der Lage gewesen, ebenso stark und tapfer zu sein wie diese Frauen? Darüber mußte ich während der ganzen Beerdigung nachdenken. Coretta habe ich später noch ein paarmal getroffen. Sie ist eine wunderbare Frau, und ich weiß, daß sie versucht hat, sein Werk fortzusetzen.

Aber mit Dr. King war der eigentliche Kopf der Bewegung gestorben. Er *war* die Bewegung. Ich habe immer gehofft, daß ein anderer in der Lage sein würde, nachzurücken und seine Stelle einzunehmen, aber dazu ist es nie gekommen. Und das ist auch in Ordnung so, weil es gar nicht immer nötig ist, eine Leitfigur zu haben. Manchmal ist es sinnvoller, wenn sich alle zusammentun und einander helfen, damit jeder einzelne die Kraft hat, sich um bessere Beziehungen zwischen den Menschen zu bemühen. Nur gemeinsam sind wir stark. Und wir sollten auch nie vergessen, wo unsere Wurzeln liegen.

Ich denke viel über all die Menschen nach, die vor mir lebten – nicht nur meine Eltern und Großeltern, sondern deren Eltern und Großeltern und all die anderen schwarzen und braunen Menschen, die ihr Leben opferten, damit spätere Generationen frei sein konnten. So viele Menschen, so viele Opfer. Menschen, die ich nicht kannte, haben mir die Freiheit der Wahl geschenkt und mir ermöglicht, das zu werden, was ich heute bin. Einige durfte ich kennenlernen, wie zum Beispiel Martin Luther King, wenn auch nur kurz, für einen winzigen Bruchteil der Geschichte.

Ich habe immer versucht, für andere Menschen neue Möglichkeiten zu eröffnen – für Schwarze, für Frauen, für Minderheiten. Jedesmal, wenn ich ein neues Projekt in Angriff nehme, ist mein erster Gedanke, einen möglichst großen Teil der Arbeit an sozial Benachteiligte zu vergeben. Selbst wenn wir auf Tournee gehen und nach Veranstaltern suchen, bevorzugen wir Schwarze oder Vertreter von Minoritäten, die sonst vielleicht nie eine solche Chance bekämen. Ich öffne den Leuten Türen und gebe mich nur mit dem Besten zufrieden.

Ich nehme an, dieser Drang nach Perfektion geht auf meine Eltern zurück, die uns beibrachten, uns erst dann zufriedenzugeben, wenn wir bekommen hatten, was wir wollten, verdienten oder benötigten. Meiner Mutter habe ich ein gehöriges Maß an gesundem Menschenverstand zu verdanken; sie hat uns gelehrt, bei allem, was wir uns vornahmen, unser Bestes zu geben und uns selbst treu zu sein. Schon sehr früh war mir bewußt, daß ich für jedes Ziel, das ich mir im Leben setzen würde, härter würde arbeiten müssen als andere. Das liegt daran, daß Schwarze es einfach schwerer haben, anerkannt zu werden. Ja, manchmal war es tatsächlich schwer, aber wenn man gegen Widerstand zu kämpfen hat, kann sich das am Ende durchaus positiv auswirken.

Wenn ich zurückblicke, scheint es mir, als wäre all der Kummer, den ich im Leben durchzustehen hatte, nach einer gewissen Zeit von selbst wieder verschwunden. Und wenn der Schmerz vorüber war, war ich stärker als zuvor. Ein Teil von mir wurzelt in unserer grausamen Vergangenheit, in der Zeit der Sklaverei, in den Tagen von Lynchjustiz und Rassentrennung. Ich werde Freiheit nie als vollkommen selbstverständlich betrachten. Ich werde

71

niemals meine Rechte als Schwarze als gesichert betrachten, und ebensowenig die Menschenrechte.

Zweifellos standen mir mehr Möglichkeiten offen als meinen Großeltern oder deren Großeltern. Aber als schwarze Frau in der Unterhaltungsbranche kenne ich mich mit Diskriminierung und Ungerechtigkeit nur zu gut aus.

Mein Leben und meine Karriere wurden durch andere Menschen erleichtert, die vor mir unter Diskriminierung zu leiden hatten und sich gegen bestimmte Dinge zur Wehr gesetzt haben. Ich spreche von Frauen wie der großen Altistin Marian Anderson, der anmutigen Lena Horne, der begnadeten Ethel Waters, der zerbrechlichen und verletzlichen Dorothy Dandrige, der tapferen und exotischen Josephine Baker und vielen, vielen anderen: Billie, Bessie, Sarah und Ella.

Wir haben Narben zu verzeichnen, aber auch kleine Siege. Trotzdem weiß ich, daß ich als schwarze Frau weiterhin unfrei bleibe. Ich weiß, daß das auf alle schwarzen Menschen zutrifft – trotz der enormen Fortschritte, die wir im Lauf dieses Jahrhunderts gemacht haben. Das liegt daran, daß keiner von uns bisher in der Lage war, mit dem Haß der Menschen aufzuräumen. Wenn Gott mir im Leben eine Aufgabe gegeben hat, dann ist es die, zur Schaffung einer Welt beizutragen, in der wir alle einfach nur Menschen sind.

Meine Liebe und Wertschätzung für die Menschheit erstreckt sich auf alle Menschen. In meinen Adern fließt auch Blut aus vielen anderen Völkern und Kulturkreisen, denn als Amerikaner teilen wir uns ein recht verschiedenartiges Erbe. Wir sind alle schön – ob schwarz, weiß, braun, gelb oder rot. Ich sehe die Freude auf den Gesichtern der Menschen, die innere Kraft, den Reichtum an Herkunft und Geschichte. Angesichts dessen fließt mein Herz über, und ich würde am liebsten einen Luftsprung machen und »Halleluja« singen.

Ich habe meine Kinder dazu erzogen, an sich selbst zu glauben und jeden Menschen zu respektieren. Meine Mutter gab mir diese Werte mit auf den Weg, und ich weiß, daß meine Kinder die Charakterstärke besitzen, dieselben Tugenden an ihre eigenen Kinder weiterzugeben. Ich möchte, daß meine Kinder wissen, wo ihre Wurzeln liegen. Ein Gefühl für Geschichte gibt uns ein Gefühl für unsere eigene Identität.

Auf jeden Fall möchte ich, daß meine Kinder die Welt in ihrer ganzen Vielfalt kennenlernen – und diese Vielfalt auch als Eigenart menschlicher Wesen schätzen lernen. Sie sollen erkennen, daß für uns alle die Möglichkeit besteht, eines Tages in Eintracht zusammenzuleben.

Ich habe in meinem Leben sämtliche Winkel der Welt bereist und Menschen aus allen möglichen Kulturkreisen und Gesellschaftsschichten kennengelernt. Wenn ich während eines Konzerts dort oben auf der Bühne stehe, in die Gesichter der Frauen und Männer sehe und ihre Hände – und ich hoffe auch ihre Herzen – berühre, dann ist mir klarer denn je, daß wir alle einfach nur Menschen sind.

Down and Dirty

Als ich ein Kind war, sprachen meine Eltern nie über das Thema Rassismus. Solange wir in der St. Antoine Street lebten, war unsere Welt sehr klein. Ich kann mich nicht daran erinnern, damals je weit genug aus diesem Kreis herausgekommen zu sein, um eine Vorstellung davon zu haben, wie der Rest der Welt aussah. Meine Welt bestand aus zwei Häuserblöcken. Wenn meine Eltern in ihrem Leben mit Rassismus konfrontiert wurden, wußte ich zu der Zeit nichts davon. Ich wuchs behütet auf. Aber vielleicht waren meine Eltern auch zu sehr damit beschäftigt, sechs Kinder großzuziehen.

Ein Ereignis war damals in aller Munde: der brutale Mord an Emmett Till. Ich las im *Jet*-Magazin davon. Wir Kinder reichten die Zeitschrift herum und starrten auf das Photo von Emmetts Leiche; was diesem vierzehnjährigen Jungen im Süden passiert war, ließ uns das Blut in den Adern gefrieren. Die Geschichte nahm mich damals sehr mit.

Noch heute läuft es mir kalt den Rücken hinunter, wenn ich daran denke...

Emmett Till war ein schwarzer Teenager aus Chicago, der nach Money in Mississippi fuhr, um dort Verwandte zu besuchen. Angeblich pfiff er eines Tages der Frau eines weißen Ladenbesitzers hinterher. Am 31. August 1955 wurde sein verstümmelter und von Kugeln durchlöcherter Körper aus dem Tallahatchie River gezogen. Die beiden weißen Männer, die später angeklagt wurden, ihn ermordet zu habe, wurden von einem nur aus weißen Männern bestehenden Geschworenengericht freigesprochen.

Ich werde Emmett Till nie vergessen. Und es ist gut zu wissen, daß andere ebenfalls nicht gewillt sind, seinen Namen in Vergessenheit geraten zu lassen. Ein Teil einer Straße in Chicago wurde 1991 von Bürgermeister Richard Daley nach Emmett benannt, »als sichtbares Mahnmal für die tragischen Folgen von Rassismus und Haß«. Sein Name steht auch auf dem Civil Rights Memorial in Montgomery, Alabama, zusammen mit dem von Martin Luther King und anderen, die ihr Leben für Freiheit und Gerechtigkeit hingaben. In ihrem Stück *Dreaming Emmett* brachte uns Toni Morrison die ganze damalige Zeit auf eine beängstigende und faszinierende Art nahe; das Stück hatte auf mich dieselbe Wirkung wie damals die Photos im *Jet*-Magazin.

Die Sache mit Emmett Till ging uns allen nahe. Ich war darüber sehr erschrocken. Allerdings glaubte ich nicht, daß solche Dinge auch bei uns im Norden passieren konnten; zumindest hoffte ich das. Ich fand, daß wir Glück hatten, nicht im Süden leben zu müssen.

Als wir noch Kinder waren, schickten uns meine Eltern ein paar Jahre lang jeden Sommer nach Bessemer in Alabama, wo wir Verwandte hatten. Ich weiß über diese Besuche kaum mehr etwas, habe kaum Erinnerungen an den Süden, wie er in den fünfziger Jahren war. Ein Teil von mir scheint diese frühen Erfahrungen mit der Rassentrennung verdrängt zu haben. Immerhin kann ich mich dunkel daran erinnern, an Brunnen, in öffentlichen Toiletten und in Kinos Schilder gesehen zu haben: WEISSE, FARBIGE. In jenen Tagen – und vor allem im Süden – wurden die schwarzen Menschen von den Weißen »Farbige« genannt. Wir selbst nannten uns »Neger«. Seltsam, wie sich Worte und Namen ändern. In den fünfziger Jahren wagten wir es nicht, uns »Schwarze« zu nennen. Und dann, nachdem wir uns daran gewöhnt hatten, als »Schwarze« bezeichnet zu werden, tauften wir uns in »Afro-Amerikaner« um.

Auf diesen Reisen in den Süden erlebte ich zum erstenmal, wie borniert Menschen sein können. Zwar habe ich selbst nur vage Erinnerungen daran, aber mein Bruder Fred und meine Schwestern, Rita und Bobbi, können sich noch lebhaft an unsere damaligen Reisen erinnern. Wir sprachen über Bessemer, während ich an diesem Buch arbeitete. Fred, Rita und Bobbi halfen mir, die Lücken zu schließen, die bei mir im Lauf der Jahre entstanden waren.

Es gab so viele Demütigungen, die die Schwarzen damals erdulden mußten; alles war streng getrennt und sehr ungerecht. Wenn wir mit dem Greyhound-Bus von Detroit nach Bessemer fuhren, mußten wir in Cincinnati, Ohio, unsere Plätze verlassen und uns in den hinteren Teil des Busses setzen. Wenn wir anhielten, damit die Leute auf die Toilette gehen konnten, waren wir gezwungen, den schrecklichen und stinkenden Bereich zu benutzen, der für »Farbige« ausgewiesen war, und unser Trinkwasser kam aus rostigen, verschmutzten Hähnen. Die sanitären Einrichtungen für Weiße waren in der Regel sauberer und neuer als diejenigen, die man uns Schwarzen zugedacht hatte.

Die Rassentrennung beschränkte sich nicht auf die fünfziger Jahre, sondern ging bis weit in die Sechziger und, in manchen Gebieten sogar bis in die Siebziger weiter. Ich weiß noch, daß ich ziemlich zu Beginn meiner Karriere einmal nach Alabama flog. Nachdem wir gelandet waren, verließ ich das

Flugzeug und ging ins Flughafengebäude, genauso, wie ich es an jedem anderen Flugplatz auch machte. Aber meine Tante Willie wartete in einem anderen Teil des Gebäudes auf mich. Offensichtlich war ich in den »weißen« Bereich geraten. Ich weiß noch, daß ein Weißer auf mich zukam und sich bemühte, höflich und nett zu sein, als er sagte: »Ich glaube, Sie sind hier am falschen Platz.«

Ja. Ich war am falschen Platz. Ich fühlte mich dort überhaupt nicht wohl.

Einmal waren wir gezwungen, ein ganzes Jahr in Bessemer zu bleiben, weil Mama Tuberkulose hatte und im Krankenhaus lag. Ich war damals etwa acht Jahre alt, und keines von uns Kindern wußte, daß Mama krank war. Erst viel später, als wir selbst schon junge Erwachsene waren, haben wir herausgefunden, daß sie Tbc hatte. Damals aber wußten wir nicht, daß wir im Süden würden zur Schule gehen müssen; wir erfuhren es erst, als Tante Willie uns bereits in Gewahrsam genommen hatte und wir im Süden festsaßen – geschlagen mit Onkel Daniel und der Rassentrennung.

Ich habe mich immer gefragt, warum damals niemand das herrschende System in Frage stellte. Alle spielten mit und akzeptierten es einfach, weil es nun mal so war und niemand in Schwierigkeiten geraten wollte.

Im Norden akzeptierten wir ebenfalls einen gewissen Lebensstil, aber wir dachten dabei nicht an Rassentrennung. Trotzdem wohnten in unserer Nachbarschaft nur Schwarze, und bis ich in die High-School kam, waren meine Klassenkameraden ausschließlich Schwarze.

Unsere Denkmuster und unsere Duldung einer getrennten Gesellschaft begannen sich erst mit Menschen wie Rosa Parks zu ändern. Rosa, eine Schwarze, setzte sich in Montgomery, Alabama, ganz vorne in den Bus und weigerte sich, in den hinteren Teil zu gehen. Etwa um dieselbe Zeit half Martin Luther King mit, die Bürgerrechtsbewegung ins Leben zu rufen. Er versuchte, einem ungerechten, unmenschlichen und irrationalen System ein Ende zu setzten.

Dennoch hörten die Gewalt und der Haß nicht auf. Bis zu diesem Tage sind wir alle der festen Meinung, daß meine Cousine Virginia Ruth vom Ku-Klux-Klan ermordet wurde. Erst dachten wir, sie habe einen Autounfall gehabt, aber es gab keine Bremsspuren, keine Spuren am Wagen – bloß ihre Leiche am Straßenrand.

Virginia Ruth war die Cousine, bei der wir wohnten, wenn wir Tante Willie in Bessemer besuchten. Eigentlich hätte Virginia Ruth einmal Sängerin werden sollen, nicht ich. Sie nannten sie das »Mädchen mit der Goldkehle«, weil sie so schön singen konnte. Sie hatte vor, später einmal professionell zu singen, und sie sang in der Kirche. In der Zeit vor ihrem Tod hatte sie am Spelman College in Atlanta unterrichtet, und war deswegen zwischen Bessemer und Atlanta hin- und hergependelt. Wieder war ein vielversprechendes, junges schwarzes Leben ausgelöscht worden.

Jahre später wäre mein Bruder T-Boy auf einer Reise in den Süden beinahe getötet worden. Er war in einen kleinen Laden gegangen und hatte sich eine Tüte Chips gekauft. Er stand da, riß die Tüte auf und ließ einen Zehn- oder Zwanzigdollarschein auf den Tresen fallen. Der Ladenbesitzer sagte, er könne auf zwanzig Dollar nicht rausgeben, deswegen werde er den Rest einfach behalten. Da schrie T-Boy wütend: »Geben Sie mir sofort mein Geld zurück, ich will mein Geld zurück!« Plötzlich kam aus dem hintern Teil des Ladens jemand mit einem Messer, um ihn rauszujagen; dann erschien die Polizei. Ein Polizist schoß auf T-Boy; der Schuß streifte sein Ohr. Ich wohnte damals in Kalifornien und mußte alle Hebel in Bewegung setzen, um meinen Bruder aus dieser schwierigen Lage wieder herauszubekommen.

Das war in den sechziger Jahren. Es ist kaum zu glauben, aber wir alle scheinen zu vergessen, daß in unserer Hauptstadt in den Sechzigern strenge Rassentrennung herrschte, und daß das in manchen Bereichen heute noch der Fall ist. Wer damals schwarz war und sich im Norden an eine gewisse Freizügigkeit gewöhnt hatte, war nicht besonders scharf darauf, Erfahrungen mit den Restriktionen im Süden zu machen.

Ich erinnere mich an eine Tournee mit den Supremes, die uns in den Süden führte. Mein Manager Shelly Berger und ich wollten in einem kleinen Pizzaladen etwas zu essen besorgen. Während er am Tresen die Pizza bestellte, ging ich zur Jukebox hinüber, um mir das Musikangebot anzusehen. Es waren viele Leute da, aber ich weiß nicht mehr, ob sie schwarz, weiß oder sonst was waren. Nach einer Weile blickte ich auf und sah, daß ein Typ mit Shelly sprach und ihn plötzlich nach draußen führte. Er sagte Shelly, er solle mich schleunigst aus dem Laden befördern; ansonsten drohe ihm Schlimmes. Shelly kam wieder herein, erklärte mir, was passiert war, und daß wir gehen müßten. Da rastete ich wirklich aus. Ich richtete mich zu meiner vollen Größe auf und kreischte: »Gehen? Was soll das heißen, wir müssen gehen?« Ich kam nicht auf die Idee, daß ich mich wirklich in Gefahr befand, und Shelly auch nicht. Aber diese Kerle warteten nur darauf, uns in Stücke zu reißen.

Wir alle waren über diesen Akt der Diskriminierung und Beinahegewaltanwendung sehr bestürzt. Keiner hatte geglaubt, daß so etwas überhaupt möglich war. Am selben Abend mußten wir vor einem gemischten Publikum auftreten, und es wurde eine wundervolle, wundervolle Show, bei der Weiße und Schwarze gemeinsam tanzten und Spaß hatten.

Was damals passierte, brachte mich nicht dazu, alle Weißen zu hassen, aber wieder einmal wurde mir bewußt, daß es auf der Welt schreckliche Menschen gab. Von da an wußten wir, daß wir vorsichtig sein mußten, wohin wir gingen und was wir taten, wenn die Supremes im Süden auf Tournee waren; wahrscheinlich war es dieser Vorfall, der mir das Bild von Emmett Till wieder ins Gedächtnis rief.

Hatten diese Ereignisse einen großen Einfluß auf mein Leben? Sicherlich, aber das änderte nichts an der Liebe und Hochachtung, die ich für die Menschheit empfand; ich ließ mich auch nicht dazu hinreißen, deswegen meine weißen Freunde und Bekannten zu verurteilen. Ich stellte fest, daß es in beiden Welten, der schwarzen wie der weißen, sowohl wundervolle, anständige als auch gemeine, böse Menschen gibt.

 Loyalität, Engagement, Ehrgefühl. Das sind so einfache und doch so komplexe Dinge. Aber alle drei Begriffe sind wichtige Säulen in meinem Leben. Simpel ausgedrückt, läuft es auf die goldene Regel hinaus: Was du nicht willst, daß man dir tu, das füg auch keinem andern zu.

Erinnerungen an ...

Die Primettes

Meine Geschichte wird oft als klassisches Beispiel für einen Aufstieg »vom Bettler zum Millionär« bezeichnet, aber in Wirklichkeit trifft diese Beschreibung auf mich überhaupt nicht zu. Es geht schon damit los, daß die Ross' nie Bettler waren. Wir hatten vielleicht nicht viel Geld, und es war nicht immer alles eitel Sonnenschein, aber ich wurde dazu erzogen, Ideale zu haben und daran zu glauben, daß prinzipiell alles möglich war und daß harte Arbeit ein Mittel darstellte, es zu erreichen. Dank dieser Ideale ergaben sich viele Dinge wie von selbst.

Ich glaube nicht, daß ich jemals dachte: »Mit deinen Voraussetzungen kannst du nie etwas erreichen.« Diese Worte konnten sich schon deshalb nie so ausdrücklich in meinem Kopf formen, weil ich gar nicht wußte, was ich hätte erreichen wollen. Bis ich etwa zehn Jahre alt war, hatte ich keine Ahnung, daß es da draußen eine Welt gab, die es zu erforschen galt. Eine Welt voller Wunder. Ich nahm das Leben einfach, wie es kam, und nützte jede Gelegenheit, die sich mir bot. Und ich war nie bereit zu akzeptieren, daß ich ein bestimmtes Ziel nicht erreichen konnte. Meine Eltern hatten mir beigebracht, daß alles möglich war.

Mein Leben hätte sich in so viele verschiedene Richtungen entwickeln können. Wie leicht hätte ich der knallharte Typ werden können; einige der schlimmsten Rabauken aus unserem Viertel waren meine Freunde. Oft habe ich die Prostituierten beobachtet, die ganz in unserer Nähe die Straßen auf- und abgingen. Obwohl ich ihre auffälligen Kleider bewunderte, konnte ich die Traurigkeit in ihren Herzen spüren. Ich wußte, daß auf mich eine andere Zukunft wartete, auch wenn ich keine Ahnung hatte, wie diese Zukunft aussehen würde; ich lebte einfach mein Leben und blieb in Bewegung.

Ich kann mich nicht mehr daran erinnern, wann ich eigentlich mit dem Singen begann. Ich glaube, ich habe immer schon gesungen. Wahrscheinlich bin ich bereits singend auf die Welt gekommen. Als Kind lief ich immer meiner Mutter hinterher, wenn sie ihre Hausarbeit erledigte, während durch unsere ganze Wohnung Musik schallte: Jazz, Blues, Etta James. Für mich war Etta die Größte, meine erste richtige Inspiration. Ihre mächtige, tiefe Stimme verblüffte mich jedesmal wieder, und ich fragte mich, wie es möglich war, daß eine junge Frau soviel Stimmgewalt und Leidenschaft entwickeln konnte. Ich weiß noch, daß ich mich schon als ganz kleines Kind oft in meine eigene kleine Show-Welt zurückzog. Dann stand ich wie in Trance vor einem Spiegel und beobachtete, wie sich meine Lippen und mein Körper bewegten, während ich zu einer Etta-Platte wie »Dance with me, Henry« sang und mir dabei ein wild applaudierendes Publikum vorstellte. Bei diesen Gelegenheiten fühlte ich mich so richtig in meinem Element. Ich wußte noch nicht, daß es mir bestimmt war, mein Leben als Sängerin auf der Bühne zu verbringen, aber schon damals war ich fest entschlossen, das Beste aus meinem Leben zu machen.

Aus unserer ersten Wohnung in der St. Antoine Street zogen wir nach 635 Belmont. Dort lernte ich meinen gutaussehenden Nachbarn William Robinson kennen, den meisten besser unter dem Namen Smokey bekannt. Ich war damals elf oder zwölf Jahre alt und hatte eine Freundin namens Sharon Burstyn, die Smokey Robinsons Nichte war. Sie wohnten nur ein paar Häuser weiter. Wenn ich bei ihr übernachtete, saßen sie und ich oft stundenlang auf der Kellertreppe und hörten zu, wie ihr Onkel mit seiner Gruppe, den Miracles, probte. Eines Tages war ich gerade bei einer Freundin, als wir das Radio einschalteten und ich vertraute Klänge hörte:

Walked all day 'til my feet were tired.
Got a job.

Eine von Smokeys Nummern, »Got a Job«, wurde tatsächlich im Radio gespielt. Es war seine erste Single und sein erster Hit. Ich fand das schrecklich aufregend. Ich rannte nach Hause, riß hektisch die Wohnungstür auf und rief: »Mama, Smokey hat eine Platte aufgenommen, und sie spielen sie im Radio! Er hat es geschafft!« Ich wußte, wenn er das konnte, dann konnte ich es auch. Es gab mir das Gefühl, daß nichts unmöglich war. Zu der Zeit gingen meine Träume nicht so weit, eine Berühmtheit oder ein Filmstar werden zu wollen. Ich wollte einfach nur eine Platte aufnehmen. Ich wollte singen. Als ich an jenem Nachmittag Smokey and the Miracles im Radio hörte, wurde mir zum erstenmal richtig bewußt, daß man tatsächlich eine Platte aufnehmen und einen Hit landen konnte, der dann von Tausenden von Leuten gehört wurde.

Ich war vierzehn, als wir aus 635 Belmont in die Brewster-Siedlung umzogen. Auf der High-School tat ich, was man als Teenager üblicherweise tat. Ich schwamm und spielte Basketball. Ich war ein burschikoser Typ, mit

Ponyfrisur und Pferdeschwanz oder Zöpfen. Ich tanzte gerne, deswegen nahm ich im Brewster-Center, einem phantastischen Freizeitzentrum, Tanzstunden und Stepunterricht.

Im Sommer, wenn jene drückende Hitze über der Stadt lag, trafen sich abends alle jungen Leute, die in der Brewster-Siedlung wohnten, an irgendeiner Straßenecke oder saßen auf den drei kleinen Stufen vor ihren Wohnungstüren. Ich mußte zu Hause sein, wenn die Straßenlaternen angingen, aber oft stand ich dann noch am Fenster und unterhielt mich mit meinen Freunden, die in Hörweite waren; manchmal schlich ich mich auch heimlich wieder aus dem Haus. Einmal erwischten sie mich dabei. Als Mama nach mir suchte, befand ich mich im Haus einer Freundin, wo wir im Keller bei schummrigem Licht tanzten. Ich schämte mich so vor den anderen, als sie mich holen kam! In dem Moment, als sie den Arm nach mir ausstreckte, zuckte ich zurück, und ihre Hand landete zufällig in meinem Gesicht. Plötzlich lief mir das Blut aus der Nase. Ich wußte, daß sie es nicht absichtlich getan hatte, aber ich ließ das Blut einfach über mein Gesicht und auf mein T-Shirt laufen. Mama hatte solche Schuldgefühle, daß sie ganz vergaß, mit mir zu schimpfen. Ich war damals ein richtiger kleiner Teufelsbraten.

In den Sommermonaten spielten wir tagsüber oft Baseball, und manchmal drehte jemand einen Hydranten auf. Dann feierten wir ein großes Straßenduschfest; immer wieder liefen wir durch die Wasserfontäne und jauchzten dabei vor Vergnügen. Stets ertönte von irgendwoher Musik, und alle liefen singend durch die Gegend. Ich hatte einen Freund namens Tommy Rodgers, der gleich gegenüber auf der anderen Straßenseite wohnte; er begleitete mich immer zur Schule. Tommy hatte eine wirklich gute Stimme, und wir sangen viel zusammen, so daß es sich bald herumsprach, daß auch ich eine gute Stimme hatte. Auf diese Weise lernte ich meine Freunde kennen, nachdem wir in die Brewster-Siedlung gezogen waren: singend.

Dort in der Brewster-Siedlung in Detroit lernte ich auch Mary Wilson und Florence Ballard kennen. Ich kam aus einer sehr religiösen Familie. Der Vater meiner Mutter war Baptistenprediger gewesen, und Mama und ihre Schwestern hatten alle in einem Gospelchor gesungen. Obwohl Mary und ich in dieselbe Kirche gingen, besuchten sie und Florence die Northeastern High-School, während ich auf die Cass Tech ging. Dank des Gemeinschaftsgeistes, der in unserem Viertel herrschte, schafften wir es trotzdem, uns oft zum Singen zu treffen. Wir verstanden uns von Anfang an prächtig. Als wir anfingen, gemeinsam zu singen, geschah das zunächst ziemlich planlos. Vom Wesen her hätten wir nicht unterschiedlicher sein können, aber unsere Stimmen ergaben eine interessante Mischung, genau wie unsere Persönlichkeiten.

Florence war groß, stolz und schön; sie hatte eine makellose Haut und schönes Haar. Ihre Haltung war absolut königlich, und die Kraft in ihrer Stimme paßte zu dieser Haltung. Ihre Stimme besaß ein solches Volumen, daß sie mit der richtigen Ausbildung vielleicht Opernsängerin hätte werden können, wenn sie das nötige Geld und die richtigen Kontakte für eine solche Karriere besessen hätte. Tatsache ist, daß ein paar von den frühen Songs wie »Baby Love« und »Where Did Our Love Go« einfach eine Nummer zu klein für sie waren und der Tiefe ihrer Stimme nicht gerecht wurden. Die Plattenindustrie suchte damals nach etwas, das sich anhörte wie die Chantels oder die Shirelles.

Wie sich herausstellte, wirkte Mary Wilson wie eine Art Puffer für Florence und mich. Obwohl sie meistens die tiefen Töne sang, hatte sie eine schöne, warme Stimme, die sich sehr gut für mehrstimmigen Gesang eignete. Sie paßte hervorragend zu Florence und mir, denn ihre Stimme war genau das Verbindungsstück, das uns beiden fehlte; sie sorgte für perfekte Harmonie, so daß unsere drei Stimmen sich anhörten wie eine einzige. Außerdem hatte Mary auf der Bühne Charisma. Wenn eine von uns sexy war, dann sie. Sie liebte es, kokett mit den Hüften zu wackeln, den Männern in der ersten Reihe kesse Blicke zuzuwerfen und das ganze Publikum ein bißchen aufzuheizen. Florence war viel zurückhaltender; ihr hoheitsvolles Wesen erlaubte es ihr nicht, diese Art von ungebremster Energie an den Tag zu legen. Sie war vom Wesen her ganz anders.

Ich ähnelte in dieser Hinsicht eher Florence. Obwohl wir alle einen kindlichen Sexappeal besaßen, machte ich nie offen davon Gebrauch. Ich wackelte nicht mit den Hüften und klimperte auch nicht mit den Wimpern. Ich war nicht daran interessiert, durch erotische Zuckungen auf der Bühne das männliche Publikum zu manipulieren. Mir ging es immer um Eleganz und um die Musik; ich sang, weil es mir Spaß machte. Meine Gabe bestand darin, die Emotionen eines Songs auf einfache und ehrliche Weise ausdrükken zu können. Aus diesem Grund kam das Songmaterial, mit dem wir arbeiteten, meiner Stimme sehr entgegen, und als Leadsängerin war ich in der Lage, die Gegensätze der beiden anderen auszugleichen, indem ich Marys sexuelle Energie mit Florences königlicher Haltung verband. Zusammen waren wir drei ein unschlagbares Team.

Ich kann nicht älter als vierzehn oder fünfzehn gewesen sein, als wir anfingen, zusammen zu singen, denn ich erinnere mich, daß ich damals noch jeden Tag in die Schule marschierte. Es war im Frühjahr '59, und ich beendete gerade die neunte Klasse. Zu der Zeit gehörte auch Betty

McGlowan zu unserer Gruppe. Sie wohnte nicht im Brewster-Projekt, sondern drüben im westlichen Teil der Stadt. Sie war ein schönes Mädchen, groß, sehr dünn, mit dunkler Haut. Eine gute Sängerin. Als sie uns verließ, um zu heiraten, verloren wir uns aus den Augen.

Wir taten nichts lieber als singen, und wir trafen uns so oft wie möglich; noch hatten wir keine konkreten Vorstellungen, wie es weitergehen sollte. Wenn man sich etwas nur fest genug wünscht, dann geht es auch in Erfüllung. Florence, die aus einer sehr großen Familie stammte, hatte eine schöne ältere Schwester. Sie war damals mit einem Musikmanager namens Milton Jenkins befreundet. Er war immer ausgesprochen cool gekleidet und fuhr in einem großen roten Cadillac-Kabrio herum. Dieser Milton Jenkins half uns so richtig auf die Sprünge, indem er uns Mädchen eines Tages mit einer Gruppe von Jungs aus Alabama bekannt machte.

Milton Jenkins war der Meinung, daß unsere Gruppe und Cal, Eddie und Paul, die auch zusammen sangen und sich die Primes nannten, stimmlich gut zusammenpaßten. Obwohl wir erst viel später gemeinsam mit ihnen auftraten, als wir schon die Supremes waren und sie die Temptations, trafen wir uns oft nach der Schule, um zusammen zu proben.

Wir nannten uns die Primettes und wurden die Schwestergruppe dieser Jungs, und Milton Jenkins wurde unser Manager. Nachdem Betty uns verlassen hatte, waren wir nur noch drei, aber weil wir wieder eine vierte Stimme wollten, nahmen wir Barbara Martin dazu. Daran kann man sehen, daß die Veränderungen innerhalb der Gruppe bereits begonnen hatten, ehe wir zum erstenmal das Motown-Gebäude betraten, um dort vorzusingen.

Singen wurde mein Leben. Nichts anderes zählte mehr. Ich hatte einen Traum, und ich war fest entschlossen, ihn zu verwirklichen. Nichts konnte mich auf lange Sicht abschrecken oder entmutigen. Das einzige Hindernis, das es zu überwinden gab, war Daddy. Zwei von den Primes, Cal und Eddie, versuchten eines Tages einzuschreiten; sie kamen herüber, um meine Mutter zu fragen, ob ich mit ihnen singen dürfe. Mama regte sich erst ein bißchen auf, aber sie verstand meine Begeisterung und Entschlossenheit. Wenn ich versprach, meine Hausaufgaben zu machen, würde sie ihre Erlaubnis geben. Aber bei Daddy lag der Fall etwas anders. Er war ein praktisch denkender Mann, ein ernster Mann, und er hatte große Einwände dagegen, daß ich die Singerei so wichtig nahm. Er war sicher, daß mich das Singen von meiner Arbeit in der Schule ablenken würde. Ich sollte später aufs College gehen und eine gute Ausbildung bekommen, damit ich in der Lage wäre, in einer wettbewerbsorientierten Welt für mich zu sorgen, einer Welt, in der die Ausbildung eines Menschen der wichtigste Faktor war. Ich freute mich, daß er sich für mich etwas Besonderes vorstellte, aber ich war damals erst vierzehn Jahre alt. Die Prüfungen, die er im Leben durchgemacht hatte, waren mir noch unbekannt, und ich hatte meine eigenen Träume. Es war sehr schwierig, seine Erlaubnis zu bekommen, eine Primette zu werden. Am Ende schaffte ich es doch, aber in jenen Tagen mußte ich mit ihm um jeden kleinen Schritt kämpfen.

Die Primettes hörten nicht auf zu proben, und schon bald begannen wir, bei Parties in der Nachbarschaft aufzutreten. Wir standen gern im Rampenlicht, und je härter wir arbeiteten, desto heißer wurde unser Auftritt. Manchmal, wenn uns jemand für ein größeres Ereignis buchte, wurden wir sogar im Radio angekündigt: »Die Primettes treten zu der und der Zeit an dem und dem Ort auf.« Die bloße Nennung unserer Namen machte uns sehr stolz und aufgeregt. Wir waren damals zwar noch sehr jung, aber wir arbeiteten ernsthaft auf unser Ziel hin. Wir waren entschlossen, eine Platte aufzunehmen. Bereits in diesem Stadium gab die Musik meinem Leben den Zauber und den Sinn, den ich mir so verzweifelt wünschte. Ich wußte, daß ich mit meiner Musik etwas Eigenes besaß, das mich mein ganzes Leben lang begleiten würde, wenn ich das wollte. Ich habe es immer als ein Geschenk betrachtet, singen zu können, egal, ob wir probten, auftraten, oder einfach nur mit den anderen jungen Leuten in der Nachbarschaft herumalberten. Es hat mir Freude und Selbstvertrauen gegeben, vor allem, wenn ich sah, daß ich die Leute zum Lachen und Tanzen bringen konnte. Die Menschen um mich herum zu inspirieren war immer eine meiner größten Freuden, und ist es noch heute.

Florence, Mary, Barbara und ich sangen schon ein paar Jahre zusammen, als ich schließlich beschloß, Smokey Robinson zu fragen, ob er uns bei Berry Gordy von Motown einen Termin zum Vorsingen verschaffen könne. Berry Gordy managte Smokey and the Miracles; sie hatten einen großen Hit gelandet und stellten bereits etwas dar. Wir waren froh, jemanden zu kennen, der uns bei Berry Gordy und Motown Türen öffnen konnte. Wir wollten eine Chance; wir brauchten nur einen Termin zum Vorsingen, dann würde alles wie von selbst laufen. Vielleicht war diese Mischung von Unschuld und wilder Entschlossenheit meine größte Stärke. Scheitern war undenkbar, weil ich gar keinen Raum für negative Gedanken ließ; wir mußten Erfolg haben – etwas anderes konnte ich mir gar nicht vorstellen.

Smokey und ich waren gute Freunde. Wir hatten uns näher kennengelernt, als ich noch in der Belmont Street wohnte, so daß ich mich nicht scheute, ihn anzurufen und zu bitten, sich unseren Gesang doch mal anzuhören. Mein Plan sah vor, daß unsere Musik ihm gefallen und er uns den gewünschten Termin verschaffen würde. Eines Tages saßen wir Mädchen alle zusammen im Auto und fuhren eine Straße entlang, als wir plötzlich einen großen, hageren Typen entdeckten, der mit einer Gitarre auf dem Rücken die Straße hinunterging.

»Halt an!« sagte ich. Wir beobachteten ihn ein paar Minuten, und wir alle spürten, daß etwas Nettes von ihm ausging. Deswegen wagte ich es, ihn anzusprechen. Aus irgendeinem Grund kam er mir nicht wie ein Fremder vor; ich wußte instinktiv, daß er ein großartiger Typ war.

»Das ist unser Gitarrist. Ich weiß einfach, daß er es ist«, sagte ich zu den anderen. Jetzt mußte ich all meinen Mut zusammennehmen, um ihn anzusprechen.

»Aber was willst du zu ihm sagen? Er kennt uns doch gar nicht. Warum sollte er für uns spielen wollen?« gab jemand zu bedenken .

»Wir fragen ihn einfach«, sagte ich. »Wir bitten ihn einfach, für uns zu spielen, und zwar, weil wir gut sind.« Also öffnete ich das Fenster und rief hinaus: »Hey du. Wir sind Sängerinnen. Willst du für uns spielen? Willst du unser Gitarrist werden?«

Er muß uns für verrückt gehalten haben, aber er lächelte und gab uns seine Telefonnummer. Sein Name war Marvin Tarplin, und wie sich herausstellte, war er ein großartiger Gitarrist und ein wunderbarer Mensch. So lief das damals ab. In jenen Tagen lag ein seltsamer Zauber in der Luft, der die Dinge arrangierte und Energien ineinanderfließen ließ – der alles geschehen ließ, als wäre es vorbestimmt. Vielleicht lag es aber auch an unserer jugendlichen Unschuld, die uns einfach darauf vertrauen ließ, daß sich alles in die richtige Richtung entwickeln würde.

Ich weiß nicht, was Marvin gemacht hat, ehe wir uns auf der Straße begegneten, aber wir fingen sofort an, mit ihm zu proben, und es klappte wunderbar. Er spielte wirklich gut und kannte sämtliche aktuellen Songs. Als wir das Gefühl hatten, bereit zu sein, rief ich Smokey an.

»Smokey, ich habe eine Gruppe. Würdest du dir unsere Musik bitte mal anhören?« fragte ich ihn.

Zu meiner Freude sagte er ja. Es war kein richtiges Vorsingen. Smokey war noch jung, und er hatte damals noch keine führende Position bei Motown. Aber wir wußten, wenn wir ihm gefielen, hatte er die Macht, etwas für uns zu arrangieren. Wir gingen zu einer der Proben von Smokeys Chor und sangen uns die Seele aus dem Leib. Ich werde diesen Abend nie vergessen; es war der Abend, an dem Smokey uns unseren Gitarristen Marvin ausspannte. Er nahm ihn mit auf Tournee, aber zugleich arrangierte er auch den Termin für uns. Ein Verlust und ein Gewinn. Ich glaube, Marvin spielt immer noch für ihn.

Ratten, Ungeziefer, Schweiß und Liebe. So hat Berry Gordy die Anfangszeit von Motown beschrieben. Wer das wörtlich verstand, machte sich wahrscheinlich ein völlig falsches Bild. Berry meinte damit die Dinge des täglichen Lebens, die vielen Faktoren, die eine Rolle spielten, wenn man eine Plattenfirma im großen Stil aufziehen wollte. Motown zu gründen und erfolgreich zu machen war ein enormes Unternehmen, ein kühner Traum, eine mutige Vision. Und Berry Gordy besaß alles, was nötig war, um ein solches Vorhaben zu realisieren.

Smokey begleitete uns zu unserem Vorsingtermin in dem Gebäude, das wir Hitsville, USA, nannten. Wir waren so nervös, daß wir kaum stillsitzen konnten. So viele Leute versuchten, bei Motown einen Plattenvertrag zu bekommen, und wir waren nur junge High-School-Mädchen aus der Brewster-Siedlung, die davon träumten, eine Platte aufzunehmen. Aber was uns an Erfahrung fehlte, machten wir durch unseren Enthusiasmus wett.

Hitsville gibt es immer noch. Ich kann mich noch lebhaft daran erinnern, wie es damals aussah: nur ein seltsamer kleiner, rechteckiger Raum. Rechts hinten stand ein Schlagzeug; daneben führte eine Treppe nach unten in ein anderes Studio. Im ganzen Raum waren Mikrophone aufgestellt, und die Toningenieure schoben sie hin und her, um unterschiedliche Klangeffekte zu erzielen.

Nebeneinander standen wir dort oben, um vor ein paar Motown-Vertretern vorzusingen. Unsere Nerven waren zum Zerreißen gespannt. Wir kannten niemanden. Smokey war nicht im Zimmer; er wartete draußen. Wir sangen ein paar Songs a capella, die wir für diesen Tag sorgfältig vorbereitet hatten. Die Spannung wurde immer größer; wir wußten, daß das ein entscheidender Moment für uns war. Ich weiß noch, daß Florence bei einem unserer Lieblingssongs die Leadstimme sang, ich glaube, es war »Night Time Is the Right Time«; ich sang die hohe Stimme dazu. Das war der dritte Song. Dann, mitten in unserer letzten Nummer, »There Goes My Baby«, einem Song, bei dem ich als Leadsängerin fungierte, kam Berry Gordy selbst in den Raum. Obwohl wir ihn nie zuvor getroffen, sondern nur von ihm gehört hatten, wußten wir sofort, wer er war. Der Mann besaß Ausstrahlung. Man spürte richtig, wie die Energie sich verlagerte und zu knistern begann, als die anderen auf die Anwesenheit ihres Chefs reagierten. Es war offensichtlich, daß er sehr in Eile war und nur auf einen Sprung hereinschaute, um uns zuzuhören. Ohne uns auch nur gegenseitig anzusehen, wußten wir alle vier, daß wir beobachtet wurden, und von wem; also sangen wir für ihn. Unsere Bewegungen wurden ausladender, unsere Stimmen ausdrucksvoller. Er hörte sich den Song zu Ende an, dann sagte er: »Singt diesen Song noch einmal, ›There Goes My

Baby‹.« Wir taten, was er gesagt hatte. »Sehr schön, Mädchen. Sehr schön.« Das war sein ganzer Kommentar; dann verließ er eilig den Raum.

Ich glaube, wir haben bei unserem ersten Vorsingen gute Arbeit geleistet. Unsere Energien befanden sich bereits im Einklang, und was dabei herauskam, klang gut. Dieser Meinung war ich schon damals, deswegen war ich gespannt, was Mr. Gordy sagen würde. Natürlich träumten wir davon, auf der Stelle unter Vertrag genommen zu werden. Wir mußten kurz warten, bis er Zeit für uns hatte – mir kam es vor wie eine Ewigkeit. Ich weiß noch, wie beängstigend es war, in diesem Raum zu sitzen; wir hatten solche Angst, weil wir wußten, daß Berry Gordy der Mann war, von dem unser Schicksal abhing. Als er endlich zurückkam, fand er recht ermutigende Worte für uns. Wir gefielen ihm, unsere Musik gefiel ihm, aber er beharrte darauf, daß wir noch zu jung seien für einen Vertrag.

»Macht erst mal die Schule fertig, arbeitet weiter an eurer Musik und kommt dann noch mal zum Vorsingen.«

Wir waren am Boden zerstört. Man darf nicht vergessen, daß wir damals ungestüme Teenager waren, ungeduldig und eigensinnig. Wir wollten den Kopf von Motown davon überzeugen, daß wir bereit waren, daß wir schon jetzt gut genug waren, daß wir Schule und Plattenvertrag problemlos miteinander vereinbaren konnten; aber wir schwiegen. Es war ziemlich offensichtlich, daß seine Entscheidung feststand, und daß es sinnlos war, Berry Gordy umstimmen zu wollen, wenn er sich einmal entschieden hatte. Wir verließen Motown ziemlich entmutigt; trotzdem dachte keine von uns an Aufgeben. Ganz im Gegenteil, ich glaube, wir waren entschlossener denn je. Berry Gordy war nicht der einzige, der wußte, was er wollte. Ich war nicht der Mensch, der ein Nein akzeptierte, und Berry Gordy hatte mich ganz sicher nicht zum letztenmal gesehen. Ganz im Gegenteil, mir war klar, daß unsere Beziehung gerade erst begonnen hatte.

Buttered Popcorn

Obwohl wir unsere erste Single schon vor unserer Begegnung mit Berry Gordy unter dem Lupine-Label aufgenommen hatten, hatten wir definitiv ein Auge auf Motown geworfen. Das war 1959, und wir waren immer noch die Primettes. Wir hatten versucht, einen eigenen Song zu schreiben. Er hieß »Tears of Sorrow« und ging ungefähr so:

Tears of sorrow, cry for tomorrow,
I'll just have to cry again, so why wait 'til then?
All my happiness, gone, and I guess
I'll just have to cry again, so why wait 'til then?

Ich kann diesen Song immer noch in meinem Kopf hören. Seltsam, wie einem manche Worte im Gedächtnis bleiben.

Wenn jemand meine Mutter an einem beliebigen Nachmittag des Jahres 1960 fragte, wo ich sei, lautete die Antwort fast immer gleich: »Sie ist bei Motown.« Anfang 1960, nach dem berühmten Vorsingen, bei dem Berry sich geweigert hatte, uns unter Vertrag zu nehmen, beschlossen die anderen Mädchen und ich, daß es Zeitverschwendung war, anderswo unser Glück zu versuchen, weil wir alle sowieso nur zu Motown wollten. Jeden Tag warteten wir sehnsüchtig auf den Moment, wenn die Schule endlich aus war und wir den Bus zum Motown-Gebäude nehmen konnten. Jeder dort gewöhnte sich an unseren Anblick; bald gehörten wir zum festen Inventar. Zuerst hingen wir einfach nur herum und versuchten, die Motown-Leute auf jede erdenkliche Weise dazu zu überreden, uns einen Vertrag zu geben. Wir lernten alle Sänger und Musiker kennen, die dort Platten aufnahmen, und obwohl wir den Vertrag, den wir uns so wünschten, immer noch nicht hatten, schafften wir es doch bald, als Backgroundsängerinnen für einige der etablierten Gruppen zu singen. Wir bekamen dafür so gut wie nichts bezahlt, aber Geld bedeutete uns damals sehr wenig. Das waren alles wertvolle Erfahrungen, und in jenen Tagen fanden wir es schon aufregend, überhaupt etwas für Motown zu tun. Berry ging ein und aus, und es gelang uns, mit ihm in Kontakt zu bleiben. Jeder bemühte sich um seine Aufmerksamkeit, und wir waren froh, daß wir es schafften, ihn gelegentlich zu treffen, damit er uns nicht ganz aus den Augen verlor. Auf diese Weise waren wir ständig beschäftigt: Wir versuchten, unsere Hausaufgaben so gut und so schnell wie möglich zu erledigen, um anschließend zu proben, als Primettes bei Parties in der Nachbarschaft aufzutreten und in Hitsville für Motown Background zu singen.

Im Sommer 1960 überquerten wir von Detroit aus den Fluß nach Windsor, Ontario. Wir hatten beschlossen, an einem Amateurtalentwettbewerb teilzunehmen, und waren sehr aufgeregt. Damit ging ein Teil unseres Traums in Erfüllung. Es war das erste Mal, daß wir gemeinsam verreisten, und noch dazu als Sängerinnen. Ich brauche wohl nicht zu sagen, daß wir sehr nervös waren. Wir waren ja noch Teenager, und dieser Wettbewerb, zu dem Talente aus ganz Detroit und Kanada anreisten, hatte ein großes Publikum angelockt. Tausende von Leute waren gekommen. Nachdem wir bisher hauptsächlich auf Parties und kleineren Konzerten aufgetreten waren, schien das hier unsere große Chance zu sein.

Als wir auf die Bühne hinaustraten, schlug mein Herz plötzlich schneller, und ein Adrenalinstoß schoß durch meinen Körper. Das hier war genau das, was ich machen wollte. Alle Augen waren auf uns gerichtet, während wir unsere Standardsongs zum besten gaben, »Night Time Is The Right Time« und »There Goes My Baby«. Wir kamen so richtig auf Touren, wir hatten für dieses Ereignis hart geprobt, und das Publikum klatschte und johlte, als wir fertig waren. Wir gewannen den Wettbewerb, aber noch wichtiger war, daß ich zum erstenmal das wunderbare Gefühl kosten durfte, mit so vielen Menschen gleichzeitig in Kontakt zu treten und für eine gute Leistung anerkannt und belohnt zu werden. Wir alle fuhren in Hochstimmung nach Hause und wollten mehr davon.

Um mir die Unterstützung meiner Eltern auch weiterhin zu sichern, mußte ich zu Hause sehr vorsichtig sein und zuverlässig meine Hausaufgaben machen. Florence hatte mit ihren Eltern eine ähnliche Abmachung getroffen, aber sie war nicht so gewissenhaft wie ich. Ihre Eltern fühlten sich ähnlich hin- und hergerissen wie meine. Einerseits wollten sie, daß sie sang, andererseits aber waren sie extrem besorgt, weil sie von Anfang an in der Schule Schwierigkeiten hatte. Sie kam aus einer großen Familie; sie hatte elf Geschwister. Ihre Eltern hatten große Angst, daß sie die Schule hinwerfen könnte und dann keine anständige Grundlage haben würde, um selbst für ihre Zukunft zu sorgen. Genau das war nämlich einigen von ihren Geschwistern passiert. Viele Male besuchten Mary und ich sie bei ihr zu Hause, um ihre Eltern zu beknien, sie mit uns singen zu lassen. Wir versprachen ihnen, dafür zu sorgen, daß sie lernte und ihre Hausaufgaben machte. Schließlich gaben die Eltern nach. Wir hatten alle unmittelbaren Hindernisse aus dem Weg geräumt.

Florence war kein einfacher Mensch. Sie besaß nicht nur eine starke Stimme, sondern auch eine starke Persönlichkeit. Alles an ihr war groß. Wenn sie glücklich war, steckte sie alle an. Wenn sie unglücklich war, fühlte sich ihre ganze Umgebung erbärmlich. Sie war schrecklich launisch, schwankte ständig zwischen himmelhoch jauchzend und zu Tode betrübt. Und sie war schwer zu durchschauen; wir verstanden nie wirklich, was die Ursache für ihre Launen war. Wir wußten nie, ob wir sie mit irgend etwas beleidigt hatten, das sie uns vielleicht nicht sagte. Sie lief dann eine Weile mit finsterer Miene herum, bis es urplötzlich und wie durch ein Wunder wieder vorbei war. Natürlich waren wir jedesmal erleichtert, wenn sie wieder lachte, aber zugleich waren wir frustriert, weil wir, was den Grund für ihre emotionale Berg-und-Tal-Fahrt anging, nicht klüger waren als zuvor. Da sie nicht über ihre Gefühle sprach, war jeder stets bemüht, sie bei Laune zu halten. Irgend jemand hat einmal gesagt: Nur ein Rad, das quietscht, wird geölt. Wenn Florence quietschte, war das, als wäre man mit dem Zinnmann aus *Der Zauberer von Oz* zusammen. Dann kamen wir mit der Ölkanne angerannt und schafften es normalerweise, sie wieder zum Laufen zu bringen, auch wenn wir nie ganz genau wußten, wo wir sie ölen sollten, und warum sie überhaupt quietschte. Vielleicht wußte sie es selbst nicht. Florence schien immer Probleme zu haben; nichts paßte ihr, egal, wie sehr wir uns bemühten, ihr alles recht zu machen. Es war wirklich nicht leicht. Mary und ich hatten sie beide gern und wollten, daß sie glücklich war. Ich wollte, daß alle Menschen in meiner Umgebung glücklich waren.

Vor Florences Tod am 22. Februar 1976 hatte ich wirklich keine Ahnung, daß sie so krank oder sogar dem Tode nahe war. Daß sie so jung sterben mußte, erscheint mir als eine Verschwendung von Leben. Das hätte nicht passieren dürfen. Sie war ein großer Erfolg, eine Gewinnerin. Sie hatte den Joker schon in der Hand, doch dann warf sie ihn weg. Ich weiß nicht, warum so etwas passiert, und ich weiß erst recht nicht, warum es Florence passierte. Ich habe sie nie wirklich verstanden. Florences Leben war für mich immer ein Buch mit sieben Siegeln. Ich glaube nicht, daß sie selbst so erpicht darauf war, Sängerin zu werden, wie ihre Eltern und Geschwister sich das für sie und letztendlich für sich selbst wünschten.

Am Tag ihrer Beerdigung hatte ich keine Ahnung, mit wieviel Ärger und Ressentiments ich es zu tun haben würde. Ich fuhr hin, weil ich ihren drei Kindern gegenüber meine Liebe, Freundschaft und Anteilnahme zum

Ausdruck bringen wollte. Ich wollte ihnen eine Hilfe sein, ihnen beistehen. Genausogut hätte ich in eine Löwengrube springen können.

Die Beerdigung war schrecklich – ein totales Chaos. Nichts war richtig organisiert, es gab kein bißchen Privatsphäre. Florence lag in einem offenen Sarg, und Presseleute und Schaulustige drängten in Scharen herein. Ich fühlte mich peinlich berührt und zutiefst traurig, weil niemand Florence den ihr gebührenden Respekt erwies. Die wenigen Sicherheitskräfte, die man angeheuert hatte, zeigten wenig Einfühlungsvermögen für den besonderen Anlaß. Ich ging schnurstracks auf die Kinder zu. Es ging mir vor allem darum, die Kinder zu beschützen, aber von allen Seiten bedrängten mich rücksichtslose, aufdringliche Menschen. Ich stand unter großem emotionalen Druck, aber für eine kurze Zeit versuchte ich, die Kontrolle zu übernehmen. Ich glaube, es ist einfach ein Wesenszug von mir, daß ich stets versuche, die Verantwortung zu übernehmen und das Chaos zu organisieren, aber vielleicht war das in diesem Fall ein Fehler. Ich bekam dafür später eine Menge schlechte Presse, aber ich tat es nur für Florence. Schließlich gab ich auf. Ich ging gar nicht mehr mit auf den Friedhof, so schrecklich fühlte ich mich. Statt dessen setzte ich mich einfach in mein Auto und fuhr nach Hause, um alleine um sie zu trauern.

Wenn ich rückblickend über unsere Beziehung nachdenke, muß ich sagen, daß die Ressentiments gegen mich nicht wirklich von Florence oder ihrer Mutter genährt worden waren. Ich fand Mrs. Ballard immer sehr sympathisch; sie war eine liebe, wundervolle Frau. Während ich über sie schreibe, glaube ich fast, ihre Stimme zu hören. Sie war eine kräftige Frau, groß und gewichtig. Mit ihr gab es nie Probleme, dafür aber mit anderen Mitgliedern der Familie, Florences Brüdern und Schwestern. Ich hatte sie nie näher kennengelernt, deswegen weiß ich bis heute nicht, warum sie über mich sprachen, als würden sie mich so gut kennen. Von ihnen wurde ich wegen meiner Rolle bei der Beerdigung heftig kritisiert. Die Wahrheit ist, daß ich Florence sehr gern mochte, aber keine Ahnung hatte, wie schlimm es um sie stand; ich bin noch heute traurig über ihren Tod.

Durch die Bürde meiner Berühmtheit habe ich gelernt, wie ich am besten mit mir selbst und meinen Problemen klarkomme. Ich versuche stets, die Dinge in einem größeren Zusammenhang zu sehen und auf diese Weise einen Weg zu finden, mein Leben mit Würde zu leben. Ich sehe mich oft als die Hüterin der Flamme, und so fühlte ich mich auch im Fall von Florences Licht. Ich hatte die Hüterin ihrer Flamme sein wollen. Das funktioniert nicht immer. Im Moment ist es vielleicht am wichtigsten für mich, loszulassen und alle schmerzhaften Gefühle zu überwinden, die ich tief in meinem Herzen vergraben habe. Wenn ich diese Gefühle aus mir herauslasse, fühle ich mich vielleicht wieder freier, so daß ich ein glücklicheres Leben führen und zu den nächsten Etappen meiner Entwicklung aufbrechen kann; vielleicht werde ich dann wieder ebensoviel Freude an meiner Karriere haben wie in unserer Anfangszeit.

Ich weiß noch, wie enthusiastisch ich in jenem Sommer war, bevor wir unseren Vertrag bekamen. Da ich einen Job brauchte, um mir ein bißchen Geld dazuzuverdienen, fragte ich Berry, ob ich für ihn arbeiten könne. Er stellte mich als Sekretärin an, wahrscheinlich, weil ich hübsch und hartnäckig war, aber eigentlich war ich gar keine richtige Sekretärin. Soweit ich mich erinnern kann, bestand meine Tätigkeit hauptsächlich darin, ein paarmal am Tag seinen Schreibtisch aufzuräumen; dabei erstarrte ich jedesmal vor Ehrfurcht, wenn ich irgendwelche wichtig aussehenden Dokumente in Händen hielt, und wünschte mir sehnlichst, einmal meinen eigenen Namen darauf zu lesen. Die Motown-Sekretärinnen waren alle keine normalen Sekretärinnen. Sie sangen alle und versuchten, auf diese Weise einen Fuß ins Geschäft zu bekommen. Es war nichts Ungewöhnliches, daß ich diesen Job annahm. Die anderen Mädchen hatten auch keine Probleme damit. Es war einfach ein Sommerjob, der mir großen Spaß machte. Ich war entschlossen, alles zu tun, was nötig war, um der Musik nahe zu sein.

Anfang 1961 trug unsere Hartnäckigkeit endlich Früchte, und unsere Träume wurden wahr. Berry Gordy beschloß, uns unter Vertrag zu nehmen, und das, obwohl wir erst in einem Jahr die High-School abschließen würden. Wir konnten uns kaum fassen vor Freude; das war das Wunderbarste, was uns je passiert war. Berry ließ uns wissen, daß ihm der Name »The Primettes« nicht gefiel. Also mußten wir uns einen neuen Namen suchen.

Wir zerbrachen uns lange den Kopf darüber, hatten aber keine zündende Idee. Da uns auf Anhieb nichts Geeignetes einfiel, machte jede von uns eine Liste. Aber das Richtige war immer noch nicht dabei. Eines Tages, als nur Florence im Studio war, kam Janie Bradford, eine große Songschreiberin, die damals in der Motown-Verwaltung arbeitete, und reichte ihr eine Liste mit Vorschlägen. Sie erklärte Florence, daß die Verträge gerade fertiggemacht würden und sie sich sofort für einen Namen entscheiden müsse. Florence entschied sich für »The Supremes«, weil es der einzige Vorschlag auf der Liste war, der nicht auf »ette« endete. Damals fand ich den Namen schrecklich, aber als wir ins Studio kamen, war die Sache bereits entschieden, und der Name stand schon auf den Verträgen.

Ich war damals erst sechzehn. Wir waren alle noch Teenager, deswegen mußten unsere Eltern für uns unterschreiben. Mit Daddy hatte ich von Anfang an kämpfen müssen, und auch diesmal machte er keine Ausnahme.

Er war immer noch strikt dagegen, daß ich mir meinen Lebensunterhalt durch Singen verdiente, aber nach viel Betteln und Drängen gab er nach, natürlich gegen seine Überzeugung. Obwohl wir Mädchen vor Begeisterung Luftsprünge machten, erinnere ich mich an die Skepsis unserer Eltern, als wir uns an jenem schicksalsträchtigen Nachmittag bei Motown trafen. Sie trauten diesem kleinen Mann namens Berry Gordy einfach nicht – weder, was unsere emotionale Entwicklung, noch, was unser Geld betraf. Unserem Enthusiasmus tat das keinen Abbruch. Endlich hatten wir bekommen, was wir wollten. Am 15. Januar 1961 wurden wir Motown-Sängerinnen. Unsere erste Single für Berry nahmen wir allerdings unter einem Label namens Tamla auf, einer Tochterfirma der Berry Gordy Enterprises. Aber schon bald übernahm er uns ins Motown-Label, und von da an erschienen unsere Platten alle bei Motown.

Im März 1961 veröffentlichten wir eine Single mit dem Titel »I Want a Guy«. Ich kann mich noch genau an die Aufnahme-Session erinnern. Wir kamen uns alle so wichtig vor! Mit geschlossenen Augen und ausgebreiteten Armen legte ich mein ganzes Herz in diesen Song. Wenn ich mir die Platte heute anhöre, überkommt mich ein nostalgisches Gefühl; ich kann die Sehnsüchte eines Teenagers in meiner Stimme hören. Fünf Monate später nahmen wir einen Song mit dem Titel »Buttered Popcorn« auf, bei dem Florence die Leadstimme sang. Ich weiß nicht, wer den Song geschrieben hatte, und bin mir immer noch nicht ganz darüber im klaren, wovon er eigentlich handelte:

> My baby likes
> Buttered popcorn, uh-huh!
> Buttered popcorn, oh-hoh!
> It's sticky, oo-oey and gooey,
> Buttered popcorn.

Es war wohl einfach ein Song über Autokinos. Damals war es eine große Sache, an einem warmen Sommerabend draußen im Wagen sitzen zu können, sich diesen Lautsprecher ins Auto zu stellen und auf der riesigen Leinwand einen Film anzusehen. Wer damals hip sein wollte, saß entweder knutschend im Autokino oder tobte sich bei dröhnender Musik auf der Rollschuhbahn aus. Das fanden alle unheimlich cool.

Meine Stimme klang damals ganz anders als heute. Ich sang ziemlich nasal, aber unser Sound war trotzdem gut. Wir lernten, unsere Stimmen immer besser einzusetzen. Obwohl wir nie richtigen Gesangsunterricht hatten, bekamen wir Hilfe von einem großen, schwergewichtigen Schatz von einem Mann namens Maurice King. Er erklärte uns beispielsweise, wie man einen Ton richtig traf, wie man es vermied, flach oder schrill zu klingen, und wie man interessantere Harmonien erzielte.

Ich wünschte, wir hätten die Gelegenheit gehabt, unsere Stimmen richtig ausbilden zu lassen, aber zu der Zeit, als wir professionell zu singen begannen, waren Singstunden einfach nicht drin. Daß ich trotzdem weiterhin an meiner Stimme arbeitete, hing allein damit zusammen, daß ich überleben wollte. Ich durfte einfach nicht heiser werden oder meine Stimme womöglich ganz verlieren. Also war ich gezwungen, es richtig zu machen und tief aus dem Brustraum heraus zu singen. Ich bemühte mich auch um die richtige Atemtechnik: Statt flach zu atmen, versuchte ich, möglichst tief Luft zu holen. Ich atmete tief ein und versuchte, den Gesang einfach aus mir herausströmen zu lassen. Dadurch begann sich meine Stimme zu verändern. Wieder gab mir Maurice King viele praktische Tips; ich hätte gerne öfter mit ihm gearbeitet, aber dazu reichte die Zeit nicht. Im Grunde brachte ich mir meine neue Stimme selbst bei. Ich lernte singen, indem ich sang. Auf dieselbe Weise habe ich auch die meisten anderen Dinge im Leben gemeistert.

Das alte Hitsville-Gebäude, in dem die Motown-Aufnahmestudios lagen, nimmt in meinem Herzen einen ganz besonderen Platz ein. Genau wie viele von den anderen Gruppen waren wir überzeugt davon, daß unser einzigartiger Sound damit zusammenhing, wie der Klang unserer Stimmen von den Wänden und Fenstern abprallte. Wir machten Aufnahmen in jedem – und ich meine wirklich jedem – Winkel des Gebäudes: auf den Gängen, im Treppenhaus, direkt neben der Wand, ja sogar auf der Toilette. Wir experimentierten auf jede nur erdenkliche Weise. Wenn im Gang die Fenster offen waren, ergab das einen anderen Sound, als wenn sie geschlossen waren. Wenn wir direkt neben einem der Löcher in der Wand sangen, gab das wieder einen anderen Sound. Wir waren damals wirklich einfallsreich; da uns weder Synthesizer noch irgendwelche anderen elektronischen Hilfsmittel zur Verfügung standen, nutzten wir eben unsere Umgebung, um verschiedene Klänge zu erzeugen.

Haben Sie je unter der Dusche gesungen und festgestellt, wie gut und interessant das klingt? Zufällig lag im Hitsville-Gebäude direkt hinter dem Regieraum ein Bad, und wie sich herausstellte, gab es eine perfekte Echokammer ab. Wenn ich die Leadstimme sang, befestigten die Toningenieure mein Mikrophon manchmal in der Toilette, um einen Echoeffekt zu erzeugen. Auch das gehörte zu Berrys intuitivem Genie. Ich weiß noch, daß ich einmal spätabends mit schmerzendem Hals und todmüde in jenem legendären Badezimmer neben der Kloschüssel kniete, mir die Seele aus dem Leib

Bei jeder Photo-Session probierte ich eine neue Frisur aus.

Oben links: Das erste
Haus, das ich für meine
Mutter kaufte.
Unten: Cindy, ich, Mary
und Paul McCartney,
vor langer, langer Zeit.

Gegenüberliegende Seite
Oben links: Ich liebe diese Kleider. Sind sie nicht witzig?
Unten: So sahen unsere Proben aus – die ganze Nachbarschaft
war mit von der Partie, in diesem Fall in Florences Haus.

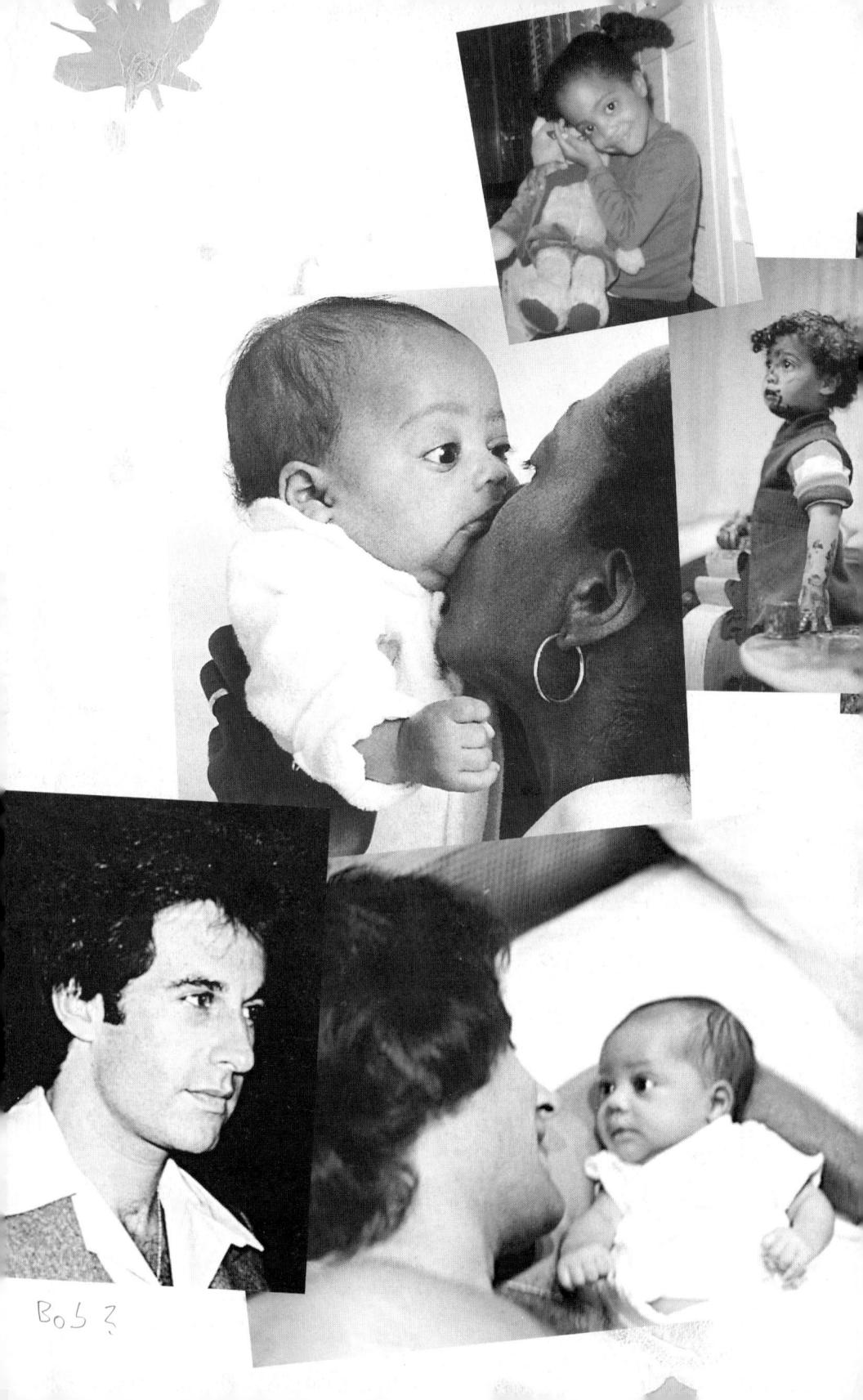

Bob?

Im Grunde bin ich mehr Mutter, Ehefrau und Freundin als Berühmtheit.

Das Leben ist wundervoll, und es gibt noch so viele Dinge,
die ich tun und sehen will.

Ich bin stolz auf das, was ich erreicht habe. Es erinnert mich daran, was für Glück ich hatte und was ich an andere weitergeben will.

sang und dabei dachte: »Ich glaube, das Showbusineß ist doch nicht ganz so glamourös, wie ich mir das immer vorgestellt habe.«

Rückblickend weiß ich, daß Hitsville nicht nur ein großartiger Ort für Plattenaufnahmen war, sondern darüber hinaus eine ganz eigene, magische Atmosphäre besaß. Schon damals haben wir das alle so empfunden, und niemand wollte je anderswo aufnehmen, denn aus diesem Gebäude kamen die Hits: aus den Löchern in der Wand, aus dem Treppenhaus, und aus dem Bad. Ich glaube wirklich, daß die Musik sich irgendwie anders anhörte, als wir anfingen, in besser ausgestatteten, professionellen Studios zu arbeiten. Hitsville besaß einen gewissen Zauber, aber in dem Bemühen, diesen Zauber zu bewahren, liefen die Produzenten manchmal Gefahr, ihre Flexibilität zu verlieren. Der Versuch, bestimmte Klänge, die sich bewährt hatten, zu reproduzieren, oder eine bestimmte Anordnung der Instrumente zu wiederholen, beeinträchtigte den schöpferischen Prozeß und wirkte sich auf das jeweilige Projekt nicht immer positiv aus. Leute, die glaubten, daß das Studio selbst die Hits machte, bestanden auf einer ganz bestimmten Anordnung, von der sie dann keinen Millimeter abwichen, weil sie Angst hatten, das könnte den Zauber zerstören. Das Schlagzeug mußte im rechten hinteren Eck stehen, weil dann die Klänge auf eine besondere Art von der Wand zurückgeworfen wurden, und die Mikrophone durften kein bißchen verschoben werden. Man war abergläubisch, was im Musikgeschäft ziemlich häufig vorkommt, und niemand wollte den Zauber brechen.

Lange bevor Hitsville, USA, seinen späteren Ruf erlangte, hatten die Supremes dort ihren Anfang genommen. Allerdings hatte das eine ganze Weile gedauert. Anfangs wurden die meisten unserer Aufnahmen Flops, während neue Leute, die erst nach uns unter Vertrag genommen wurden, einen Hit nach dem anderen landeten. Wir waren die jüngsten Künstler bei Motown, die Babys, und alle nannten uns nur »die Mädchen«. Jeden Tag kamen wir gleich nach der Schule ins Studio und arbeitete bis zum Abend. In Detroit wurde es früh dunkel, so daß wir immer von einem Fahrer nach Hause gebracht werden mußten. Alle bei Motown, einschließlich unseres Ersatzbruders Smokey und Berry selbst, waren bemüht, uns zu beschützen, sich um die Mädchen zu kümmern. Smokey und ich verstanden uns prächtig, und das tun wir noch heute. Er war von Anfang an mein Mentor. Er verfolgte meine Karriere mit besonderem Interesse, auch wenn er das oft aus der Ferne tun mußte. Während die Supremes versuchten, Fuß zu fassen, waren Smokey and the Miracles schon dabei, große Stars zu werden. Das bedeutete, daß wir uns nur selten sahen, schon allein deswegen, weil er viel auf Tournee war. Aber wenn er sich in Detroit aufhielt, kümmerte er sich um uns, indem er dafür sorgte, daß wir die Schule fertig machten, daß wir abends nicht zu lange arbeiteten, daß wir sicher nach Hause kamen.

Barbara Martin verließ die Gruppe 1961, und die Supremes wurden ein Trio. Unsere erste Single unter dem Motown-Label hieß »Your Heart Belongs to Me« und wurde im Mai 1962 aufgenommen. Weitere Nummern folgten, aber keine schlug richtig ein. Wir waren frustriert, aber wir gaben nicht auf. Genaugenommen hatten wir bis »When the Lovelight Starts Shining Through His Eyes« im Oktober 1963 keinen einzigen Hit. Dann erst ging es wirklich los.

»When the Lovelight Starts Shining Through His Eyes«, eine Single, die schnell in die Top 20 aufstieg, zeichnete sich bereits durch den typischen Motown-Sound aus. Wir hatten gerade angefangen, mit ein paar Songwritern namens Holland-Dozier-Holland, kurz HDH, zu arbeiten. Brian Holland besaß einen ausgeprägten Sinn für Gospelklänge; er war derjenige, der den Part der Leadsängerin ausarbeitete. Lamont Dozier war für die Harmonien und den Backgroundsound zuständig, also für die Musik, die die Leadstimme untermalt und trägt. Eddie Holland schließlich kümmerte sich um die Art der Darbietung. Zusammen bildeten sie ein unglaubliches Dreigespann, genau wie wir drei Mädchen. Holland-Dozier-Holland wurden unsere wichtigsten Songwriter; zusammen waren wir ein großartiges Team, ein weiteres Beispiel für das Ineinanderfließen von Energien, das damals einen Teil des Zaubers von Motown ausmachte.

Die Beziehung·zwischen Sängern und Songwritern war bei Motown einzigartig. Wir alle arbeiteten als Einheit zusammen, so daß jeder Song im Hinblick auf eine bestimmte Gruppe geschrieben wurde. Die Mädchen und ich kamen frisch aus der Schule; wir waren bereit, die Welt mit klaren, wißbegierigen Augen und offenem Herzen zu erforschen. Sooft die Jungs von HDH uns ansahen, müssen sie unseren Zauber, unsere kindlichen Körper und unser überschäumendes Temperament bemerkt haben. Wir waren naiv, und wir strahlten Unschuld und Frische aus. Deswegen spiegelten die Songs, die sie für uns schufen, diese Unschuld, diese Naivität wieder. Natürlich waren wir keineswegs unempfindlich gegen die Tatsache, daß die Sixties eine sehr unruhige Zeit waren; es gab die Bürgerrechtsbewegung, und es gab Vietnam. Wir standen den Protesten und Rebellionen, die damals in der Welt um uns herum explodierten, keineswegs gleichgültig gegenüber. Ganz im Gegenteil. Wir interessierten uns sogar sehr dafür, und trugen auf unsere kindliche Weise zum Zeitgeist bei. Denn obwohl Krieg und Protest die Markenzeichen der Sechziger waren, ging es im Grunde um Frieden und Liebe. Die romantische Qualität der unschuldigen Lovesongs, die man einmal mit den Supremes verbinden sollte, paßten nicht nur außerordentlich gut zu unserem Stil, sondern waren auch für jeden verständlich und nachvollziehbar. Die gemeinsame Energie von Sängerinnen und Songwritern brachte viele Klassiker hervor, die noch heute Bestand haben. Zunächst aber dauerte es noch ein weiteres Jahr, um genau zu sein, bis zum Juni 1964, bis diese optimale Verbindung von Sängerinnen und Songwritern und der geniale Instinkt von Berry Gordy zu einem Number-One-Hit führten.

Ich wußte nicht viel darüber, wie HDH als Menschen waren, was sie privat erlebten und was schließlich aus ihnen wurde. Ich muß zugeben, daß ich ihnen, abgesehen von der phantastischen Musik, die sie schufen, nur wenig Aufmerksamkeit schenkte. Aber damals konnte ich niemandem viel Energie oder Aufmerksamkeit entgegenbringen. Es war eine anstrengende Zeit für uns. Wir waren junge Mädchen und hatten gerade erst zu arbeiten begonnen. Wir waren so sehr mit unserer eigenen Karriere beschäftigt, so sehr bemüht, es zu schaffen, daß wir schon genug damit zu tun hatten, die Sorgen unserer Eltern zu zerstreuen und dafür zu sorgen, daß sie uns weiter an unserem Traum arbeiten ließen. Und dann gab es ja auch noch die täglichen Reibereien und Eifersüchteleien, zu denen es in solchen Situationen zwangsläufig kommt; ganz zu schweigen von der aufreibenden Knochenarbeit, die nötig ist, wenn man im Showbusineß Erfolg haben will.

Unser Leben bewegte und veränderte sich mit einer unglaublichen Geschwindigkeit. Es war schwierig, sich auf irgend etwas anderes zu konzentrieren als auf uns selbst, den gegenwärtigen Moment, und den jeweils nächsten Schritt. Wir wußten nicht genau, wie der nächste Schritt aussehen würde, aber wir wußten, daß uns etwas Großes bevorstand. Ich hatte damals vieles, wonach ich mich richten und woran ich mich halten konnte: mein Ziel, meine Entschlossenheit, die Bereitschaft, hart zu arbeiten, die mir meine Familie mit auf den Weg gegeben hatte, und die Hilfe und Unterstützung von Berry Gordy, der für mich zeitweise Ersatzvater war, zeitweise aber auch Chef und Sklaventreiber.

Die guten alten Träume

Wie soll ich meine Beziehung zu Berry beschreiben – eine Verbindung, die begann, als ich fünfzehn war, und die heute, fünfunddreißig Jahre später, immer noch existiert, wenn auch in völlig anderer Form? Wie jede Beziehung hat auch die unsere viele Veränderungen durchgemacht und im Lauf der Jahre die unterschiedlichsten Formen angenommen. Manchmal war Berry ein Vater für mich, manchmal ein Partner und Weggefährte; es gab aber auch Zeiten, da war er sehr beherrschend, fast wie ein Diktator. Wir beide konnten in Formation segeln; dann ritten wir die Brandung in so perfektem Gleichklang, daß alle anderen am Ufer zurückblieben. Wir konnten aber auch so heftig zusammenstoßen, daß die tückischen Strudel, die wir in unserem Kielwasser hinterließen, für jedes andere Boot lebensgefährlich waren. Während meiner Jugend war Berry einer der wichtigsten Männer in meinem Leben. Zeitweise standen wir uns sehr nahe, es gab aber auch Phasen, in denen wir meilenweit voneinander entfernt waren. Doch selbst, wenn mich der auffallende Mangel an Einfühlungsvermögen, den er an den Tag legen konnte, zutiefst verletzt hatte, selbst dann, wenn ich mich vernachlässigt und emotional ausgenützt fühlte, sah ich ihn stets als unvergleichlichen Visionär, als dynamischen Charakter und als ganz besonderen Menschen.

Berry Gordy hatte schon früh gelernt, sich durchzusetzen. Er kam aus einer großen Familie und hatte in seiner Jugend geboxt. Aber er verfügte auch über ein hohes Maß an Sensibilität, die er durch seine große Leidenschaft für die Musik zum Ausdruck brachte. Man hat mir erzählt, er habe anfangs Songs für Jackie Wilson geschrieben. Dann traf er Smokey Robinson und war so beeindruckt von seinem Talent als Songschreiber und Sänger, daß er beschloß, Manager zu werden und selbst ins Musikgeschäft einzusteigen. Berrys Entscheidung, Smokey zu managen, war der große Wendepunkt in seinem Leben, die Geburtsstunde eines Musikmoguls. Ihn selbst dürfte diese Entwicklung kaum überrascht haben. Ich glaube, er hatte schon immer gewußt, wozu er fähig war, selbst als er noch der einzige war, der daran glaubte. Er gründete Motown mit achthundert Dollar, die er sich von einem Verwandten ausgeliehen hatte. Nach nur fünf Jahren besaß er eine der gefragtesten Plattenfirmen des Landes.

Die Motown-Künstler waren kreativ und talentiert. Es herrschten wundervolle Arbeitsbedingungen. Berry gab uns nicht nur das Gefühl, eine große Familie zu sein, sondern bot uns darüber hinaus eine solide Grundlage für unsere Karriere. Ich weiß nicht, wo Berry dieses wundervolle Konzept für den Aufbau eines Unternehmens hernahm; das Ergebnis konnte sich auf jeden Fall sehen lassen. Es waren gute Zeiten. Jetzt, wo ich auf die Fünfzig zugehe, wird mir erst so richtig bewußt, wie wunderbar es damals war. Nach dreißig erfüllten und erfolgreichen Jahren weiß ich erst, wieviel Glück ich in den ersten Jahren hatte. Als ich anfing, verspürte ich einfach nur den Wunsch, für ein Publikum zu singen; ich hätte auch gesungen, wenn mich niemand dafür bezahlt hätte. Mir ging es bei meiner Karriere und in meinem Leben nie darum, Geld zu verdienen und Preise zu gewinnen. Mein erster Traum war, singen zu dürfen. Mein zweiter Traum war, eine Platte aufnehmen zu können. Mein dritter Traum bestand darin, live auf der Bühne aufzutreten. Einer nach dem anderen erfüllten sich diese Träume. Ohne Berry wäre das vielleicht nicht möglich gewesen. Er hat mich dabei unterstützt, meine Träume zu verwirklichen und hat mir sogar geholfen, neue Träume zu schaffen.

Berrys Dad, Pops Gordy, war ebenfalls ein ganz besonderer Mensch, den ich sehr gern mochte. Ich besuchte ihn, als er ziemlich krank war, und selbst dann noch umgab ihn eine besondere Aura. Die Gordy-Familie zeichnete sich durch eine einzigartige Mischung aus Rauhbeinigkeit und liebevollem Umgang miteinander aus. Die Frauen der Familie, Anna, Gwen, Esther und sogar Mother Gordy, waren selbstbewußt und stark – und das zu einer Zeit, als nur wenige Frauen wirklich etwas zu melden hatten. Sie sagten, was sie dachten. Meine eigene Familie bildete auch eine starke Einheit, aber auf andereWeise. Berry brachte es immer fertig, daß die Dinge so liefen, wie er es wollte. »Etwas Negatives nehmen und in etwas Positives umwandeln«, nannte er das.

Unglücklicherweise geriet Berry oft mit den Leuten aneinander, aber aus jeder Auseinandersetzung ging er als Sieger hervor. Wenn er seinen Charme spielen ließ, war er unwiderstehlich. Obwohl ich ihn nicht kannte, als er jung war, nehme ich an, daß er schon damals immer bekommen hatte, was er wollte, weil er viele Entwicklungen voraussah und sein Timing perfekt danach ausrichtete. In all den Jahren, in denen wir miteinander zu tun hatten, behielt er immer die Fäden in der Hand, und oft benahm er sich wie ein Diktator, aber es war nie kleinkariert oder engstirnig. Er war ein Genie, offen für die verschiedensten Möglichkeiten. Er konnte die Zukunft im großen Stil planen. Er dachte niemals in kleinen Dimensionen. Egal, wie groß die Herausforderung, er behielt stets das große Ziel im Auge, und er hatte wenig Zeit oder Geduld für jemanden, der ihm nicht dorthin folgen konnte.

Als der Erfolg noch auf sich warten ließ, hielt er oft endlose Monologe über seine vielen brillanten Ideen, so daß seine Schwestern gelegentlich zu ihm sagten: »Wenn du so schlau bist, warum bist du dann nicht schon längst Millionär?« Er sah sie dann jedesmal an und antwortete ruhig: »Abwarten.« Er wußte etwas, das sie nicht wußten, und es kümmerte ihn wenig, ob sie seine Vision unterstützten oder nicht. Er träumte einfach weiter und machte seine Pläne. Er ließ sich nicht abschrecken.

Schon bei unserem ersten Vorsingen muß Berry Gordy etwas Besonderes in uns gesehen haben. Ansonsten hätte er uns sicher nicht erlaubt, täglich im Hitsville-Gebäude herumzuhängen. Nichts geschah dort ohne seine Erlaubnis, selbst wenn sie unausgesprochen blieb. Berry war eindeutig der Boß, und jeder wußte das. Obwohl er ständig beschäftigt war und von unserem Kommen und Gehen kaum etwas mitzubekommen schien, behielt er uns doch im Auge. Bestimmt hätte man uns weder erlaubt, für seine etablierten Künstler Background zu singen, noch hätten sich die anderen in der Plattenfirma so für uns begeistert, wenn Berry nicht seinen Segen dazugegeben hätte. Obwohl wir oft frustriert waren und uns fragten, ob wir je bekommen würden, was wir wirklich wollten, war diese Warterei eine wichtige Phase in unserer Entwicklung. Das mag uns damals nicht bewußt gewesen sein, aber rückblickend erkenne ich, daß wir in der Zeit, bevor wir unter Vertrag genommen wurden, sehr viel an uns gearbeitet haben. Obwohl sich dieser Verfeinerungsprozeß nach unserem ersten Hit noch verstärkte und während unserer ganzen Karriere fortdauerte, hatten wir schon zuvor begonnen, den speziellen Sound und Look zu kreieren, der unsere Einzigartigkeit ausmachte.

Ich hatte immer schon ein Händchen fürs Frisieren gehabt; es machte mir einfach Spaß, neue Frisuren auszuprobieren. Ich weiß noch, daß meine Mutter sehr geschickt mit der Lockenschere umgehen konnte; wahrscheinlich habe ich das von ihr geerbt. Sie zeigte mir, wie man die Lockenschere erhitzte, indem man sie auf den Herd legte oder über die Gasflamme hielt. Ich übte an mir selbst und lernte, die Schere zu drehen und zu wenden, bis sie richtiggehend in meinen Händen tanzte. Oft blätterte ich in Zeitschriften oder holte mir im Fernsehen Anregungen, um dann die Frisuren zu kopieren, die mir besonders gut gefielen. Ich war sehr stolz auf meine Arbeit. Ich wußte, wie man Haare richtig toupierte und dann an der Oberfläche ausbürstete, so daß sie sich schließlich füllig bauschten. Auch

Zopffrisuren machte ich gern, und ich lernte eine besondere Flechttechnik, die wir »plat« nannten; um die Haare vorher zu glätten, verwendete ich ein seltsam riechendes Zeug namens Dixie Peach. Die Frisiererei machte mir so großen Spaß, daß ich bald die halbe Nachbarschaft verschönerte und mir auf diese Weise manchmal sogar ein kleines Taschengeld dazuverdiente.

Am liebsten probierte ich meine Kenntnisse an Mary und Florence aus, insbesondere, wenn es darum ging, den Look der Supremes weiter zu vervollkommnen. Marys Haar war leicht zu handhaben, aber ein Teil von Florences Zauber bestand in ihrem weichen dünnen Haar, das für eine Schwarze recht ungewöhnlich war. Ich betrachtete das als Herausforderung an meine Frisierkunst und bearbeitete ihr Haar erst mit dem Kamm und anschließend mit der Lockenschere. Wir hatten viel Spaß, und am Ende sah sie immer großartig aus.

Ein weiterer Bestandteil unseres speziellen Looks waren die schönen Kleider, die wir trugen. Schon als Teenager hatten wir einen Sinn für Stil, der uns von den anderen Künstlern abhob. Niemand schuf diesen Look für uns; wir kreierten ihn selbst. Wir brachten ihn zu Motown. Keines der Mädchen in den anderen Gruppen trug Kleider wie wir, zumindest nicht, bevor wir diesen modischen Abendlook einführten. Uns lag dieser Stil, denn wir hatten alle drei eine Vorliebe für elegantes Auftreten. Es bereitete uns große Freude, schöne Kleider, edlen Schmuck und elegante Schuhe zu tragen; wir sahen immer aus wie junge Damen. Auch das war auf den Einfluß meiner Mutter zurückzuführen. Wieder einmal wurden die Dinge, die ich von ihr lernte, ein fester Bestandteil dessen, was schließlich die Identität der Supremes ausmachte. Wie passend, daß uns später, als wir zum erstenmal auf Tournee gingen, ausgerechnet meine Mutter als Anstandswauwau begleitete.

Bevor wir ein Budget hatten, mit dem wir arbeiten konnten, legten wir drei unser Geld zusammen. Mary und ich kauften davon elegante Stoffe und gingen anschließend die Zeitschriften durch, um uns Schnitte auszusuchen, die uns gefielen. Sobald wir entschieden hatten, was wir wollten, machte ich mich an die Arbeit und verbrachte ganze Tage damit, nach dem Vorbild der Werbephotos unsere Bühnenkostüme zuzuschneiden und zu nähen. Ich kann mich noch gut an die Zeit erinnern, als diese wilden Ballonkleider in Mode waren. Sie sagten uns sehr zu, also machte ich uns welche mit Blumenmuster, unter denen wir eine Art Petticoat trugen, um diese riesige Glocke am Hintern zu bekommen.

Obwohl Berry Gordy bei der Auswahl unserer Songs mitwirkte und unsere allgemeine Richtung mitbestimmte, ging die stilvolle Eleganz, die wir verkörperten, nicht auf sein Konto. Wir waren schon vorher so gewesen. In unserem Fall mußte sich Berry Gordy nicht damit abmühten, Ghetto-Teenager in junge Damen zu »verwandeln«; wir waren keine Eliza Doolittles der Großstadt, denen man Stil und Eleganz erst beibringen mußte. Dank unserer Erziehung und unseres familiären Hintergrunds besaßen wir diese Qualitäten bereits. Berry Gordy half uns lediglich, das weiterzuentwickeln, was er von Anfang an in uns sah: vorhandene Eigenschaften, die er zu fördern und aufeinander abzustimmen begann. Nachdem wir den Durchbruch geschafft hatten, hielt Berry auch die anderen Mädchen dazu an, sich am Riemen zu reißen und sich bestimmte Maßstäbe zu setzen. Den Anfang jedoch hatten definitiv wir gemacht. Unsere Haltung und unser Aussehen waren ein Teil von uns, und Berry war klug genug, das zu erkennen und mit dem zu arbeiten, was er vorfand. Vieles, was über uns geschrieben wurde, erweckt den Eindruck, er allein habe uns aus dem Nichts geschaffen. Das war aber nicht der Fall.

1963 arbeiteten wir das ganze Jahr hindurch sehr hart und nahmen mehrere Platten auf, unter anderem unser erstes Album, *Meet the Supremes*. Auf dem ursprünglichen Cover trugen wir exquisite Kleider, die ich selbst genäht hatte. Ich war sehr stolz darauf und betrachtete unsere handgenähten Sachen als den absolut letzten Schrei. Nur wenige Leute bekamen diese Version des Covers je zu Gesicht, denn nachdem wir im darauffolgenden Jahr groß in die Charts kamen, beschloß Berry, das Album mit einem neuen Coverphoto herauszubringen, einer Nahaufnahme, auf der unsere Gesichter besser zu sehen waren.

Im April 1964 nahmen wir »Where Did Our Love Go« auf. Die Supremes hatten vorher eine Reihe von Singles herausgebracht, die allesamt Flops waren, aber Berry hatte uns nicht aufgegeben. Die Marvelettes und Martha and the Vandellas waren erst nach uns zu Motown gekommen, hatten aber schon vor uns Hits gelandet. Sogar als wir selbst bereits den Mut sinken ließen, glaubte Berry weiter an uns. Wenn ich einen Menschen habe, der wirklich an mich glaubt, kann ich Berge versetzen. Bestärkt durch das Vertrauen, das meine Mutter in mich setzte, und durch die Art, wie Berry Gordy an seiner Vision festhielt, versuchte ich es weiter.

»Where Did Our Love Go« sollte erst im Lauf des Sommers erscheinen. In der Zwischenzeit hatten die Motown-Leute uns bei einem Tourneeprojekt namens »Dick Clark's Caravan of Stars« untergebracht. Wir waren damals erst zwanzig Jahre alt und wollten unbedingt mit von der Partie sein. So viele große Namen – wir wollten einfach dazugehören! Irgendwie setzte Berry Gordy durch, daß man uns für die Tournee engagierte, aber unser Name tauchte in keiner der Vorankündigungen auf. Auf den Plakaten stand: »Gene Pitney! The Shirelles! Brenda Holloway! und viele andere!« Das waren wir – »andere«.

Bevor wir aufbrachen, rief uns Berry Gordys Schwester, Esther Edwards, die auch für Motown arbeitete, in ihr Büro. Es ging ihr darum, uns klarzumachen, was für Glückspilze wir seien; die Firma hätte richtig betteln müssen, damit wir an der Tournee teilnehmen durften, und auch das nur als Pausenfüller. Mir war das egal. Abgesehen von meiner Reise in den Süden und unserem Trip nach Kanada zum Talentwettbewerb waren wir noch nicht viel herumgekommen; wir wußten kaum, daß es außerhalb der Welt, in der wir aufgewachsen waren, noch etwas anderes gab.

Ein Kind, das in einem kleinen Stadtviertel aufwächst, kennt und hört nur die vertrauten Geräusche, die durch die papierdünnen Wände aus der Nachbarwohnung herüberklingen. Immerhin wußten wir, daß es andere Welten gab: schöne Häuser in bestimmten Teilen Detroits, in denen nie Schwarze wohnten, weil sie es sich nicht leisten konnten. Und wir wußten, daß wir nur bestimmte Schulen besuchen durften. Ich aber wollte mehr. Ich wollte das Gesicht Amerikas sehen, wollte andere Aspekte des Lebens kennenlernen. Ich lechzte nach neuen Erfahrungen und war bereit für alles, was das Leben zu bieten hatte, bereit, mich vom Wind treiben zu lassen.

Vom »Dick Clark's Caravan of Stars« bekam meine Mutter – unser Anstandswauwau – den liebevollen Spitznamen »Mama Supreme«. Es war manchmal nicht leicht, als Zwanzigjährige in Begleitung der Mutter zu reisen, aber die Tournee erwies sich als anstrengend, und Mama war etwas ganz Besonderes, so daß ich es größtenteils genoß. Wenigstens hatte ich dadurch weniger Probleme mit Daddy. Er konnte sich nicht damit abfinden, daß seine Tochter sich so herausputzte und Make-up trug. »Was soll das ganze schwarze Zeug um deine Augen?« fragte er oft. Ich nehme an, damit hatte er gar nicht so unrecht, denn obwohl wir noch Teenager waren, trugen wir schon Make-up und versuchten auszusehen wie Erwachsene. Wenn ich so zurückdenke, wie er seine sechzehnjährige Tochter vor ihren Auftritten das Haus verlassen sah, mit toupiertem Haar und massenweise Make-up im Gesicht – wie hätte er da sicher sein sollen, daß sie das Richtige tat? Er wußte ja nicht einmal, ob er Berry trauen konnte. Daß Mama mich auf Tournee begleitete, machte die Sache um einiges leichter, weil Daddy weniger Bedenken hatte. Anscheinend hatte Mama mehr Vertrauen zu mir als er.

Mama hatte eine angenehme Ausstrahlung, und alle hatten sie gerne um sich. Sie behandelte uns Mädchen herzlich und liebevoll, aber auch streng. Sie hatte unglaubliche Maßstäbe. Mit Sauberkeit und Ordnung nahm sie es peinlich genau. Wenn wir in einem Hotel übernachteten, sagte sie immer zu

uns: »Verlaßt das Hotelzimmer genauso, wie ihr es vorgefunden habt.«
Also machten wir jeden Morgen unser Bett, bevor wir wieder in den Bus
stiegen. Sie brachte uns auch bei, unsere Taschen richtig zu packen. Ich
weiß nicht, woher sie all diese Dinge wußte, aber sie wußte sie. Ich kann
micht noch gut daran erinnern, wie sie früher, als ich noch ein Kind war,
regelmäßig die Schubladen meiner Kommode herauszog; wenn darin
Unordnung herrschte, kippte sie sie einfach auf den Boden, und wir räum-
ten sie gemeinsam neu ein. Wahrscheinlich sollte ich dasselbe mit meinen
Töchtern machen, aber so sehr ich auch versucht habe, einiges von Mama
zu übernehmen – ich bin einfach nicht so streng wie sie. Ich versuche,
meinen Kindern mit gutem Beispiel voranzugehen, aber ich bin insgesamt
lockerer und halte es für das Wichtigste, daß die Menschen sich wohl
fühlen. Trotzdem ist meine Mutter nach wie vor mein größtes Vorbild.
Obwohl sie während der Tournee so streng mit uns war, waren wir
Mädchen uns wohl alle einig, daß sie mehr Klasse hatte als alle anderen
Menschen, die wir kannten. Und es gab ein paar sehr beängstigende,
verwirrende und schwierige Situationen, in denen sie uns eine große Hilfe
war.

In manchen Städten des Südens konnte man die Borniertheit, die in der
Luft lag, fast mit Händen greifen. Manchmal hatten wir Angst, den Bus zu
verlassen und nach einer Toilette zu fragen. Oft hielten wir an einem Café
oder einer Tankstelle an, wo man uns nicht erlaubte, die öffentlichen
Toiletten zu benutzen. Wir mußten uns neben den Bus kauert und in die
Büsche pinkeln.

Ich glaube, die schlimmste Erfahrung machten wir in Macon, Georgia.
Als wir nach einem Auftritt spätabends die Konzerthalle verließen, schoß
ein Heckenschütze auf uns. Damals herrschte in Georgia strenge Rassen-
trennung. Wir hatten uns trotzdem um ein gemischtes Publikum bemüht.
Als wir die Schüsse hörten, rannten wir, so schnell wir konnten, zum Bus.
Wir schlugen die Tür so schnell zu, daß die Leute in den Mittelgang stürzten
und übereinanderfielen. Als wir weit genug weg waren und sich unser
Herzschlag wieder normalisiert hatte, stellten wir fest, daß die Schüsse das
Metall durchschlagen und an einem Fenster abgeprallt waren, und daß im
vorderen Teil des Busses lauter kleine Schrotkugeln herumlagen.

Trotz dieser Probleme und Hindernisse sind mir vor allem die positiven
Seiten der Tournee im Gedächtnis geblieben: wieviel Spaß wir zusammen
hatten und was für eine Freude es war, jeden Abend auf der Bühne zu stehen
und mit den Supremes zu singen.

Als die Tournee begann, eröffneten wir das Konzert. Je populärer und
erfolgreicher die Gruppe, desto später trat sie auf, so daß die großen

Namen ganz zum Schluß kamen. Im Lauf des Sommers begann »Where Did Our Love Go« immer bekannter zu werden; die Single war im Juni herausgekommen, als wir bereits auf Tournee waren. Zunächst waren wir so damit beschäftigt, im Bus durch die Gegend zu fahren und aufzutreten, daß wir gar nicht mitbekamen, was mit unserer Platte passierte. Aber das Publikum wußte es. Immer mehr Leute erkannten uns. Sie kreischten und schrien, wenn wir auf der Bühne erschienen, und wir brachen nach unserem Auftritt jedesmal in Jubel aus: »Sie kennen unseren Song! Die Leute da draußen tanzen zu unserem Song!« Während unser Song langsam aber sicher die Charts hinaufkletterte, verschob sich unser Platz in der Show immer weiter nach hinten. Ich werde nie vergessen, wie aufregend es war, Hunderte von Meilen von Detroit entfernt im Bus zu sitzen und unseren Song im Radio zu hören. Wir wechselten ständig die Sender, um herauszufinden, wo man ihn überall spielte. Manchmal, wenn wir in irgendeiner kleinen Stadt einen kurzen Boxenstopp einlegten, rannten wir schnell zu einem Zeitungsstand und kauften uns Billboard oder Cash Box, um zu sehen, wo wir in den Charts standen. All das, wovon ich geträumt hatte, seit ich zum erstenmal Smokeys Song im Radio hörte, erlebten wir nun selbst. Der Traum war im Begriff, wahr zu werden.

Gegen Ende des Sommers waren wir Nummer eins der amerikanischen Charts und die Stars unserer Show. Man muß sich das einmal vorstellen: In nur einem Sommer hatten wir uns von der Eröffnungsgruppe, also der untersten Stufe, zur populärsten Gruppe gemausert. Es war kaum zu glauben, daß wir inzwischen sogar vor Gene Pitney rangierten. Als die Tournee vorbei war, kehrten wir triumphierend und mit funkelnden Augen zu Motown zurück. Unsere Zukunftsträume waren Gegenwart geworden. Endlich war es soweit.

Steh auf und setz dich aufs Klavier!

Als die Dick-Clark-Tournee zu Ende war und wir nach Detroit zurückkehrten, hatte sich alles verändert. Wir nahmen in diesem Jahr »Baby Love« und »Come See About Me« auf, so daß wir zusammen mit »Where Did Our Love Go« drei Number-One-Hits hintereinander landeten. Die Supremes hatten es geschafft. Jeder wußte, wer wir waren und daß wir singen konnten. Was unsere Bühnenshow betraf, fehlte uns allerdings der letzte Schliff. Da stand uns noch einiges an Arbeit bevor. Ich für meinen Teil war bereit.

Berry steckte uns in ein Programm, das er sich für Motown ausgedacht hatte und das er »Artistic Development« nannte. Es war wie eine Art Schule, auf der man wertvolle Dinge lernte, die sie einem an der Northeastern oder Cass Technical High-School nicht beibrachten. Kleine Details, die zum guten Benehmen gehörten – lauter Dinge, über die ein Mädchen, das in der Brewster-Siedlung aufgewachsen war, unmöglich Bescheid wissen konnte. Was wir damals lernten, war unendlich wichtig für uns und ist es noch heute. Motown bemühte sich, seine Instrumente genau zu stimmen.

Maxine Powell, die ursprünglich als Model gearbeitet hatte, dann aber selbst Modelausbilderin geworden war, übte damals einen prägenden Einfluß auf mich aus. Es gab so viele Kleinigkeiten, die sie uns beibrachte. Als wir anfingen, Miniröcke zu tragen, warf das eine Menge neuer Probleme auf; so wußten wir beispielsweise nicht, wie man damit ladylike aus einem Auto ausstieg. Maxine zeigte uns, wie man es machen mußte, damit es möglichst graziös aussah. Gelegentlich kam es vor, daß wir mit einer Band sangen und jemand sagte: »Steh auf und setz dich aufs Klavier!« Auch dafür gab es einen Trick. Maxine Powell brachte mir bei, wie man anmutig aufs Piano glitt, ohne daß es gekünstelt wirkte. Wir kicherten viel dabei, aber nachdem wir ihr Training absolviert hatten, konnten wir mit Prinzessin Margaret oder Prinzessin Anne am Tisch sitzen und uns dabei wohl fühlen. Wir konnten uns überall so bewegen, als ob wir dazugehörten. Maxine war ein besonderer Mensch, und sie trug entscheidend dazu bei, daß ich mehr Selbstvertrauen entwickelte.

Ein weiterer Aspekt unserer künstlerischen Entwicklung war die Arbeit mit Cholly Atkins, einem wundervollen und sehr talentierten Choreographen. Er arbeitete hauptsächlich mit Mary und Florence, weil sie die Backgroundschritte noch weiter ausfeilen mußten. Da ich die Leadstimme sang, durfte ich meistens Publikum spielen. Mir stand es frei, mich von meiner Laune und dem jeweiligen Song zu immer neuen Bewegungen inspirieren zu lassen. Mary und Florence mußten ihre Tanzschritte viel rigideren Regeln unterwerfen, weil sie gezwungen waren, hinter ihren Mikrophonen zu bleiben. Cholly Atkins brachte ihnen bei, wie sie sich am besten bewegten.

Ich dagegen war bis zu einem gewissen Grad auf meine Intuition angewiesen, denn es gab niemanden, der mir zeigte, wie man sich als Leadsängerin benahm, und ich hatte keine Möglichkeit, mich selbst dabei zu beobachten. Uns standen damals weder Monitore noch Videokameras zur Verfügung, so daß wir die Proben nicht aufzeichnen konnten, um sie uns anschließend anzusehen und es beim nächstenmal besser zu machen. Wir hatten auch keine Spiegel, in denen wir unsere Bewegungen hätten verfolgen können. Damals gingen die meisten Auftritte, beispielsweise in der *Ed Sullivan Show,* live über die Bühne. Wir lernten unseren Beruf, indem wir ihn ausübten: Unsere Ausbildung bekamen wir auf Reisen, unsere Erfahrung stammte aus der Praxis. Leute wie Maurice King, Maxine Powell und Cholly Atkins waren unsere einzigen Spiegel. Und natürlich war Berry Gordy immer dabei.

Meist saß Berry mit einem großen Block im Publikum, machte sich detaillierte Notizen und kam nach jedem Auftritt hinter die Bühne, um uns zu sagen, was wir falsch gemacht hatten. Er hatte immer Notizen: Ihr müßt den Auftritt straffen, das hast du falsch gesungen, ihr Mädchen habt euch nicht synchron bewegt, du hast nicht gelächelt und so weiter und so fort. Die Informationen waren hilfreich, sie zielten immer darauf ab, unseren Auftritt zu verbessern, aber Berry benahm sich wie ein Tyrann, und seine Art, über unsere Show zu sprechen und auf Fehler hinzuweisen, war extrem entmutigend und letztendlich überkritisch.

Berrys Aufmerksamkeit galt nicht allein uns. Er versuchte, die Leistung aller Beteiligten zu verbessern. Oft hatte er auch Notizen für die Beleuchter und die Musiker. Alle regten sich über seine grobe Art auf. Berry fand die Shows von Sammy Davis jr. wirklich gut, deswegen studierte er sie, suchte sich die besonders gelungenen Elemente heraus, zum Beispiel die Art, wie Sammy mit dem Finger schnippte und plötzlich die Lichter ausgingen. Mit diesen Ideen kam er dann zu mir und den Beleuchtern und ließ uns zusammen üben. Manchmal fuhr er mit mir zu Sammys Shows in Vegas, damit ich ihn beobachten und von ihm lernen konnte. Ich erinnere mich daran, daß wir auch zu Bobby Darins Shows gingen, weil Berry der Meinung war, daß Bobby eine großartige Bühnenshow lieferte.

Berry konzentrierte seine Aufmerksamkeit hauptsächlich auf die Supremes; daran besteht kein Zweifel. Eine Zeitlang hatte er sich vor allem Smokey gewidmet, aber das war eher in der Anfangszeit. Die anderen Musiker warfen mir vor, daß er meinetwegen überhaupt keine Zeit mehr für sie habe. Er war für uns wie ein Vater, und alle wollten seine Aufmerksamkeit. Alle wollten, daß er sich ihre Auftritte ansah. Wenn er es zu einer Show nicht schaffte, schickte er oft ein Telegramm, VIEL GLÜCK BEI DER SHOW oder HALS- UND BEINBRUCH. Die Betroffenen waren dann jedesmal entsetzt und machten ihm Vorwürfe. »Du hast die Show wirklich nicht gesehen? Wie konntest du unseren Auftritt nur verpassen?« Aber wenn er da war und mit einer Menge Notizen und Verbesserungsvorschlägen hinter der Bühne erschien, ärgerten wir uns alle über seine Kritik, weil er zu hart mit uns ins Gericht ging. Seine herrische Art erweckte nur Feindseligkeit. Jeder wollte seine Aufmerksamkeit, aber niemandem gefiel, was er zu sagen hatte. Das muß schwierig für ihn gewesen sein, aber andererseits genoß er seine Rolle als Boß. Wir machten uns damals nicht viel Gedanken darüber. Nach außen hin wirkte er immer stark und souverän. Allerdings bereitete mir sein Mangel an Einfühlungsvermögen den anderen gegenüber eine Menge Probleme.

Berry nahm keine Rücksicht auf die Gefühle der Leute, und seine beherrschende Art ging uns gegen den Strich. Wir kamen uns vor wie kleine Kinder, die von ihren Eltern zum Lernen gezwungen wurden. Solche Kinder werden davon vielleicht besser und klüger, aber zugleich fühlen sie sich so erniedrigt, daß sie ihre Eltern schließlich dafür hassen. So ähnlich empfanden wir auch für Berry. Er war der Boß, und alle bemühten sich um seine Aufmerksamkeit und Anerkennung; er aber bevorzugte seine Lieblinge und schuf dadurch ein ungesundes internes Klima. Er sagte zu den anderen Künstlern Dinge, wie: »Warum habt ihr nicht mehr von Diana? Sie macht ihre Pläne, arbeitet wirklich hart, probt den ganzen Tag und nimmt dann bis spät in die Nacht auf. Warum könnt ihr nicht sein wie sie?« Es ist schrecklich, innerhalb einer Familie solche Vergleiche zu ziehen. Wenn man drei Kinder hat, sich eines davon aussucht und dann ständig zu den anderen sagt: »Warum könnt ihr nicht sein wie sie?«, dann erzeugt das eine lähmende Rivalität unter den Geschwistern. Ich glaube, so fingen die Probleme an, und die ganze Situation wurde sehr schwierig für mich.

Alle bei Motown arbeiteten hart, jeder auf seine Weise. Wenn sie dafür keine Anerkennung bekamen oder mit mir verglichen wurden, waren sie nicht nur auf Berry sauer, sondern auch auf seine Auserwählte. Ich glaube, genau das ist mir damals passiert. Ich wurde das »gute« Kind, Daddys Liebling, und alle anderen waren sauer auf mich. Dieser Druck lastete ständig auf mir. Alle waren damals eifersüchtig auf mich. Es wurde ziemlich viel über mich geschimpft. Dabei war ich bestimmt nicht für den Erfolg oder Mißerfolg der anderen verantwortlich. Ich weiß nur, daß ich damals sehr hart gearbeitet habe. Das war ein Punkt, an dem Berry und ich uns trafen, worin wir uns sehr ähnlich waren.

Nach unserem ersten Erfolg schienen wir eine Glückssträhne zu haben, denn wir nahmen einen Hit nach dem anderen auf. Nachdem sich »Where Did Our Love Go« zweimillionenmal verkauft hatte, landeten wir im darauffolgenden Jahr fünf weitere Hits am Stück, darunter »Stop! In the Name of Love«, »Back in My Arms Again« und »I Hear a Symphony«. Motown hatte einen großartigen Drummer, Berry Benjamin, der für uns spielte. Eigentlich spielte er auf fast jeder Platte, die Motown herausbrachte, und war zum Teil verantwortlich für den besonderen Drive des Motown-Sounds. Holland-Dozier-Holland komponierten weiterhin für uns, und wir wurden die einzige Gesangsgruppe, die es in einem Jahr auf sechs goldene Schallplatten hintereinander brachte.

Nie werde ich vergessen, wie es war, als wir das erste Mal im Copacabana auftraten. Ich kreierte unser Make-up und unsere Frisuren, und wir gaben zum erstenmal Autogramme. Ich weiß noch, wie verblüfft ich war, als mir plötzlich jemand ein Blatt Papier in die Hand drückte und mich um ein Autogramm bat; jetzt war mir endgültig klar, daß sich mein Leben grundlegend verändert hatte. Ich war so dankbar! Bis heute kann ich mir keine bessere Art vorstellen, mein Leben zu verbringen. Es ist noch immer ein befriedigendes Gefühl, als Sängerin auf der Bühne zu stehen, Filme zu machen, eine Idee in einem Song oder einem Video umgesetzt zu sehen, an einem Drehbuch mitzuarbeiten oder sogar, wie im Moment, meine Memoiren zu schreiben. Es ist ein schönes Leben.

Und erst die Fernsehshows in den Sixties! Ich weiß noch, wie aufgeregt und angespannt wir waren, als wir uns für *Shindig, Hullabaloo* und Dick Clarks *American Bandstand* bereitmachten. Man muß sich das einmal vorstellen – ein Mädchen aus der Brewster-Siedlung, das plötzlich in Fernsehshows auftritt, die auf der ganzen Welt ausgestrahlt werden.

Die Leute, die in jenen guten alten Tagen im Hitsville-Gebäude ein- und ausgingen, die sagenhaften Stars, die die Motown-Familie ausmachten, waren mit die wundervollsten Menschen, die mir je begegnet sind. Es war eine Ehre, zu einer so aufregenden Familie zu gehören. Uns alle verband ein starkes Zusammengehörigkeitsgefühl. Die Liste der Namen ist endlos:

Janie Bradford, Faye Hale, Gil Askey, Marv Johnson, Barrett Strong, John O'Den. Das sind nur einige von den kreativen Leuten hinter den Kulissen, die dafür verantwortlich waren, daß bei Motown Stars und Hits gemacht wurden. Hal Davis gehörte ebenfalls dazu. Berrys Geschwister George, Robert, Fuller, Esther und Gwen sorgten dafür, daß organisatorisch alles klappte.

Für Motown haben unglaubliche Künstler gearbeitet, vor allem in der Anfangszeit: die Funk Brothers, Earl Van Dyke, Beans Bowles, die Four Tops und Gladys Knight. Gladys mochte ich sehr; ich bewunderte ihre Bühnenshow, ihre Ausstrahlung und ihr Talent. Wir alle standen unter der Leitung von Berry, der bestimmte, wer mit wem arbeitete, und wir alle waren gerne bei Motown. Jede Gruppe war einzigartig, und wir brauchten Berrys Leitung. Martha and the Vandellas hatten ihren besonderen Sound, die Temptations, die Marvelettes und die Miracles hatten ihren eigenen, und wir hatten unseren. Obwohl wir zum Teil mit denselben Songwritern und Musikern arbeiteten, hatten wir alle unsere speziellen Songs und unseren eigenen Stil. Dafür sorgte Berry.

Marvin Gaye brachte ich sehr viel Mitgefühl entgegen, vor allem in den späteren Jahren. Er war ein so talentierter Musiker, aber er hatte so viele persönliche Probleme und wirkte oft so durcheinander. Ich glaube, er hätte dringend Hilfe und Führung gebraucht, aber er ließ niemanden an sich heran. Ich weiß noch, wie ich einmal neben Marvin am Klavier saß, während er einen Song schrieb. Er war so verzweifelt, und das Ergebnis waren folgende Zeilen:

> *Oh, my baby.*
> *Your treat me so mean.*
> *Oh, oh, oh.*
> *I believe I'll commit suicide.*

Das war in den späten Sechzigern, einer Zeit, in der er schwere Depressionen durchmachte. Ich glaube, daß sein Schmerz und seine Traurigkeit die Ursache für seinen Tod waren. Was für eine schreckliche Tragödie für einen Vater, sein eigenes Kind zu töten!

Mary Wells war ein weiteres großes Talent. Sie verließ Motown, als wir gerade anfingen, deswegen habe ich nicht viele Erinnerungen an sie. Ich finde es schade, daß sie Motown auf der Höhe ihres Erfolges verließ. Obwohl ich sie kaum kannte, war ich sehr traurig, als ich hörte, daß sie Krebs hatte.

Mir fehlt Eddie Kendricks, der ebenfalls an Krebs gestorben ist, und mir fehlt David Ruffin. Ich hasse es, diese Menschen verloren zu haben, aber das Leben geht weiter. Wenn ich »Missing You« singe, denke ich dabei nicht nur an Marvin. Ich denke auch an meine Mutter, an Florence, Paul, Eddie und David.

Im Lauf der Jahre ist meine Beziehung zu Stevie Wonder immer mehr gewachsen. Heute ist er wie ein Bruder für mich. Ich weiß noch, wie er das erste Mal mit seinen Bongos bei Motown auftauchte, ein begnadetes Talent. Ich bewunderte seine Genialität als Songwriter und bettelte immer wieder, er solle doch etwas für mich schreiben. Schließlich erfüllte er mir meinen Wunsch. Das Ergebnis war ein phantastischer Song mit dem Titel »The Force Behind the Power«. Der Song hat eine starke Aussage, und ich glaube, ich werde nie aufhören, ihn zu singen und in meinem Herzen zu bewahren. Für mich war damals Berry Gordy die treibende Kraft – »the force behind the power«.

Suzanne de Passe, die eine mächtige Motown-Produzentin wurde, war meine engste Freundin. Sie entdeckte Lionel Richie. Sie förderte die Commodores, brachte sie zu Motown und überredete Berry, sie unter Vertrag zu nehmen. Sie hatte auch entscheidenden Einfluß auf die Karriere der Jacksons. Viele Leute schätzen ihre Freundschaft, wie auch ich es tue, weil sie sich wirklich Zeit für einen nimmt. Sie kann gut zuhören, und das Wohl der Leute liegt ihr wirklich am Herzen, oft mehr als ihr eigenes. Dank ihrer Beziehung zu Berry war sie in der Lage, ihre eigene Plattenfirma zu gründen. Natürlich war sie eine sehr talentierte Frau, die aufgrund ihrer eigenen Leistungen Erfolg hatte, aber Berry hat ihr sehr dabei geholfen.

Vor ein paar Tagen traf ich Quincy Jones und mußte bei der Gelegenheit daran denken, was für ein eindrucksvolles Erlebnis es doch war, »We Are the World« aufzunehmen, jenen erstaunlichen Song, der von ihm produziert und von Michael Jackson und Lionel Richie gemeinsam geschrieben wurde, um Geld für die Menschen aufzutreiben, die in Afrika und den Vereinigten Staaten hungern mußten. Es war wunderbar, an einem Projekt beteiligt zu sein, bei dem viele Künstler zusammenkamen, um gemeinsam zu singen. Es war ein besonderer, historischer Moment, und er erinnerte mich an die Tage von Motown, als wir alle eine Familie waren. Kürzlich habe ich eine Rede für das Global Youth Forum gehalten, organisiert von den Vereinten Nationen. Als ich mit meiner Rede fertig war, kam ein Junge mit einem Mikrophon auf die Bühne und begann »We Are the World« zu singen. Der ganze Saal stimmte ein, und wir alle waren eins.

Obwohl die Supremes immer populärer wurden, vergaßen wir nie, daß wir unseren Erfolg nicht nur unserer harten Arbeit und unserer Ausstrahlung, sondern auch einer gehörigen Portion Glück zu verdanken hatten.

Wir steckten voller Energie, und die Dinge liefen einfach nach unseren Wünschen. Dick Clark entwickelte eine besondere Vorliebe für uns und wollte uns in seinen Shows haben, was stark dazu beitrug, unsere Popularität aufrechtzuerhalten. Wir waren gefragt, und Berry nutzte unseren Ruhm zu seinem Vorteil. Manchmal machte er einen Deal: »Okay. Ihr bekommt die Supremes, aber dafür müßt ihr zusätzlich einen von unseren neueren Acts mit ins Programm nehmen.« Berry wollte, daß wir uns alle gegenseitig halfen; er wollte das Beste für die gesamte Motown-Familie.

Unser wahrgewordener Traum trug phantastische Früchte. Ich war begeistert, wie sich alles entwickelt hatte. Allein schon die Tatsache, daß ich singen, auftreten und reisen durfte, machte mich glücklich. Nun konnte ich das Singen tatsächlich als ernsthaften Beruf und nicht nur als Hobby betreiben. Ich weiß noch, wie aufgeregt ich war, als ich meinen Reisepaß für Europa bekam und wußte, daß ich bald die große weite Welt sehen würde. Ich war immer dankbar für das, was ich erleben durfte. Wir hatten das große Los gezogen, aber die enorme Spannung, die damit einherging, und die viele Arbeit, die nötig war, um die Qualität unseres Auftritts während der Plattenaufnahmen und der langen Tourneen aufrechtzuerhalten, zehrten an unseren Kräften. Ich machte trotzdem weiter; vor harter Arbeit habe ich mich nie gescheut.

Manchmal wurde der Streß allerdings so schlimm, daß ich nichts mehr essen konnte. Ich brachte einfach nichts hinunter. Sobald ich etwas im Mund hatte, verkrampften sich meine Kiefer, so daß ich nicht mehr kauen konnte. Es kam so weit, daß ich nicht einmal mehr den Geruch von Essen ertragen konnte; alles roch plötzlich irgendwie beißend. Vielleicht war das eine Art von Magersucht. Ich bestand allmählich nur noch aus Haut und Knochen, und Essen war mir ein Greuel. Es war eine sehr unglückliche Zeit für mich. Die meisten Mädchen in meinem Alter, die ich kannte, genossen ihr Leben, gingen tanzen, hatten ihre ersten Rendezvous und trafen sich mit ihren Freunden; ich dagegen war ständig am Arbeiten. Ich fühlte mich ausgeschlossen, schien mein Leben nicht mehr im Griff zu haben. Obwohl die Supremes ganz oben waren, hatte ich oft das Gefühl, auf dem Grund einer tiefen, dunklen Grube zu sitzen. Das war kein gutes Gefühl.

Berry machte sich große Sorgen um mich. Obwohl er oft einen rauhen Umgangston an den Tag legte, hatte er auch eine liebevolle, empfindsame Seite. Er tat alles, was in seiner Macht stand, damit es mir gutging. Ich weiß noch, daß wir einmal in Chicago auftraten, als dort Minustemperaturen herrschten und ein gnadenloser, eisiger Wind um die Straßenecken peitschte. Es gibt keinen kälteren Ort als Chicago im Winter. Wenn ich nach unerem Auftritt die Bühne verließ, stand mir jedesmal der kalte

114

Schweiß auf der Stirn, und ich fror so erbärmlich, daß Berry meine Arme und Beine mit Alkohol abrieb und mich in eine Wolldecke wickelte, damit ich mich nicht erkältete. Bei diesen Gelegenheiten hatte ich wirklich das Gefühl, daß er mich liebte.

Oft schien er genau zu wissen, wie er mir helfen konnte, weil er einfach einen guten Draht zu mir hatte. Ich nehme an, er erkannte sich in mir wieder. Die größte Gemeinsamkeit zwischen Berry und mir war wohl die enorme Energie, mit der wir beide ans Leben herangingen. Vielleicht ist es anmaßend von mir, zu behaupten, wir seien uns schon damals sehr ähnlich gewesen; schließlich war ich zu der Zeit ja noch ein halbes Kind und stand erst am Anfang meiner Entwicklung. Aber im Laufe der Zeit, als die Arbeit zunehmend intensiver wurde, zeigte sich, daß wir beide mit besonderer Leidenschaft an die Arbeit und das Leben herangingen. Wir machten selbst dann noch weiter, wenn alle anderen schon erschöpft zusammengebrochen waren, und wir freuten uns beide, diese energische Art, sich ins Leben zu stürzen, im anderen wiederzuerkennen.

Einmal stand ich so unter Streß, daß ich einen schlimmen Ausschlag bekam; mein ganzer Körper war plötzlich mit roten Flecken übersät. Die Ursache war rein psychisch. Im Grunde war ich während meiner Zeit mit den Supremes ein nervliches Wrack. Unser Terminkalender war grausam, und ich bekam nie genug Schlaf. Meine Schultern waren immer verspannt. Da ich nicht mit hängenden Schultern herumlaufen wollte, zog ich sie hoch, so weit ich konnte. Mein Zustand wurde so schlimm, daß sich Berry oft keinen Rat mehr wußte. Ich erinnere mich, daß er einmal meinen Bruder Chico einflog, weil er dachte, daß ich mich freuen würde, ihn zu sehen. Ständig versuchte er, mich zum Essen zu bewegen, was mich nur noch nervöser machte. Er wollte, daß ich wieder zu Kräften kam, damit ich weiterhin auftreten und singen konnte, aber statt zuzunehmen, wurde ich immer dünner.

Wenn ich an diese Zeit zurückdenke, kommen mir immer noch die Tränen. Damals war alles so unglaublich anstrengend, aber ich weiß bis heute nicht genau, warum. Ich nehme an, die ständigen Auftritte stellten doch sehr große Anforderungen an uns; dazu kam die Angst, nicht gut genug zu sein. Ich stand unter dem Druck, es allen recht machen zu wollen, und vor lauter Supremes dachte ich gar nicht mehr an mich selbst.

Wenn beispielsweise die »Motor Town Revue« lief, hatten wir fünf oder sechs Shows am Tag zu absolvieren. Zwar waren das kurze Shows, in denen wir jeweils nur einen oder zwei Songs zum besten gaben, aber es war eine Show nach der anderen angesetzt, so daß wir nie Zeit hatten, uns auszuruhen oder einfach mal unseren Erfolg zu genießen. Dann waren da noch die Auftritte im sogenannten Chitlin Circuit, zu dem Bühnen wie das Apollo in New York, das Regal in Washington, D. C., und das Royal in Baltimore gehörten. Wir arbeiteten mit Frankie Lymon and the Teenagers, den Shirelles, Otis Redding, O. C. Smith, all den Stars dieser Jahre. Meine Mutter war damals nicht dabei, aber wir hatten immer eine Anstandsdame, die dafür sorgte, daß wir nach den Shows in unseren Wagen stiegen und sicher im Hotel ankamen. Ich glaube, am liebsten trat ich im Apollo auf, weil es da ganz in der Nähe diese Steak Houses gab, wo man in den Pausen zwischen den Auftritten köstliche Steaksandwiches mit Kartoffeln bestellen konnte. Aus irgendeinem Grund war das eines der wenigen Gerichte, die ich noch so richtig mit Appetit essen konnte. Trotzdem änderte auch das nichts an der Tatsache, daß ich unsere Auftritte zwar nach wie vor genoß, der Streß dadurch aber nicht leichter wurde, weil ich ständig unter dem Druck stand, es Berry recht zu machen. Er stellte so hohe Ansprüche an uns. Sogar in seiner Abwesenheit hatten wir das Gefühl, uns für ihn ins Zeug legen zu müssen.

Er machte sich einen Spaß daraus, uns in Verlegenheit zu bringen, selbst dann noch, als wir bereits großen kommerziellen Erfolg hatten. Vielleicht tat er das absichtlich, vielleicht war es seine Art, uns unter Kontrolle zu halten. Wenn wir beispielsweise in einen Raum kamen, wo sich Berry gerade mit irgendwelchen Leuten aus der Plattenindustrie unterhielt, dann konnte es passieren, daß er mit dem Finger schnippte und zu uns sagte: »Okay, Mädchen, stellt euch da drüben hin und singt uns was vor. Irgendwas. Singt einfach a cappella. Los, kommt schon. Fangt einfach an!« Also fingen wir an: »Gray skies are gonna clear up, put on a happy face.« Wir taten einfach, was er sagte. Einmal, als wir in Japan waren, hatten er und ich einen Termin bei ein paar wichtigen Promotern. In seiner unnachahmlichen Art drehte sich Berry plötzlich zu mir um und sagte: »Los, sing ihnen den Song vor!« Eingeschüchtert und schrecklich verlegen, hörte ich mich leise sagen: »Eigentlich habe ich diesen Song noch nie ohne Musik gesungen, aber ich versuche es.« Und ich tat es, ich sang den Song aus dem Stegreif, ohne Musik.

Dann war da noch die *Ed Sullivan Show*. Die Produzenten wollten daß wir unseren jeweils aktuellen Hit sangen, aber Berry hatte eigene Vorstellungen. Er wollte den Leuten zeigen, daß wir auch noch andere Songs auf Lager hatten. Also verlegte er sich auf das, was er am besten konnte: einen Deal aushandeln. Bob Precht war der *Ed Sullivan*-Produzent, und Berry sagte zu ihm: »Okay. Ihr bekommt diesen Number-One-Hit, aber dafür laßt ihr sie noch eine weitere Nummer aus ihrem Programm singen.« Und wieder einmal mußten wir aufstehen und spontan etwas a cappella für Bob

Precht zum besten geben. Berry bekam fast immer, was er wollte, aber auf unsere Kosten.

Es war eine harte Zeit, eine Zeit ohne Privatleben. Wir wurden von einem Tourneebus in den nächsten gescheucht und ständig zu allen Facetten unseres Lebens befragt. Trotzdem denke ich an meine Zeit mit den Supremes – stressig und schwierig, wie sie war – als eine positive Erfahrung zurück. Besonders stolz bin ich auf die Tatsache, daß die Supremes bahnbrechend waren, als Frauen ebenso wie als schwarze Künstlerinnen.

Als meine Karriere während jener Tournee durch den Süden begann, wußte ich noch nicht, wer unsere Musik kaufte. Schon damals rissen wir – wenn auch vielleicht unbewußt – Grenzen zwischen den verschiedenen Hautfarben und Rassen nieder. Im Grunde ist Musik in diesem Fall ein perfektes Mittel zum Zweck, weil die Leute ja nicht sehen, welche Hautfarbe ein Sänger oder eine Sängerin hat, wenn sie Radio hören. So betrachtet, dienten unsere Tourneen durch den Süden, gefährlich und beängstigend, wie sie waren, letztendlich einem höheren Ziel: Da sowohl Schwarze als auch Weiße unsere Musik hörten und mochten, leisteten wir einen aktiven Beitrag zur Verbesserung der Welt, indem wir das taten, was wir am liebsten machten – singen.

Es gab ein paar Radiostationen, die nur weiße Musik spielten. Oder Sänger wie Elvis Presley, die Songs von schwarzen Musikern coverten. Aber es gab auch ein paar sehr couragierte DJs, die damals großen Einfluß hatten und unsere Sache unterstützten. Diese Männer mochten unseren Sound und begannen, mehr und mehr Motown-Musik zu spielen. Sie waren die Pioniere, die den anderen Radiosendern den Weg ebneten und sie dazu inspirierten, ebenfalls schwarze Musik zu spielen. Auf diese Weise hatten wir Teil an Veränderungen und befreienden Neuerungen. Im Lauf der Jahre habe ich eines gelernt: Je fester man an sich glaubt, desto eher ist man in der Lage, eine innere Kraftquelle zu entwickeln, die es einem ermöglicht, das Leben positiv zu betrachten. Das ist auch der Grund, warum ich rückblickend meine Zeit bei den Supremes im wesentlichen positiv sehe. Natürlich könnte ich genausogut die negativen Seiten in den Vordergrund stellen. Es gab damals auch harte Zeiten, enorme Belastungen und schwierige persönliche Konflikte. Aber an diese Dinge denke ich nicht oft zurück. Statt dessen erinnere ich mich vor allem daran, daß ich es damals schaffte, mein liebstes Hobby zu meinem Beruf zu machen; daß ich das Glück hatte, zu einer großen Familie zu gehören und in einer Umgebung arbeiten zu dürfen, die Kreativität auf wunderbare Weise förderte; und schließlich, daß ich als Lehrer einen klugen und mächtigen Visionär hatte, der für uns tat, was er konnte.

Mit den Supremes bekam ich zum erstenmal die Chance, durch Europa zu reisen. Damals war das für mich eine einzigartige Gelegenheit, und es ist sicher kein Zufall, daß ich in den letzten zehn Jahren viel Zeit in Europa verbracht habe. Ich fühle mich dort sehr wohl. Ich schätze das Gefühl von Gleichheit und Freiheit, das nicht durch die unausgesprochenen Vorurteile getrübt wird, die in Amerika immer noch spürbar sind. Ich kann verstehen, warum so viele Künstler früher nach Europa reisten und beschlossen, dort zu bleiben. Das lag daran, daß die Europäer sie ernst nahmen und ihnen das Gefühl gaben, etwas Besonderes zu sein. Ich habe irgendwo gelesen, daß sich Josephine Baker in Europa so wohl fühlte, daß sie es schaffte, sich über die Vorurteile zu erheben, die man ihr anderswo wegen ihrer Hautfarbe entgegenbrachte. Dort konnte sie sogar in Königshäusern verkehren, die Menschen behandelten sie als ebenbürtiges menschliches Wesen und nicht als irgendeine Sängerin, der die Ehre zuteil wurde, für sie auftreten zu dürfen.

Ich habe ganz Europa bereist, und fast überall fühle ich mich wohl, egal, ob ich nun in Deutschland, England oder Italien bin. Besonders gut gefällt es mir in Frankreich. Das Essen ist wundervoll, und Paris ist ein so romantischer Ort. Ich habe ein Jahr lang dort gelebt, als ich an einem Film über Josephine Baker arbeitete, und während dieser Zeit schickte ich meine Töchter in die dortige amerikanisch-französische Schule. Europa war eine Chance, die ich ohne die Supremes nie gehabt hätte.

Daß ich mein Leben als Mitglied der Supremes heute positiv sehe, heißt nicht, daß ich unsere damaligen Probleme leugne oder verdränge. Ich weiß, daß es diese Probleme gab. Aber ich habe mich ihnen gestellt, aus ihnen gelernt und sie transformiert. Letztendlich betrachte ich diese erstaunlichen Jahre als eine positive Zeit, weil ich irgendwann den Entschluß gefaßt habe, daß es eine positive Zeit sein sollte, und so war es dann auch. Mein Traum war in Erfüllung gegangen.

Eine Zeit des Umbruchs

Mary, Florence und ich waren keine Schwestern. Andere Gruppen wie die Ronettes und die Jackson Five waren tatsächlich miteinander verwandt und im selben Haus aufgewachsen. Die Mädchen und ich begannen als drei Fremde, die der Zufall zusammengewürfelt hatte. Mary und Florence waren schon kurze Zeit befreundet gewesen, als ich dazukam, so daß ich das neue Mädchen war, das in diese bereits bestehende Einheit eingeführt wurde. Ich glaube, in Anbetracht der Tatsache, daß wir uns gerade eben kennengelernt hatten, kamen wir recht gut miteinander aus. Aber wenn Schwierigkeiten auftauchten, fehlte uns die Art von Zusammenhalt, die zwischen Mitgliedern einer Familie automatisch besteht. Eine solche Bindung gab es zwischen uns nicht; wir konnten nicht von uns sagen, daß wir, egal, was passierte, für immer zusammenbleiben würden. Wir sprachen über dieses Problem; schließlich beschlossen wir, so zu tun, als seien wir ein Club: Du sollst unsere Präsidentin sein, du machst die Vizepräsidentin, und ich spiele Sekretärin. Wenn dann irgendwelche Probleme auftauchen, werden wir uns einfach in dieser Rollenverteilung damit auseinandersetzen. Anfangs klappte das recht gut, aber als die Situation dann eskalierte, funktionierte es nicht mehr.

Veränderungen gehören nun mal zum Leben, deshalb überrascht es mich rückblickend nicht, daß es auch innerhalb der Supremes zu Veränderungen kam. In Anbetracht der Umstände war das sogar ganz natürlich, aber wenn man eine solche Veränderung hautnah erlebt, ist es nur menschlich, daß man sich erst einmal dagegen wehrt und sich fragt, was denn schiefgelaufen ist. Eigentlich ist damals gar nichts schiefgelaufen. Der Wechsel gehörte einfach zum natürlichen Lauf der Dinge. Unter normalen Umständen werden Veränderungen meist als unvermeidlich und dem Fortschritt dienlich betrachtet. Unsere Lebensumstände aber waren alles andere als normal. Als der Sturm unseres Erfolges so richtig in Fahrt kam, blies er uns entgegen wie ein wilder Orkan. In unserem Bemühen, nicht weggerissen zu werden, verloren wir jede Perspektive.

Als wir in unserer Anfangszeit versuchten, im Musikgeschäft Fuß zu fassen, verbrachten wir all unsere Nachmittage mit Proben; bis spät in die Nacht hinein versuchten wir, unsere Richtung zu finden und unser Bestes zu geben. Damals träumten wir alle denselben Traum: Sängerinnen zu werden. Wir hatten keine Ahnung, mit wieviel Arbeit das verbunden sein würde. Als unsere Frustration dann in Erfolg umkippte, passierte alles viel zu schnell. Der Streß, in so jungen Jahren so berühmt zu werden, forderte von uns allen Tribut. Ich habe bereits darüber gesprochen, welche Auswirkungen der Streß auf mich hatte; obwohl auch Mary eine enorme innere Stärke besaß, mußte sie all ihre Kraftreserven aufbringen, um am Ball zu bleiben. Rückblickend weiß ich, daß es für Florence am schwersten war. Zwar wirkte sie nach außen hin stark und kühn, aber offenbar trog der äußere Schein. Ihre psychische Verfassung war ziemlich labil und unausgeglichen.

Mitte der sechziger Jahre wurde unser Leben sehr anstrengend. Wir lebten im Grunde nur mehr aus dem Koffer, waren ständig auf Tournee, sangen fast jeden Abend in einer anderen Stadt, nahmen mehrere LPs auf und tourten zwischendrin durch Europa. Es war sehr schwer, das nötige Durchhaltevermögen aufzubringen. Man mußte schon für sein Leben gern singen, mußte wirklich mit dem Herzen bei der Sache sein, um so hart dafür zu arbeiten. Florence sang gern, aber sie kam mit dem damit verbundenen Lebensstil nicht klar. Sie war immer müde und schlecht gelaunt, und irgendwann wurde der Druck einfach zu viel für sie.

Ich bin traurig über das, was ihr passiert ist, denn ich habe die Florence unserer Anfangszeit als schönes, wundervolles Mädchen in Erinnerung. Sie hatte von Natur aus eine so hoheitsvolle Haltung, daß sie immer erhobenen Hauptes herumlief. Oft hielten die Leute sie deswegen für eingebildet oder unfreundlich, aber damit taten sie ihr unrecht. Sie schätzten sie einfach falsch ein. Im Grunde ihres Herzens war Florence ein guter Mensch. Als ihr Leben aus den Fugen zu geraten begann, war das sehr tragisch.

Ich weiß nicht mehr genau, wann sie zu trinken anfing, aber es muß in der Zeit gewesen sein, als wir ständig auf Tournee waren. Zuerst trank sie nur Bier, aber nach einer Weile reichte das nicht mehr aus, um ihre Probleme zu ertränken. Sie stieg auf härtere Sachen um. Wenn wir auf die Bühne hinaustraten, stand sie manchmal völlig daneben, als ginge sie das alles gar nichts an. Nie werde ich unser Konzert im Flamingo Hotel in Las Vegas vergessen. Mary und ich waren sehr aufgeregt, denn zu Beginn unserer Karriere hätten wir nicht einmal im Traum daran gedacht, daß wir je die Chance bekommen würden, an einem Ort wie dem Flamingo Hotel aufzutreten. Aber hier standen wir, so nervös, wie man nur sein konnte, und dann tauchte Florence auf, zu spät und betrunken. Wir traten an diesem

Abend in Smokings auf. Florence hatte so stark zugenommen, daß ihr Bauch über den Bund ihrer Hose quoll. Es war uns richtig peinlich, mit ihr auf die Bühne zu gehen.

Es gab Phasen, in denen sie Plattenaufnahmen oder sogar Shows verpaßte. Sie erschien einfach nicht, und wir hatten keine Ahnung, wo sie war oder was sie tat. Ich weiß noch, daß wir einmal kurz vor dem Auftritt bemerkten, daß Florence nicht gekommen war. Mary und ich waren dem Nervenzusammenbruch nahe. Schließlich mußten wir ohne sie auf die Bühne. Wir ließen unsere normale Choreographie sausen, griffen uns die Handmikrophone, gingen auf und ab und sangen – nur wir beide. Ständig ließ sie uns im Stich. Es waren für uns alle streßerfüllte Tage, aber zugleich war es eine Zeit großer Chancen und Erfolge. Uns boten sich mehr Möglichkeiten als je zuvor. Gerne hätten wir das alles so richtig genossen, aber Florences Stimmungsschwankungen waren so drastisch, daß sie allen die Freude verdarb. Ich gab mein möglichstes, und Mary arbeitete ebenfalls hart. Es war schwierig genug, seelisch im Gleichgewicht zu bleiben und mit den Strapazen einer Tournee fertigzuwerden: dem Streß, jeden Abend auftreten zu müssen, der massiven Publicity und der allgemeinen Erschöpfung. Das bißchen Kraft, das dann noch übrigblieb, fiel Florences Launen und Stimmungsschwankungen zum Opfer.

In dieser Zeit nahm ich »Someday We'll Be Together« auf, einen wunderbaren Song, geschrieben von Johnny Bristol. Ich sage bewußt »ich nahm auf«, denn bei diesem Song waren Florence und Mary nicht mit von der Partie, auch wenn das damals niemand wußte. Ich nehme an, damit zerstöre ich eine Menge Illusionen, aber die beiden waren bei dieser Session nicht einmal im Studio. Sie konnten beide nicht kommen, deshalb sangen ein paar andere Mädchen die Backgroundstimmen. Nichts war mehr wie früher. Ich rutschte innerhalb der Gruppe zunehmend in eine Sonderrolle hinein. Veränderungen lagen in der Luft.

Florence ging es nicht gut, sie hatte ernsthafte psychische Probleme, aber das wußten wir damals nicht. Wir sahen nur, daß sie aggressiv war, zuviel trank und nicht bereit war, die Verantwortung für sich selbst zu übernehmen. Sie gab allen anderen die Schuld an ihren Problemen. Als in der Presse immer öfter mein Name allein genannt wurde, war das für sie nicht leicht. Die Artikel drehten sich um »das magere kleine Mädchen, das . . .«, und sie fühlte sich dadurch sehr verletzt. Sie begann, sich noch mehr danebenzubenehmen, und Berry merkte bald, wie schlimm die Dinge standen.

Eines Abends in Las Vegas, als ich gerade mit Berry telefonierte, hörte er im Hintergrund Lärm. Florence war betrunken, und sie schrie und randalierte. »Was ist da los?« wollte er wissen. Ich wollte ihm nicht sagen, wie betrunken Florence war, aber ehe ich es verhindern konnte, riß sie mir den Telefonhörer aus der Hand und fragte: »Wer ist da? Wer spricht denn da?« Berry hörte ihre Stimme und wußte sofort Bescheid. Er sprang ins nächste Flugzeug nach Las Vegas. Er wollte herausfinden, wie schlimm es tatsächlich um sie stand, und ob er etwas tun konnte.

Es gab nichts, was man hätte tun können. Ich glaube, nicht einmal Florence selbst hatte die Sache noch unter Kontrolle. Aus meiner heutigen Sicht war ihre damalige Depression mehr als nur eine Laune, sie war eindeutig schon pathologisch. Die Gruppe konnte unmöglich so weitermachen wie bisher. Anfang 1967 verließ Florence in gegenseitigem Einvernehmen die Gruppe. Obwohl wir sehr traurig waren, atmeten wir trotzdem erleichtert auf. Wir waren es leid, uns ständig mit Florences Launen herumschlagen zu müssen und vergeblich zu versuchen, ihr zu helfen.

Hier bot sich nun die Möglichkeit für einen Neuanfang, aber die Supremes hatten Termine und Verpflichtungen einzuhalten, und uns fehlte eine Sängerin. Wir mußten die Lücke sofort wieder füllen. Cindy Birdsong hatte bereits mit Patti LaBelle and the Bluebells gesungen, als wir uns an sie wandten. Sie war genauso groß wie Florence, alle Kostüme paßten ihr, sie sang in derselben Stimmlage, und sie hatte auch sonst viel von Florence. Als sie sich uns anschloß, war sie zunächst sehr eingeschüchtert und sang nur ganz leise. Niemand von uns rechnete wirklich damit, daß sie bei den Supremes bleiben würde; wir dachten, sie würde für eine Weile als Ersatz einspringen und dann wieder zu ihrer alten Gruppe zurückkehren. Aber es kam ganz anders. Sie blieb auch dann noch bei den Supremes, als ich sie drei Jahre später verließ. Der größte Druck lastete damals auf Mary, die viele Stunden damit verbrachte, Cindy die Schritte zu zeigen, die zu ihrer gemeinsamen Choreographie gehörten. Ich habe Cindy als liebes, angenehmes Mädchen in Erinnerung, das sich bemühte, es uns allen recht zu machen.

Während wir unsere neue Gruppe bildeten, nutzte Berry die Gelegenheit für eine weitere Veränderung, die schon seit langem in der Luft gelegen hatte. Meiner Meinung nach war es eine erzwungene Veränderung, die vor allem durch Einflüsse von außen zustande kam. Ich hatte bei allen Songs die Leadstimme gesungen, deswegen hatte mich die Presse im Vergleich zu den beiden anderen Mädchen besonders herausgehoben. Und dann waren da noch die Fans. Statt uns als Einheit zu nehmen, pickten sie sich immer eine Lieblings-Supreme heraus, behaupteten, diese sei besser als jene, und spielten uns auf diese Weise gegeneinander aus. Mitte 1967 änderte Berry unseren Gruppennamen offiziell in »Diana Ross and the Supremes«. Das war nicht auf meinem Mist gewachsen. Die Idee stammte von Berry. Er sprach darüber lange mit Mary und mir. Offenbar ging es nicht anders. Er erklärte uns, daß es auch leichter für uns sein würde, mehr Geld zu verlangen, wenn wir eine Leadsängerin und eine Gruppe waren. Anstatt nachzulassen, wurde der Druck nur noch stärker. So konnte es nicht mehr weitergehen.

Eine wilde Fahrt

Mit Cindy Birdsong als neuem Mitglied der Supremes kamen wir wieder in Schwung. Wir erreichten zwar nie mehr die Harmonie und Begeisterung unserer Anfangszeit, aber im Lauf der nächsten Jahre waren Diana Ross and the Supremes immerhin in der Lage, als Gruppe weiterzumachen und ein paar wundervolle Hits aufzunehmen. Viele davon schrieben Holland-Dozier-Holland für uns. Als sie sich schließlich entschieden, Motown zu verlassen, brachte uns Berry mit neuen Songwritern zusammen, die eine andere Art von Musik für uns schrieben. Zu diesen neuen Songs gehörten »Love Child« im September 1968 und »I'm Livin' in Shame« im Januar 1969. Ich mochte diese neuen Songs, sie hatten einen wunderbaren Sound, aber für mich waren sie nicht ganz so wunderbar wie die älteren HDH-Lovesongs wie »Baby Love« und »Stop! In the Name of Love«. Das waren die Oldies, die speziell für uns geschrieben worden waren. Die neuen Songs handelten vom Leben anderer Menschen, so daß ich beim Singen das Gefühl hatte, eine Art Rolle zu spielen, wie in einem Film. Heutzutage gäben diese Songs großartige Videos ab. »Love Child«, ein Song über ein uneheliches Kind, war das erste kontroverse Thema, über das wir je sangen. In »I'm Livin' in Shame« sang ein Mädchen über ihre Mutter (»cookin' bread with a dirty raggedy scarf hangin' 'round her head«). Die Texte waren gut, aber die gefühlvollen, romantischen Lovesongs wie »Come See About Me« lagen mir mehr. Doch wir lebten in den Sechzigern: Das Leben war in ständiger Bewegung, und alles mußte sich ändern, einschließlich unserer Musik.

Große Veränderungen lagen in der Luft, nicht nur für die Supremes, sondern auch für Motown. Nachdem Cindy sich uns angeschlossen hatte und unsere Karriere uns erneut Höchstleistungen abverlangte, wagte sich Berry Gordy an das Mammutunterfangen, Motown nach Los Angeles zu verlegen. Ich habe keine Ahnung, wie lange er diesen Umzug vorbereitet hatte, es muß Jahre gedauert haben. Können Sie sich vorstellen, was es bedeutete, ein so komplexes, diffiziles Gebilde zweitausend Meilen entfernt neu aufzubauen? Aber wieder einmal schaffte es Berry. Er war zweifellos einer der cleversten und vielseitigsten Männer, die ich damals kannte. Um 1970 zogen Motown, Berry und ich aus Detroit weg, um in Kalifornien ein neues Leben zu beginnen. Mary und Cindy blieben zurück, weil sie nicht in Los Angeles leben wollten; dadurch änderte sich unsere Gruppendynamik erheblich. Statt wie früher ständig zu proben, trafen wir uns jetzt, um spezielle Tourneen und Plattenaufnahmen vorzubereiten. Mir war das ganz recht so, denn innerhalb der Gruppe gab es damals ziemliche Eifersüchteleien, und die Mädchen hackten dauernd auf mir herum.

Berry gefiel das Leben in Kalifornien. Er fühlte sich dort sofort zu Hause und schien richtig aufzublühen. Es war für ihn eine arbeitsame und lukrative Zeit. Hier in Kalifornien nahm er die Jacksons offiziell für Motown unter Vertrag. Durch meine Beziehung zu Berry hatte ich die Chance, Michael kennenzulernen, einen ganz besonderen Menschen.

Ich kenne Michael seit jeher als anständigen und lieben Jungen, dem sehr viel daran liegt, die Welt zu verändern, indem er anderen hilft, vor allem Kindern. Er kümmert sich um Tiere und die Natur, und er glaubt, daß man mit einer positiven Einstellung einfach alles erreichen kann. Er würde gern als Produzent und Regisseur arbeiten, und ich bin mir sicher, daß er irgendwann die Gelegenheit dazu haben wird. Was immer er tut, ich hoffe, er wird nie aufhören, seine wunderbare Musik zu machen.

Als wir uns kennenlernten, war Michael etwa elf Jahre alt. Er war künstlerisch veranlagt, eine Eigenschaft, die wir teilten. Ich weiß noch, daß wir loszogen, um uns Pinsel und Farben zu kaufen, und dann öfters miteinander malten. Ich fand es immer wunderbar, mit ihm zusammenzusein. Ich freue mich, daß sich unsere Wege schon so früh in seinem Leben kreuzten, und ich bin traurig, daß mir heute die Zeit fehlt, ihn öfter zu sehen und noch besser kennenzulernen. Eine Karriere im Musikgeschäft bringt es häufig mit sich, daß man Freunde und Bekannte nur selten sieht. Aber egal, ob wir nun zusammen oder getrennt sind, meine Gefühle für ihn bleiben dieselben. Es macht mich glücklich, daß wir uns einmal so nahestanden und daß er auch heute noch an mich denkt. Ich habe ihn nach wie vor sehr gern, und unsere Freundschaft wird mir immer sehr viel bedeuten.

Als die Jackson Five zum erstenmal nach Kalifornien kamen, wohnten sie bei mir. Sie waren immer sehr gut zu mir. Trotz der negativen Dinge, die über sie geschrieben wurden, lernte ich sie als eine einzigartige Familie kennen. Die Leute haben sie zerfleddert und sich das Maul darüber zerrissen, was sie taten oder nicht taten, aber in meinen Augen ist Michaels Mutter eine ganz besondere und sehr liebevolle Frau. Und daß die Jackson-Kinder eine solche Stärke besitzen, ist nicht zuletzt auf die Stärke und den Charakter ihres Vaters zurückzuführen. Kinder aufzuziehen ist niemals einfach. Wenn man zu streng ist, verliert man die Kinder; wenn man zu nachsichtig ist, verliert man sie auch. Manche Väter müssen einfach hart sein. Wenn er nicht so streng gewesen wäre, hätten es die Kinder vielleicht nie so weit gebracht. Vielleicht bewirkt die harte Erziehung der Jackson-Kinder, daß sie selbst einmal besonders gute Eltern werden. Ich würde mich jedenfalls sehr freuen, wenn Michael bald mit einer eigenen Familie zur Ruhe käme.

Abgesehen davon, daß ich die Jacksons kennenlernte, fühlte ich mich in Kalifornien anfangs ziemlich verloren; ich war gerade erst dabei, mich ein bißchen zu orientieren. Obwohl ich mit den Supremes viel gereist war, hatte ich nie irgendwoanders als in Detroit gelebt. Los Angeles ist so riesig, so unüberschaubar. Deswegen war ich die meiste Zeit auf Berry angewiesen. Ihm war das natürlich ganz recht so. Daß ich nun noch mehr von ihm abhängig war, verstärkte seine Kontrolle und Macht über mich, und ich ließ es zu.

Da waren wir nun, Berry und ich; wir lebten zwar nicht direkt zusammen, standen uns aber sehr nahe. Ich hatte ein Haus ganz in seiner Nähe gemietet. Wir sprachen nie über Heirat, so weit war ich noch nicht. Er ist fünfzehn Jahre älter als ich, hatte damals schon ein Ehe hinter sich und war Vater von drei Kindern. Obwohl er mir im Verlauf meiner Karriere so viel Aufmerksamkeit gewidmet hatte, hatte ich nie das Gefühl, daß er mich als Frau ernst nahm oder gar als zukünftige Ehefrau in Betracht zog. Eigentlich war ich nicht einmal seine Freundin, zumindest bezeichnete er mich nie so, aber er tat, was er konnte, um mich in seinem Bannkreis zu halten.

Berry war ein richtiger Frauentyp. Er war immer von Freundinnen umgeben; sie wußten, daß er die Macht hatte, ihnen bei ihrer Karriere behilflich zu sein. Abgesehen von seiner persönlichen Anziehungskraft gab es noch etwas anderes, was ihn für Frauen unwiderstehlich machte. Mary warnte mich immer vor ihm, aber ich war zu eigensinnig und hörte nicht auf sie.

Ich weiß noch, daß er einmal zu mir sagte, er wolle nicht, daß seine Sängerinnen sich in jemand anderen verliebten oder gar heirateten, weil das ihre Karriere ruinieren würde. Er befürchtete, die Ehemänner würden versuchen, den Boß zu spielen und sich in die Arbeit ihrer Frauen einzumischen. Das war der Grund, warum ich es anfangs für mich behielt, als ich Bob Ellis Silberstein kennenlernte.

Ich traf Bob in einem Herrenbekleidungsgeschäft auf dem Santa Monica Boulevard. Es war ein Tag wie jeder andere. Ich war gerade auf dem Weg in den Beverly Hills Health Club, als mir dieses Geschäft auffiel. Ich brauchte für jemanden ein Geburtstagsgeschenk, deshalb betrat ich den Laden, um mich vor meinem Training ein bißchen umzusehen. Und da stand er vor mir; er sah in seinem weißen Tennis-Outfit einfach phantastisch aus. »Was für ein gutaussehender Mann«, dachte ich.

»Sind Sie Tennisprofi?« hörte ich mich plötzlich fragen. Ich hatte schon öfter daran gedacht, Tennisstunden zu nehmen, aber trotzdem war ich über mich selbst überrascht, als ich ihn ansprach. Eigentlich war ich eher schüchtern, und nun stand ich hier und sprach mit einem wildfremden Mann. Das sah mir überhaupt nicht ähnlich. Es war auch nicht so, daß ich mit ihm flirtete oder ihn anzumachen versuchte. Oder doch? Ich glaube nicht.

»Nein, bin ich nicht«, antwortete er.

Ich lächelte scheu, und weil es mir irgendwie peinlich war, daß ich das Gespräch eröffnet hatte und nun nicht wußte, was ich als nächstes sagen sollte, verließ ich das Geschäft und steuerte quer über die Straße auf den Fitneßclub zu. Ehe ich wußte, wie mir geschah, stand er neben mir und half mir wie ein richtiger Gentleman über den stark befahrenen Santa Monica Boulevard. Ich war hin und weg von ihm. Er hielt mir die große Glastür zum Fitneßclub auf, und gerade, als ich hineingehen wollte, stammelte er etwas.

»Würden Sie...? Nein, wahrscheinlich nicht«, sagte er.

»Was?« ermutigte ich ihn.

»Ich fragte mich gerade...« Wieder hielt er inne.

»Was fragten Sie sich gerade?«

»Nein, schon gut. Vergessen Sie es. Wahrscheinlich haben Sie sowieso keine Lust, mit mir ins Kino zu gehen, oder?«

»Mal sehen«, antwortete ich ihm. Das war's. »Ich werde mich auf nichts einlassen«, dachte ich bei mir. »Wie heißen Sie?« fragte ich ihn.

»Bob Silberstein.«

»Ich bin Diana.«

Wir tauschten unsere Telefonnummern aus. Ich konnte selbst nicht glauben, daß ich diesem Fremden meine Nummer gab. Völlig entnervt rief ich gleich darauf vom Umkleideraum aus meine beste Freundin an, Suzanne de Passe.

»Gerade habe ich einem wildfremden Mann meine Telefonnummer gegeben. Ich muß verrückt geworden sein, aber er sah einfach phantastisch aus – wow!«

Er rief ein paarmal an, aber weil ich nie zu Hause war, wenn er anrief, sprach ich ziemlich lange nicht mit ihm. Ich glaube, wir waren damals sowieso meistens auf Tournee. Außerdem war ich mir einfach nicht sicher, ob es richtig gewesen war, ihm meine Nummer zu geben. Ich war an strenge

Sicherheitsvorkehrungen gewöhnt. Vielleicht hatten meine Ängste auch etwas damit zu tun. Aber ich fühlte mich einsam. Ich war auf meinen Reisen immer so behütet gewesen, daß ich nie die Chance gehabt hatte, jemanden kennenzulernen, es sei denn, jemanden aus unserer Show. Mary dagegen schien sich ständig mit großartigen Typen zu treffen. Ich erklärte mir das so, daß mir die Arbeit an meiner Karriere einfach wichtiger war, als Rendezvous zu haben und mich zu amüsieren.

Als Bobs Anrufe nicht aufhörten, sprach ich ein paarmal mit ihm, und dann begannen wir uns regelmäßig zu sehen. Schließlich kam unser Kinobesuch doch noch zustande. Bob machte mich mit einer anderen Seite des Lebens bekannt, einer abenteuerlichen und spielerischen. Während meiner ganzen Karriere war ich so behütet gewesen, und nun saß ich hier hinter Bob auf dem Motorrad und ließ meine Haare im Wind wehen, wie damals, als ich als Kind mit dem Rad die Straßen hinuntergerast war. Und ich lernte Skifahren, was früher immer tabu gewesen war. Was, wenn ich mir ein Bein gebrochen hätte? Eine Supreme in glitzernder Abendrobe und dazu ein Gips? Niemals! Mit Bob warf ich all meine Bedenken über Bord. Ich fühlte mich frei und lebendig, als wäre ich plötzlich wieder sechzehn. Bob war wild und wundervoll, und wir hatten so viel Spaß miteinander. Tracee, unsere zweite Tochter, hat viel von ihm, nicht so sehr äußerlich, sondern vom Wesen her: wie er ist sie wild und lustig. Ich weiß noch, daß sie schon als ganz kleines Kind gern herumalberte. Wie oft hat sie mich damals gekitzelt!

Lachen ist mir sehr wichtig, vor allem, wenn ich auf Tournee bin. Obwohl ich weiterhin viel arbeitete, brachte Bob einen völlig neuen Rhythmus in mein Leben. Er besitzt einen wundervollen Sinn für Humor, und er brachte mich oft zum Lachen. Ich glaube, das gefiel mir an ihm am besten. Als die Dinge gut zwischen uns standen, genoß ich es wirklich, mit ihm verheiratet zu sein. Er stand jeden Tag früh auf, und er arbeitete hart. Das sind Eigenschaften, die ich sehr bewundere. Und es machte ihm Spaß, sich mit den vielen kleinen Dingen zu beschäftigen, die rund ums Haus so anfielen. Er war ein gutaussehender Mann, und er schätzte schöne Autos und schöne Kleidung. Er wünschte sich so sehr, beruflich Erfolg zu haben. Als wir uns kennenlernten, arbeitete er als Lehrer; dann sattelte er um und wurde Manager in der Unterhaltungsbranche. Die ersten paar Jahre führten wir eine wunderbare Ehe, aber egal, wie gut die Dinge standen, er hatte immer das Gefühl, mit dem Schatten von Berry Gordy konkurrieren zu müssen.

Ich hatte Berry nicht sofort von Bob erzählt, weil ich wußte, daß er, obwohl er selbst jede Menge andere Frauen hatte, versuchen würde, mir die

Beziehung auszureden. Sie war etwas, das er nicht kontrollieren konnte und das deshalb eine Bedrohung für ihn darstellte. Berry kam von selbst dahinter. Als er hörte, daß ich mich mit jemandem traf, sagte er, er wolle ihn kennenlernen. Er tat so, als wäre das alles ganz harmlos. Aber das war es nicht. Rückblickend glaube ich, daß er damit eine ganz bestimmte Taktik verfolgte. Ich machte die beiden also miteinander bekannt, es ließ sich einfach nicht länger vermeiden. Während des Treffens war Berry höflich und zuvorkommend. Später versuchte er auf subtile Weise, Bob schlechtzumachen. Das kam für mich nicht überraschend, aber es war mir trotzdem schrecklich unangenehm, vor allem, weil mir Berrys Meinung viel bedeutete.

Anscheinend herrschte jetzt Krieg. Berry und Motown gebärdeten sich wie eifersüchtige Liebhaber. Vielleicht sah ich das falsch, aber es hatte den Anschein, als wollte Berry nicht, daß ich mit jemand anderem zusammen war; er versuchte weiterhin, Bob schlechtzumachen, indem er mir ständig vorhielt, was er alles nicht für mich tue, was er mir alles nicht geben könne. Vielleicht fühlte sich Berry durch Bob bedroht und ging deswegen so auf ihn los. Schließlich wurde eine Art Tauziehen daraus. Das Ganze war sehr nervenaufreibend, und Bob blieb dabei auf der Strecke. Letztendlich waren Berrys Ängste wohl begründet, denn Bobs Einfluß trug erheblich dazu bei, daß ich mich schließlich entschied, Motown zu verlassen. Er wies mich immer wieder darauf hin, daß die Motown-Leute mich in vieler Hinsicht ausnutzten, indem sie mich ständig überrumpelten und frustrierten. Wir beide sahen sehr wohl, daß Berry auch versuchte, mir zu helfen, aber ich hatte ihm und Motown zuviel Macht gegeben. Die Spannung zwischen den beiden Männern in meinem Leben war enorm. Ich hatte das Gefühl, zwischen den Fronten zu stehen. Ich nehme an, ich bewunderte Berry viel zu sehr; ich hatte ihn auf ein Podest gestellt.

Bob und ich hatten zweifellos eine Menge Schwierigkeiten, und im Lauf der Zeit wurde es immer schlimmer. Ich erinnere mich noch lebhaft an den schrecklichen Abend, an dem die Situation schließlich eskalierte. Bob und ich waren damals etwa sechs Jahre verheiratet; unsere drei Töchter waren zu dem Zeitpunkt bereits geboren. Sie waren mit einem Babysitter zu Hause, während Bob und ich in seinem Jeep unterwegs waren. Ich weiß nicht, worüber wir uns stritten, aber Bob war so wütend auf mich, daß er plötzlich Gas gab und wie ein Irrer dahinzurasen begann. Ich dachte, er wolle mich oder uns beide umbringen. Er war außer sich vor Wut, schien völlig ausgerastet zu sein. Während ich jeden Augenblick damit rechnete, daß wir gegen einen Baum oder ein anderes Auto knallten, schrie ich Bob an, sofort anzuhalten, was er dann auch tat. Sobald der Wagen stand, riß ich die Tür auf und stürzte hinaus. Ich wußte, daß ich mich von ihm trennen mußte. In dem Moment, als mir klarwurde, wozu Bob fähig war – daß er rücksichtslos genug sein konnte, mein Leben, sein eigenes Leben und die Zukunft unserer Kinder zu gefährden –, wußte ich, daß unsere Ehe vorbei war. Als ich merkte, daß ein dummer Streit ausreichte, um Bob ausrasten zu lassen, wußte ich, daß uns große Probleme bevorstanden.

Bob wurde niemals ausfallend, das entsprach nicht seinem Wesen. Er hatte zu der Zeit einfach mit enormen Problemen zu kämpfen. Ich aber habe damals gelernt, wenn auch leider auf die harte Tour, daß ich nicht bereit bin, mein Leben und die Sicherheit meiner Familie für irgend jemanden aufs Spiel zu setzen. Viele wichtige Entscheidungen in meinem Leben basierten seither auf diesem Grundsatz. Bob und ich sind Freunde geblieben. Er war schon damals ein guter Mensch, und das ist er noch heute. Er ist der Vater meiner Töchter, und die Mädchen und er stehen sich immer noch sehr nahe.

Meine Entscheidung, alleine mein Glück zu versuchen, stand am Beginn eines langen, anstrengenden Weges, der mir eine andere Art von Leben bescherte, eine neue Stadt, meine Filmkarriere, und schließlich eine höhere Form der Liebe. Am Anfang wußte ich nicht, was mich erwartete. Ich wußte nur, daß ich Angst hatte und daß mir nur mein Glaube helfen konnte, die Reise gut zu überstehen.

ICH LIEBE DICH, BOB,
ICH LIEBE DICH, BERRY,
ICH LIEBE EUCH, SUPREMES,
ICH LIEBE DICH, MOTOWN,
ABER ICH KANN NICHT BLEIBEN.

Tage der Wut

Tod, Liebe, Geburt
Kirche
Religion
Angst
Missbrauch
Wahnsinn
schwarzer Stolz
Einsamkeit, Schmerz, Pein
Mord

Meine Karriere und mein Erwachsenwerden fielen in dreißig revolutionäre, aufregende und von Gewalt geprägte Jahre. Während die Menschen große Hoffnungen in diese Zeit setzten und Astronaut Neil Armstrong seinen ersten Schritt auf der Oberfläche des Mondes tat, war es zugleich eine frustrierende Ära der Wut. Unsere Herzen schmerzten, als die Führer, die wir am meisten bewunderten und liebten, den Kugeln von Mördern zum Opfer fielen.

Anfang der Sechziger hatten die Zeitungen und das Fernsehen immer eindringlicher vor einem obskuren, am anderen Ende der Welt gelegenen Ort namens Vietnam gewarnt. Meine eigene kleine Welt bestand damals in erster Linie aus langen Stunden in Aufnahmestudios und anstrengenden Tourneen; dazu kamen die normalen Anforderungen des Erwachsenwerdens, sowohl, was meine persönliche Entwicklung als auch, was meine Karriere betraf. Während ich mit den Supremes »Stop! In the Name of Love« sang, verstrickte sich unser Land immer tiefer in einen Krieg, in den es nach Meinung vieler niemals hätte eintreten dürfen. So viele junge Leute rebellierten, indem sie zu Drogen griffen, um auf diese Weise einer Welt zu entkommen, die offenbar im Begriff war, völlig aus den Fugen zu geraten. Da ich im Musikgeschäft arbeitete, wußte ich von dieser wachsenden Drogenszene, der schließlich einige unserer vielversprechendsten Talente zum Opfer fielen.

Der Kampf um Gleichheit wurde in den Sechzigern zu einer nationalen Bewegung. Für mich begann das alles mit vier Studenten, die in der Imbißecke eines Five-and-Dime-Supermarktes in Greensboro, North Carolina, ein Sit-in veranstalteten. Ihre mutige Aktion löste eine Kettenreaktion aus, die im Lauf der nächsten Jahre den ganzen Süden erfaßte und sogar einige der nördlichen Staaten infiltrierte.

1963 rührte Dr. Martin Luther King unsere Herzen und unseren Verstand mit seinem Traum von Hoffnung. Ich hatte die Gelegenheit, Dr. King einmal in Florida zu treffen, wo er mit Berry Gordy über Möglichkeiten der Geldbeschaffung sprach. Ich lernte ihn als einen Mann mit angenehmer Stimme und edler Gesinnung kennen. Sein Traum – ein Traum der Inspiration, Wärme und Hoffnung – erlitt durch den Tod von John F. Kennedy ein paar Monate später einen schweren Schlag.

An dem Tag, als Präsident Kennedy ermordet wurde, war ich zu Hause in Detroit. Ich weiß noch, daß ich völlig entsetzt war und mir das furchtbare Ereignis wieder und wieder im Fernsehen ansah. Ich hörte die Panik in der Stimme der Nachrichtensprecher. Es war, als wäre die ganze Welt verrückt geworden. Kennedys Ermordung kam uns wie ein Omen für den Rest des Jahrzehnts vor, und so war es dann ja auch. Am 4. April 1968 wurde Martin Luther King erschossen. Dann, zwei Monate später, fiel Robert F. Kennedy während seiner Wahlkampfkampagne für das Amt des Präsidenten einem Attentat zum Opfer.

Ich erinnere mich, daß in dieser Zeit viele Frauen unruhig zu werden begannen. Hausfrauen gaben sich nicht länger damit zufrieden, hinter dem Herd zu stehen und zu kochen. Es erfüllte sie mit Betroffenheit, daß so viele unserer Soldaten und geistigen Führer ihr Leben lassen mußten. In die Reihen der Frauen war Bewegung gekommen. Wir hatten unsere eigene Meinung, wir meldeten uns zu Wort. Rein männliche Institutionen wie Yale ließen erstmals auch Frauen zu, und wir begannen, in die Arbeitswelt einzubrechen. 1968 erlebte die Frauenbewegung einen großen Aufschwung – um dieselbe Zeit, als die Schwarzen begannen, ihre Fäuste zum Black-Power-Gruß zu erheben.

In Vietnam kam es schließlich zur Eskalation; ich weiß noch, wie ich in der Zeitung von den Schrecken des My-Lai-Massakers las. Wie so viele andere auch, bekam ich die Auswirkungen des Krieges persönlich zu spüren, weil mein Bruder Fred in Vietnam kämpfte. Er nahm seine Verpflichtungen gegenüber seiner Familie und seinem Land sehr ernst. Ich weiß noch, wie verwirrend es für ihn war, dort kämpfen zu müssen. Einerseits wollte er an den amerikanischen Traum glauben, wollte daran glauben, daß er das Richtige für sein Land tat, aber andererseits sah er ganz klar, daß der Krieg sinnlos war. Viele seiner Freunde starben an ihrer Drogensucht, zum Teil schon in Vietnam, zum Teil nach ihrer Rückkehr; er selbst hatte Probleme, überhaupt noch jemandem zu vertrauen. Es war traurig, mitansehen zu müssen, was mit ihm passierte.

Wir schickten ihm immer Briefe und Päckchen mit Dingen, von denen wir wußten, daß sie ihm fehlten, wie zum Beispiel Senf und andere Kleinigkeiten, die er dort nicht bekam. Er schrieb uns, wieviel Angst er habe und daß seine Freunde dort drüben einer nach dem anderen dahingerafft würden. Er fürchtete Leute, die er eigentlich nicht hätte fürchten sollen: andere Amerikaner, insbesondere manche von den Offizieren. Er hatte das Gefühl, niemandem mehr trauen zu können.

Bevor er nach Südostasien gegangen war, hatte er alle möglichen Träume gehabt. Als er zu uns zurückkam, war davon nichts mehr zu spüren. Statt dessen quälten Fred jetzt Depressionen und Angstzustände. Ich weiß noch, daß er früher ein richtiger Tüftler gewesen war. Er konnte alles auseinandernehmen und hinterher wieder zusammenbauen, sogar einen so komplizierten Mechanismus wie eine Uhr. Nach seiner Zeit in Vietnam war von dieser Vorliebe fürs Tüfteln nichts mehr übrig. Es dauerte lange, bis er wieder ein normales Leben führen konnte. Wir alle versuchten ihm zu helfen, aber im Grunde wußten wir, daß jene Jahre Fred einen guten Teil seines Lebens geraubt hatten, und mit ihm vielen anderen jungen Amerikanern und Amerikanerinnen.

Die stürmischen Ereignisse der sechziger Jahre hatten Auswirkungen auf meine späteren Entscheidungen als Mensch, als Frau und als Sängerin. Der Frauenbewegung hatte ich es zu verdanken, daß ich plötzlich alle Facetten meines Lebens mit anderen Augen betrachtete, angefangen von der Art, wie ich meinem Beruf nachging, bis hin zu dem, was ich mir für mein Privatleben erwartete. Auch die Bürgerrechtsbewegung hinterließ einen bleibenden Eindruck. Einmal wurde ich eingeladen, in Sun City aufzutreten, einer Township in Südafrika, wo noch strenge Rassentrennung herrschte. Die Veranstalter waren bereit, mir eine große Summe zu zahlen, aber ich lehnte ab. Arthur Ashe hatte mir von den dortigen Zuständen erzählt, und daß die Apartheid dort noch sehr lebendig sei. Deshalb vertrat ich zusammen mit anderen, gleichgesinnten Künstlern meinen Standpunkt. Ich war nicht bereit, mich ausnutzen zu lassen.

Im Lauf der sechziger Jahre hatte sich vieles verändert, aber noch immer gab es enorme Unruhen. Wir hatten den Glauben an die Systeme verloren, auf deren Schutz wir so lange vertraut hatten. Als das Jahrzehnt zu Ende ging, herrschte unter den jungen Leuten immer noch Unruhe. Niemand wußte, was als nächstes kommen würde, aber wir waren nicht länger bereit, uns hinter unseren Träumen zu verstecken. Als Nation waren wir entschlossen, laut unsere Meinung zu sagen und uns der Realität zu stellen, egal, wie hart sie sein würde. In meinem eigenen Leben veränderte sich ebenfalls vieles, und ich war entschlossen, es geschehen zu lassen. Auch ich hatte mich verändert.

»Some Day We'll Be Together«

14. Januar 1970, Las Vegas, Nevada

Some Day we'll be together.

Abschiedsauftritt der Supremes im Frontier Hotel. Alle waren gekommen. Für mich war es ein Abschied von einem Traum. Ich sage nicht gerne Lebewohl. Auf Wiedersehen, das vielleicht. Aber nicht Lebewohl. Lebewohl klingt so endgültig.

Als wir uns an diesem Abend in der Garderobe trafen, versuchten wir so zu tun, als sei es eine ganz normale Show, als sei alles in Ordnung, genau wie sonst. Aber es war nicht wie sonst, und nichts war in Ordnung. Ich starrte auf mein Gesicht im Spiegel, legte Make-up auf und frisierte mich, aber die ganze Zeit über spürte ich einen Kloß im Hals und ein Ziehen in der Nase. Ich kämpfte gegen die Tränen an, versuchte zu schlucken und mich am Riemen zu reißen, um nicht zusammenzubrechen.

Schweigend hing ich meinen Gedanken nach; ich mußte daran denken, wie sich die Dinge in letzter Zeit entwickelt hatten. Den Supremes Lebewohl zu sagen, fiel mir sehr schwer, weil ich so hart für den Erfolg der Gruppe gearbeitet hatte. Ich hatte viele persönliche Opfer gebracht, um den Namen zu promoten, die Einheit der Gruppe zu wahren, unsere Songs zu singen und zu reisen. Jetzt war es Zeit zu gehen. Wir paßten einfach nicht mehr zusammen. Es war wie in so mancher Beziehung oder Ehe: Erst steckt man seine ganze Zeit und Energie hinein, um etwas aufzubauen, und eines Tages steht man dann mit leeren Händen da. Ich nahm nichts mit, weder die Kleider und Kostüme noch den Namen. Das alles hinterließ ich Mary und Cindy, damit sie eine neue Gruppe bilden konnten. Dieses Risiko mußte ich eingehen.

Die Mädchen hatten mich sehr schlecht behandelt. Sie hatten ihre ganzen Aggressionen an mir ausgelassen. Beide taten so, als wäre ich an allem schuld: daran, daß die Presse nicht genug über sie geschrieben hatte; daran, daß Berry die Songs speziell für mich ausgesucht hatte. Sie waren so blind vor Eifersucht, daß sie nie auf die Idee kamen, daß vielleicht, nur vielleicht, meine Stimme besser für die Songs geeignet war, die Brian, Lamont und Eddie schrieben. Daß unsere Platten sich wegen *meiner* Stimme so gut verkauften. Mir war das unverständlich, aber so lagen die Dinge nun mal. Sie hatten mich schikaniert, hatten mich behandelt, als sei ich unsichtbar, hatten hinter meinem Rücken über mich getuschelt – und auch dann, wenn ich ihnen den Rücken gar nicht zukehrte. Trotzdem hatte ich versucht, weiterzumachen und so zu tun, als sei alles in Ordnung. Als sie schließlich so wütend wurden, daß sie nicht mehr mit mir redeten, konnte ich es nicht länger ertragen.

Also traf ich eine Entscheidung. Man hatte mir angeboten, einen Film über Billie Holiday zu machen. Anfangs war geplant, daß ich die Supremes nur vorübergehend verlassen sollte. Als ich aber länger darüber nachdachte, kam ich zu dem Ergebnis, daß das nicht sinnvoll war, weder für mich noch für sie. Die Proben für den Film rückten näher. Sie würden beträchtliche Zeit in Anspruch nehmen, und es würde viel Engagement von meiner Seite nötig sein, um mich in die Musik und den komplexen Charakter der Frau hineinzuversetzen, die ich darstellen sollte. Dann würden die eigentlichen Dreharbeiten beginnen, und außerdem war ich schwanger. Alles in allem würden die Mädchen viel zu lange zur Untätigkeit verdammt sein; sie würden mit dem Singen aussetzen müssen und während dieser Zeit kein Geld verdienen. Das war ihnen gegenüber einfach nicht fair. Also kam nur eine endgültige Trennung in Frage.

Als ich mich an diesem Abend fertig machte, um das letzte Mal mit ihnen aufzutreten, wußte ich, daß ich bei meiner Entscheidung bleiben mußte. Von diesem Tag an war ein Rückzieher für mich nicht mehr denkbar. Selbst wenn sich die Dinge nicht nach Wunsch entwickeln sollten, durfte ich nicht vergessen, daß es meine eigene Entscheidung gewesen war. Für mich kam es nicht in Frage, so zu handeln wie Florence, die in die Gruppe zurückwollte, als es zu spät war, und dann alle anderen für ihr Unglück verantwortlich machte. Die Uhr ließ sich nicht zurückdrehen. Es war mir einfach nicht mehr möglich, weiterhin mit ihnen zusammenzuarbeiten. Ich war abgemagert und gesundheitlich angeschlagen, weil ich mich von der negativen Energie hatte überwältigen lassen. Meistens war ich so nervös, daß ich nicht einmal essen konnte. Wenn wir auf Tournee waren, verbrachte ich die meiste Zeit allein.

Ich nehme an, manches von dem ist für einen Außenstehenden schwer zu verstehen. Unsere Lebensweise wirkt nach außen hin so glamourös und schön, daß jeder so ein Leben führen möchte. Wenn man tatsächlich die Gelegenheit dazu bekommt, ist es ganz anders, als man denkt. Es ist nicht damit getan, ein schönes Kleid anzuziehen, sich auf die Bühne zu stellen und loszusingen. Erst einmal muß man eine Menge über das Musikgeschäft lernen, Dinge, die man nicht übersehen oder beiseite schieben darf. Und man muß schnell lernen, denn sonst wird man nur ausgenutzt. Man muß sich in allem auskennen und immer auf der Hut sein, was Verträge, Abschlüsse und ähnliches angeht. Ich muß es wissen, ich habe schließlich Übung in diesen Dingen.

Während meiner ganzen Karriere stellte ich sehr hohe Anforderungen an mich und wünschte mir, mit Leuten zu arbeiten, die genauso dachten wie ich. Als Supremes waren wir ständig gegängelt und herumgeschoben worden, und wir hatten unter der Bevormundung gelitten. Die Gruppe zu verlassen, war meine Art zu demonstrieren, daß ich nicht länger gewillt war, mir mein Leben von anderen Leuten vorschreiben zu lassen.

Ich glaube, selbst als ich mein Kostüm anzog, um zum letztenmal auf die Bühne zu treten, konnte ein Teil von mir immer noch nicht glauben, daß ich die Supremes tatsächlich verließ. Aber es war so.

ES LAG LANGE IN DER LUFT.
NUN WAR ES SOWEIT.
JA, ICH GING.
WENN SICH EINE TÜR SCHLIESST,
GEHT EINE ANDERE AUF.

Eigentlich hätte es schon viel eher passieren müssen. Obwohl ich seit langem unter der Situation litt, hatte ich immer noch versucht, die Dinge wieder ins Lot zu bringen. Ich nehme an, ich war für eine Trennung einfach noch nicht bereit gewesen. Jetzt aber war ich es. Bereit, etwas anderes zu versuchen, mir ganz neu zu überlegen, was ich vom Leben erwartete, was mich glücklich machen würde, wie ich mich verhalten wollte. Ich war bereit, die Verantwortung für mein eigenes Leben zu übernehmen, mein Schicksal selbst in die Hand zu nehmen. Viel zu lange hatte ich nach den Regeln der anderen gelebt. Ich war bereit, meine eigenen Entscheidungen zu treffen.

Eine stille Traurigkeit erfüllte mich, als mir klar wurde, daß ich tatsächlich ging – nicht nur, weil ich gehen wollte, sondern auch, weil ich gehen mußte. Sie hatten mich tief verletzt – zu tief, als daß die Wunden wieder hätten heilen können. Wir waren einfach keine Gruppe mehr. Mit diesem Wissen im Hinterkopf versuchte ich durch die Ängste und die Dunkelheit hindurchzublicken und das Licht auf der anderen Seite zu sehen. Ich versuchte mir einzureden, daß dieser Schritt etwas ganz Natürliches war, daß es das war, was ich wollte, und daß sich alles zum Guten wenden würde.

Obwohl ich Angst hatte, war mir tief in meinem Innersten klar, daß mir nichts passieren konnte. Als Kind hatte ich immer an meinen Schutzengel geglaubt und jeden Abend zu ihm gebetet. Er war damals bei mir gewesen, und er war auch jetzt noch bei mir. Ich war mit einem Sinn für Werte erzogen worden. Ich hatte aus allem gelernt: aus dem, was meine Eltern mir beigebracht hatten, aus dem, was auf der Straße passierte, und aus dem, was ich auf meinen Reisen erlebte. Obwohl ich das damals wahrscheinlich noch nicht wußte, war ich bereits bestens ausgerüstet für die nächste Phase. Es war an der Zeit, erwachsen zu werden. Mir blieb keine andere Wahl. Alles, was ich brauchte, war Selbstvertrauen. Vertrauen. Das durchgehende Thema meines Lebens.

DER VORHANG GEHT AUF.

Die Show soll ein fröhliches Ereignis werden; wir singen unsere größten Hits. Ich aber bin tieftraurig. Ich gehe auf die Bühne hinaus. Ich lächle und singe die Worte zu den Songs, die jeder so gut kennt, die fröhlichen Texte meiner Jugend, aber mein Herz weint dazu.

Wir beschließen den Abend mit einem unserer eindrucksvollsten Songs. Ich sage nicht gerne Lebewohl.

SOMEDAY WE'LL BE TOGETHER.

Ich werde mich immer fragen, ob...?

WOHIN GEHE ICH?
ICH FOLGE MEINEM HERZEN
IN RICHTUNG ZUKUNFT.

Wegstrecken

Reise durch den Blues

mit 26

Ich verließ die Supremes 1970. Ich glaube, mit sechsundzwanzig war ich alt genug zu wissen, was ich wollte und was mich im Leben glücklich machen würde. Als ich zu singen anfing, war ich nie auf den Gedanken gekommen, daß ich einmal Schauspielerin werden und Filme machen könnte. Meine Solokarriere lief recht gut an, und ich dachte, ich würde mein Leben lang immer nur singen. Schließlich war Singen meine Lieblingsbeschäftigung.

Eine Solokarriere zu beginnen war nicht so schwierig, wie manche Leute sich das vielleicht vorstellen. In der Zeit vor meiner Trennung von den Supremes war ich bereits mehrfach ohne sie aufgetreten, und ich war schon ein paarmal allein ins Studio gegangen, um Songs aufzunehmen. Die Aufnahmetechnik hatte sich inzwischen soweit verändert, daß nicht mehr alles gleichzeitig passieren mußte. Erst wurden die Instrumente aufgenommen, dann kamen die Backgroundstimmen dazu, und als letztes wurde die Leadstimme darübergemischt. Die Umbenennung der Gruppe in Diana Ross and the Supremes hatte die Trennung bis zu einem gewissen Grad bereits vorweggenommen: Ich war zwar noch Teil der Gruppe, gehörte aber doch nicht mehr so richtig dazu.

Ich wußte, Publikum, Presse und Kritiker würden gespannt sein, wie ich mich als Solistin machen würde. Als ich das erste Mal alleine auf die Bühne trat, sagte ich zum Publikum: »Der Name dieser Show ist ›Die Nun-wollen-wir-doch-mal-sehen-ob-Diana-Ross-es-auch-alleine-schafft-Show‹.« Sofort gab es großen Beifall. Ich wollte, daß die Leute ihre Vorurteile gleich wieder über Bord warfen. Meine Ängste drehten sich darum, ob die Songs, die Texte und die Show selbst gut genug waren; deswegen arbeitete ich sehr hart an der Produktion und der Präsentation.

Mit meiner ersten Solotournee pirschte ich mich vorsichtig an New York und Vegas heran. Ich spielte auf ein paar kleineren Bühnen außerhalb der Stadt, so, wie man wohl auch eine Broadwayshow ausprobieren würde. Ich wollte meine Shows sehr theatralisch gestalten. Der visuelle Eindruck war mir schon immer sehr wichtig, und wir machten uns jeden Tag Notizen und nahmen Änderungen vor, genau wie bei einer großen Produktion. Wir arbeiteten mit vielen Licht- und Soundeffekten, aufwendigen Kostümen und häufigen Kostümwechseln. In meinen Shows sind die Musiker nicht nur ein Teil des Hintergrunds. Sie sind ein fester Bestandteil der Show selbst, und dasselbe gilt auch für die Beleuchtung. All diese Elemente tragen zum dramatischen Gesamteindruck bei.

Manche Künstler bleiben auf der Bühne wie angeleimt stehen, singen ihre Songs und reden ansonsten kein Wort mit dem Publikum. Ich persönlich finde es viel aufregender, das Publikum in die Show mit einzubeziehen. In gewisser Weise werden das Publikum und ich eins. Ich habe keine Angst, ins Publikum zu gehen. Ich mag es, wenn die Leute mich berühren, wenn ich sie auch berühren kann, ihre Gesichter sehe und direkten Blickkontakt mit ihnen habe. Auf diese Weise kommt eine Art Dialog zustande. Das ist das Schöne an einer Live-Show. Wenn ich auf der Bühne stehe, erzähle ich den Leuten, was ich vorhabe, worum es in den Songs geht, und was sie mir bedeuten. Seit dem Beginn meiner Karriere ist dieser Teil von mir stetig gewachsen. Ich finde es so aufregend, auf der Bühne im Scheinwerferlicht zu stehen und mit dem Publikum zu kommunizieren! Dann fühle ich mich jedesmal von einer Art Zauber emporgehoben. Ich habe das Gefühl, über dem Boden zu schweben und in den Raum hinauszugleiten, den Leuten entgegen. In solchen Momenten spüre ich, daß das Publikum und ich uns auf einer sehr menschlichen Ebene begegnen können.

So gerne ich auch im Studio aufnehme – mit dem Zauber und der Energie eines Live-Auftritts ist das nicht zu vergleichen. Besonders gerne arbeite ich in einer Arena, wo sich die Bühne in der Mitte befindet und das Publikum mich umringt, so daß mich die Leute von allen Seiten sehen können, nicht nur von vorne. Das Licht kommt dann ebenfalls von allen Seiten, und ich kann die Gesichter der Menschen besser erkennen. Auf diese Weise fühle ich mich ihnen näher und bin außerdem freier in meinen Bewegungen. Ich kann mich drehen, zu den Leuten hochsehen und mich setzen, wenn mir danach ist.

Ich habe meine Stimme immer als Geschenk Gottes betrachtet. Ich versuche, mir beim Singen nicht allzu viele Einschränkungen aufzuerlegen. Ich habe keine besonderen Singtechniken; ich versuche lediglich, mich nicht zu verkrampfen, meine Stimmbänder vor dem Auftritt durch ein paar Übungen zu entspannen und beim Singen richtig zu atmen. Außerdem bemühe ich mich, in guter körperlicher Verfassung zu bleiben. Aufgrund des Jetlag bringen Tourneen eine Menge Streß mit sich. Ich verringere den Druck, indem ich mich nur mit Dingen befasse, die direkt mit meiner Show zu tun haben. Die einzige Ausnahme ist meine Familie, für die ich jederzeit erreichbar bin.

Als ich mich auf Solopfade begab, ließ der Streß sofort nach, weil ich mich nicht mehr mit den Spannungen innerhalb der Gruppe herumschlagen mußte. Heute versuche ich mir eine Band zusammenzustellen, deren einzelne Mitglieder genau wie ich Wert auf Pünktlichkeit legen, sich gesund ernähren, für genügend Schlaf sorgen und mit wirklichem Engagement an ihre Arbeit herangehen. Drogen- und Alkoholmißbrauch sind tabu. Wir müssen als Einheit, als Team zusammenarbeiten. Wir sind wie eine Familie, in der sich jeder auf den anderen verlassen können muß, und wenn ein Mitglied dieser Familie Probleme und Unstimmigkeiten verursacht, dann ruiniert das die Energie der ganzen Gruppe. Jeder einzelne ist für die Arbeit aller anderen mitverantwortlich. Das Zusammenleben während einer Tournee ist nicht einfach. Wir essen gemeinsam, übernachten gemeinsam, fliegen gemeinsam und sprechen miteinander über unser Leben. Diese Beziehungen sind sehr wichtig, weil dadurch ein starkes Band zwischen den Gruppenmitgliedern entsteht. Wenn auch nur eine einzige Person tratscht, muß ich diesen Störfaktor so schnell wie möglich entfernen. »Ein schlechter Apfel läßt alle anderen faulen.« Leider mußte ich selbst die Erfahrung machen, daß das stimmt.

Als ich im April 1970 meinen ersten Solosong aufnahm, »Reach Out and Touch (Somebody's Hand)«, hatte ich damit anfangs keinen besonderen Erfolg. Später wurde daraus doch noch ein Hit. Ich war fest entschlossen, am Ball zu bleiben, auch wenn meine Solokarriere nur langsam in Fahrt kam. Ich ging auf Tournee, hatte einen Auftritt nach dem anderen, nahm weitere Songs auf und arbeitete alles in allem sehr hart. Gleichzeitig bereitete ich mich darauf vor, in *Lady Sings the Blues* die Rolle der Billie Holiday zu spielen. Ich hatte nie eine Schauspielschule besucht, deswegen fand ich die Idee höchst aufregend. In einem Film mitzuspielen reizte mich, weil es etwas grundlegend anderes war als das, was ich bisher gemacht hatte. Zehn Jahre lang hatte ich mit den Supremes gesungen und Platten aufgenommen; nach diesen zehn Jahren war ich bereit für etwas völlig Neues. Das hier war genau das Richtige für mich. Ich empfand es als eine phantastische Herausforderung. Also wagte ich den nächsten Schritt.

Als offiziell angekündigt wurde, daß ich Billie Holiday spielen würde, brachte mir allein die Tatsache, daß ich die Rolle angenommen hatte, eine Menge Kritik ein. Die Leute sagten, ich sähe nicht aus wie sie, sänge nicht wie sie, hätte nicht wie sie gelebt und auch nicht dasselbe durchgemacht. Wir hatten noch nicht einmal mit den Dreharbeiten begonnen, und schon hatte sich die Presse gegen mich gewandt. Ich versuchte einfach, mich dadurch nicht beeinflussen zu lassen und in der Rolle mein Bestes zu geben. Schließlich sollte es ein Spielfilm werden und keine Dokumentation.

Wenn man im Rampenlicht steht, ist unbegründete Kritik ein notwendiges Übel, das es zu ertragen gilt. Obwohl eine solche Kritik schwer zu akzeptieren ist, habe ich gelernt, mich dadurch nicht aus dem Konzept bringen zu lassen. Ich weiß, wovon ich spreche, denn ich bin sehr oft kritisiert worden. Die Erfahrung hat mich gelehrt, das, was ich in der Presse lese, nicht persönlich zu nehmen; letztendlich kritisieren die Leute nur einen Teil meiner Musik oder eine Szene in einem Film, und nicht mich als menschliches Wesen. Ich bin durchaus der Meinung, daß manche Formen von Kritik notwendig und produktiv sind, vor allem, wenn sie von Leuten kommt, die sich auskennen und helfen möchten. Für konstruktive Kritik bin ich dankbar; in einem solchen Fall höre ich gut zu, weil ich hoffe, daß ich das, was ich tue, verbessern kann. Wenn sich die Kritik darauf beschränkt, wie ich aussehe, zu alt oder zu jung, dann versuche ich möglichst nicht hinzuhören. Es interessiert mich nicht, was Leute zu sagen haben, deren Kommentare haßerfüllt, negativ oder einfach nur gemein sind.

In diesem Fall war es besonders schwer, die Kritik zu ignorieren, weil sie in meinen tiefsten Ängsten herumstocherte. Da ich bisher keinerlei Erfahrung als Schauspielerin hatte, war es eine Frage blinden Vertrauens. Dazu bedurfte es einer enormen Willensanstrengung; ich mußte an mich selbst glauben, auf meinen Instinkt vertrauen und ins kalte Wasser springen. Ich mußte mich einfach hineinstürzen, mein Bestes geben und alles andere ausblenden. Ich weiß noch, wie ich mich zu Beginn der Proben einem Betreuer anvertraute: »Ich muß diesen Film machen, aber ich habe keine blasse Ahnung, wie.« Nie werde ich vergessen, was er zu mir sagte; seine Worte gaben mir neuen Mut: »Du schaffst das schon. Du darfst bloß keine Angst haben, Fehler zu machen. Hab Vertrauen zu dir selbst. Es gibt gar keine falsche Art, eine Rolle zu spielen. Sei einfach ehrlich. Du darfst vor allem keine Angst haben, dich lächerlich zu machen.«

Einen besseren Rat hätte er mir nicht geben können, denn die Rolle stellte enorme Ansprüche an mich, und zwar in vielerlei Hinsicht. Um diese Rolle spielen zu können, mußte ich eine wahre Mauer aus Vorurteilen einreißen und all die Bilder auflösen, die andere Menschen sich von mir gemacht hatten. Ich kam zu dem Schluß, daß ich nie etwas lernen würde, wenn ich ständig Angst hatte, eine schlechte Figur zu machen. Also mußte ich die Augen schließen und ins kalte Wasser springen.

Berry glaubte fest daran, daß ich das Zeug zu einer großen Schauspielerin hatte. Er bewies tiefstes Vertrauen in mich. Ich habe immer gesagt: Wenn nur ein einziger Mensch an mich glaubt, werde ich versuchen, Berge zu versetzen. Damals habe ich wirklich hart gearbeitet, um das zu schaffen, was Berry mir zutraute. Ich habe in meinem Leben viel Glück gehabt. Als ich noch ein Kind war, half mir meine Mutter, indem sie bedingungslos an mich glaubte. Als ich in die Schule kam, übernahm meine Lehrerin, Miss Page, diese Rolle. Später folgte dann Berry. Ich glaube, mit dieser Art von Unterstützung kann ein Mensch alles erreichen. Indem Berry an mich glaubte, glaubte er zugleich an sich selbst. Wir waren ein Team. Indem er mich ermutigte, mein Glück als Schauspielerin zu versuchen, machte er sich selbst zum erfolgreichen Produzenten. Ich war für ihn ein Mittel zum Zweck, um seine eigenen Träume zu verwirklichen. Ganz gleich, aus welchen Gründen wir aneinander glaubten – das Ergebnis bleibt dasselbe: Er half mir, meinen Horizont zu erweitern und einen größeren Traum zu träumen, als ich es allein je gewagt hätte.

Woher Berry wußte, daß ich das Zeug zu einer ernsthaften Schauspielerin hatte, kann ich nicht sagen. Die einzige Schauspielerfahrung, die ich hatte, stammte aus der Anfangszeit mit den Supremes; damals hatten wir mit George Schlatter ein paar kurze Sketche fürs Fernsehen aufgenommen. Es handelte sich dabei ausschließlich um leichte Unterhaltung, und die Sketche waren ziemlich albern. Mit ernsten Rollen hatte ich keinerlei Erfahrung. Ich nehme an, Berry war die Energie aufgefallen, die ich im Fernsehen ausstrahlte, und weil er mich kannte und wußte, wie hart ich arbeiten konnte, wagte er es, mich zu unterstützen. Auf diese Weise ermutigt, bemühte ich mich, meine Ängste und Zweifel zu überwinden.

Als ich mich entschied, den Film zu machen, war ich gerade mit meiner ersten Tochter, Rhonda, schwanger geworden. Ich hatte mir immer gewünscht, Kinder zu haben, und ich weiß noch, daß ich damals dachte: »Ich kann diese Rolle nicht annehmen, weil ich ein Baby bekomme.« Aber der Termin für den Drehbeginn wurde immer wieder verschoben, wie es im Filmgeschäft oft der Fall ist, und ich nutzte die neun Monate meiner Schwangerschaft, um soviel wie möglich über Billie Holiday, Drogen und Drogenabhängigkeit zu lesen. Ich arbeitete alles durch, was ich zu diesem Thema in die Hände bekam. Es war die ideale Zeit für Recherchen. Daneben verbrachte ich auch einige Zeit mit Plattenaufnahmen im Studio. Während jeder meiner Schwangerschaften habe ich bis über den sechsten Monat hinaus gearbeitet. So ganz höre ich eigentlich nie damit auf.

Wie es bei den ersten Schwangerschaften oft der Fall ist, war mir häufig übel, und ich ging wenig aus. Ich nutzte diese zusätzliche Gelegenheit, um Material durchzuarbeiten, zu lesen und mir Billie Holidays Musik anzuhören. Was mir vor allem auffiel, war ein gewaltiger Schmerz, der tief aus dem Innersten dieser Frau drang, meiner Meinung nach aber nicht zu ihrem Wesen gehörte. Ich denke, der Schmerz hatte mit ihrer Drogenabhängigkeit zu tun, denn in ihren frühen Songs, die sie aufgenommen hatte, ehe sie drogenabhängig wurde, ist davon nichts zu spüren. Was ohne diesen Schmerz übrig blieb, war ein höchst interessanter und einzigartiger Sound. Selbst als sie schon älter war und ihre Stimme brüchig zu werden begann, war dieser unglaubliche Sound noch da, wenn man genau hinhörte und sich durch den Schmerz und die Rauhheit in ihrer Stimme nicht beirren ließ.

Während meiner neun Monate intensiver Recherchen traf ich ein paar wichtige Entscheidungen bezüglich der Art, wie ich die Rolle interpretieren wollte; eine dieser Entscheidungen war, daß ich nicht versuchen würde zu klingen wie Billie. Das schien mir einfach der falsche Ansatz. Meine Stimme ist so ganz anders als ihre. Ich wollte daran arbeiten, meinen eigenen Sound durchklingen zu lassen. Seltsamerweise gewöhnte ich mir mit der Zeit dieselbe Phrasierung an wie sie, weil ich damals kaum etwas anderes als ihre Musik hörte, so daß ich letztendlich doch ziemlich ähnlich klang.

Manchmal stellte ich mich vor den Spiegel und betrachtete mein Gesicht, genauso, wie ich es als Kind getan hatte, als ich versuchte, Etta James nachzumachen, und während ich mein Spiegelbild studierte, dachte ich über Billie nach und stellte mir alle möglichen Fragen. Welche Meinung hatte sie von sich selbst? Was fühlte sie, wenn sie sang? Das war meine Art der Recherche, meine persönliche Form des Schauspielunterrichts. Ich beschäftigte mich die ganze Zeit mit ihr, ihrer Musik und Photos von ihr, die mir die Leute schickten; weitere Photos konnte Berry aus ihrem persönlichen Nachlaß beschaffen.

Schon bald nach der Geburt meines Babys, noch ehe wir mit den eigentlichen Dreharbeiten begannen, spielten wir die Songs ein. Ich hatte bereits mit dem Drehbuch – beziehungsweise einer Rohfassung davon – gearbeitet, so daß ich in etwa wußte, an welcher Stelle der sich entfaltenden Geschichte der jeweilige Song plaziert war. Das war mir eine große Hilfe, weil ich auf diese Weise abschätzen konnte, ob sie zu dem Zeitpunkt gerade anfing, Drogen zu nehmen oder schon voll abhängig war, ob sie versuchte, davon loszukommen oder eine drogenfreie Phase hatte. Je nachdem, wie ihr Verhältnis zu Drogen in einer bestimmten Phase ihres Lebens aussah, waren die einzelnen Songs musikalisch und emotional unterschiedlich zu interpretieren. Hatte sie einen klaren Kopf, war sie stoned, war sie konzentriert, was geschah gerade in ihrem Leben? Diese Fragen mußten in Betracht gezogen werden, wenn ich über meine künstlerischen Ausdrucksmittel entschied. Sobald ich diese Informationen einmal gespeichert hatte, konnte ich sie wieder vergessen und den Song für sich sprechen lassen. Als wir schließlich mit den Dreharbeiten begannen, wandte ich dieselbe Technik auch auf die Szenen an, die ich zu spielen hatte.

Neben dem Material, das extra für die Supremes geschrieben worden war, hatte ich mit ihnen auch Klassiker gesungen, aber niemals diese bluesige, erdige Art von Musik. Trotzdem war sie mir nicht fremd. Ich hatte schon immer gerne Jazz gehört, und während meiner ganzen Kindheit war ich von den alten Jazzgrößen wie Ethel Waters, Bessie Smith, Ella Fitzgerald und natürlich Billie Holiday beeinflußt worden. Das Wort »Jazz« klingt in meinen Ohren nach Bewegung; außerdem scheint mir eine gewisse Würde darin zu liegen. Es ist dieselbe Würde, die in meiner schwarzen Herkunft ihren Ursprung hat, eine Würde, die in der Seele meiner Eltern immer so deutlich spürbar war.

Mir gefällt der Gedanke, daß die Würde und der Stolz, die meine Mutter und mein Vater zum Ausdruck brachten, ein Erbe sind, das sie an mich weitergegeben haben. Ich habe Zeit meines Lebens leicht geweint, und dieselben tiefen Gefühle strömen auch aus meiner Musik. Meine Mutter war immer der Meinung, daß die Tiefe der Gefühle, die in meiner Musik  zum Ausdruck kam, weit über meine persönliche Erfahrung hinausging. Sie nannte mich oft »eine alte Seele«, und das gefiel mir.

In Jazz- und Bluestexten geht es oft um Trauer und »losing my man«, aber trotzdem – oder gerade deswegen – finde ich diese Art von Songs wichtig. Verlust und Trauer sind einfach ein Teil unseres Lebens. Zwar singe ich persönlich gerne positive Songs, die den Leuten durch ihre Texte und ihren Sound ein gutes Gefühl geben, aber es muß auch Songs über die anderen Seiten des Lebens geben. Für mich bedeutet Jazz Freiheit. Es geht dabei um freies Atmen, und eine gewisse Entspannung ist in der Musik selbst spürbar. Oft besteht gesungener Jazz zum großen Teil aus Improvisation, aber mir erscheint das nur sinnvoll, wenn es wirklich angebracht ist. Ich improvisiere nur dann, wenn die Improvisation ein natürlicher Bestandteil der Freiheit ist, und nicht nur eine effekthaschende Spielerei.

Als ich begann, Billy Holidays Musik zu singen, war das ein ganz neuer Stil für mich, manchmal etwas beängstigend, aber größtenteils sehr aufregend. Das wichtigste war damals – und ist es noch heute, egal, welche Art Musik ich singe –, mich mit jedem einzelnen Song identifizieren zu können, ihn innerhalb meines eigenen Erfahrungshorizonts lebendig werden zu lassen. Die Leute haben sich vielleicht gefragt, wie ich mich mit der Tiefe und den Gefühlen einer Billy Holiday identifizieren konnte, wo sich mein Leben doch grundlegend von ihrem unterschied; aber ich bin schließlich auch eine Frau. Auch in meinem Leben hat es Tragödien und Enttäuschungen gegeben. Wenn ich Dinge wie »My Man« oder »Lover Man« sang, versuchte ich gar nicht erst, mich auf ihr Leben zu beziehen, sondern dachte statt dessen an die Traurigkeit oder Einsamkeit in meinen eigenen Liebesbeziehungen. Ich hatte vielleicht nicht dieselben Probleme gehabt wie Billy

Holiday, aber ich hatte schließlich ebenfalls gelebt, ich hatte meine eigenen Erfahrungen, auf die ich zurückgreifen konnte; auch ich war schon verletzt worden.

Als die Dreharbeiten begannen, mußte ich tief aus meinem Inneren schöpfen, um die Rolle tatsächlich spielen zu können. Ich weiß nicht, woher ich mein Wissen nahm. Wieder hatte es, glaube ich, damit zu tun, daß ich Leuten vertraute, die ihrerseits an mich glaubten. Sidney J. Furie, der Regisseur, war eine richtige Kraftquelle für mich, und natürlich Berry. Er fungierte als mein Betreuer und sagte immer zu mir: »Jetzt vergiß alles, was ich dir gesagt habe, und geh einfach raus und genieß es.« Mit solchen Sätzen wollte er mich ermutigen, auf meine Rolle dieselben Techniken anzuwenden wie beim Singen. Wenn Furie und Berry mich einmal soweit hatten, daß sie mir vertrauen konnten, überließen sie den Rest mir. Wenn ich das Gefühl hatte, daß eine bestimmte Szene Lachen oder Tränen erforderte, ließen sie mich improvisieren. Berry sagte oft: »Es ist nur ein Film. Mach einfach, was dir in den Sinn kommt.« Also brauchte ich immer nur die entsprechenden Zeilen auswendig zu lernen und anschließend die Szene so zu durchleben, als sei sie real. Ich hatte jedesmal das Gefühl, mich tatsächlich in dem jeweiligen Raum zu befinden und das, was wir im Film gerade spielten, wirklich zu erleben. Da ich vorher schon jahrelang als Sängerin auf der Bühne gestanden hatte, konnte ich auch auf eigene Erfahrungen zurückgreifen. Wenn man ein trauriges Lied singt, muß man selbst traurig sein; man muß irgend etwas in sich selbst finden, das einem hilft, dieses Gefühl zu erzeugen. Berry wußte, daß ich das Zeug zur Schauspielerin hatte, weil er gesehen hatte, aus welch tiefen Emotionen ich bei meinen Auftritten als Sängerin schöpfen konnte.

Anfangs fiel es mir schwer zu akzeptieren, daß fast jede Szene mehrmals wiederholt werden mußte, aber schon bald lernte ich, damit umzugehen, indem ich versuchte, das Beste daraus zu machen. Nach jeder Aufnahme sagte ich mir: »Beim nächstenmal bin ich noch besser. Es kann nur noch besser werden, nicht schlechter. Selbst wenn ich die Szene hundertmal wiederholen muß, werde ich versuchen, sie jedesmal anders und besser zu spielen. Mal sehen, was dabei herauskommt.« Also bemühte ich mich jeweils um einen völlig neuen Standpunkt und präsentierte eine ganz andere Interpretation der Szene.

Im großen und ganzen brachten mir die Leute, die mit den Dreharbeiten zu tun hatten, viel Respekt und Vertrauen entgegen. Ich fand es sehr hilfreich, daß sie mich jeden Tag ansehen ließen, was wir am Vortag gedreht hatten, weil ich auf diese Weise meine eigene Leistung besser einschätzen konnte; außerdem war es ein gutes Gefühl zu sehen, wie sich die Dinge entwickelten. Aber zugleich war es eine harte Zeit. Ich mußte mich so richtig in Billy Holidays Leben hineinstürzen, und ihr Leben war erfüllt von Schmerz und Leid. Auf dem Paramountgelände, wo wir drehten, wurde mir mein eigener Bereich zur Verfügung gestellt. Ich bildete Billies Schlafzimmer, ihr Haus und ihre Künstlergarderobe originalgetreu nach. Ein Teil der Requisiten, die ich verwendete, stammte tatsächlich aus ihrem Besitz; jeden Tag fand ich mich schon vor sechs Uhr morgens in diesen Räumen ein. Dort blieb ich dann – in Billy Holidays Leben –, bis ich abends wieder nach Hause fuhr. Abgesehen von den Wochenenden und den wundervollen Mittagspausen, in denen man mir mein Baby brachte, war ich völlig in das Leben und die Psyche von Billy Holiday eingetaucht.

Shelly Berger, mein Manager, holte mich jeden Morgen mit dem Wagen ab, und auf dem Weg zum Filmgelände sprachen wir meinen jeweiligen Text miteinander durch. Am Ende jedes Drehtages gingen wir ihn dann noch einmal kurz durch. Da Shelly als mein persönlicher Betreuer fungierte, konnte er die Zeilen genauso auswendig wie ich. Er war mein bester Betreuer und ein guter Freund, und er blieb noch viele Jahre mein Manager. Shelly half mir sehr und verbrachte viel Zeit mit mir. Soweit ich mich erinnern kann, war er der einzige Mensch, der in der Lage war, bei Plattenaufnahmen eine ganze Session hindurch auszuharren. Das erforderte viel Engagement und Durchhaltevermögen; die Sessions zogen sich oft bis in den frühen Morgen hin, und das war für die Leute, die dabeisaßen und zuhörten, nicht ganz einfach. Shelly blieb immer bis zum Schluß, kümmerte sich um mich und sorgte dafür, daß ich Kaffee und etwas zu essen bekam. Genauso verhielt er sich auch während der Dreharbeiten zu *Lady Sings the Blues*. Vertrauen und Beistand waren für mich seit jeher der Schlüssel zum Erfolg. Wenn beides gegeben ist, bin ich zu Höchstleistungen fähig.

In sehr kurzer Zeit durchlebte ich die schlimmsten Momente von Billy Holidays hartem Leben. Vielleicht erlebte ich sie nicht genauso wie sie, weil ich selbst nie Drogen genommen habe, aber indirekt lernte ich ein paar ihrer härtesten Lektionen, und diese Lektionen sind ein Teil der Substanz geworden, die mein eigenes Leben ausmacht. Ich habe zum Beispiel gelernt, was für einen Preis man dafür zahlt, wenn man in der Liebe die Kontrolle über sich verliert oder wenn man zum falschen Zeitpunkt seine Verletzlichkeit zeigt, egal, ob in persönlichen oder geschäftlichen Dingen. Und ich habe gelernt, noch vorsichtiger zu sein, was die Empfänglichkeit für Drogen angeht. Das Ganze hat mit dem Bedürfnis zu tun, immer in Hochstimmung zu sein. Wenn man auf der Bühne steht, kann man von diesem Hochgefühl richtig abhängig werden: von den Scheinwerfern, dem Applaus, der Verehrung durch die Fans. Dann ist die Show vorbei, und man fährt heim oder in die nächste Stadt, wo man ganz allein in einem fremden Hotelzimmer sitzt. Dem will man entkommen, man sehnt sich nach den Scheinwerfern, der Power, der Energie. Man will in Hochstimmung bleiben, diesen überschwenglichen Moment festhalten und ständig die Aufregung spüren. Aber das geht nicht.

Was wir im Leben wirklich brauchen, ist Gleichgewicht. Keine zu schlimmen Tiefs und keine übertriebenen Hochs, sondern den goldenen Mittelweg, auf dem man sich wohl fühlen kann. Es ist möglich, auf eine ausgewogene Art zu schlafen, zu essen, ja sogar zu trinken. Wenn wir aus dem Gleichgewicht geraten, kommen wir vom Weg ab. Und das ist gefährlich. Mir haben meine Kinder immer geholfen, meinen Gleichgewichtssinn zu behalten. Wenn sie nach Mama rufen, habe ich keine Zeit, Diana Ross zu sein. Letzte Nacht beispielsweise haben meine kleinen Söhne beide schlecht geschlafen. Als sie nach mir riefen, mußte ich dasein. Also bin ich die ganze Nacht aufgeblieben. Ihnen war es egal, daß ich heute Termine hatte oder schreiben wollte. Sie brauchten einfach ihre Mutter. Auf diese Weise erinnern sie mich daran, was meine eigentliche Aufgabe im Leben ist. Wenn Billy Holiday Kinder gehabt hätte, hätte sie vielleicht keine Drogen genommen. Das ist das größte Geschenk meiner Kinder an mich: Sie erinnern mich daran, daß ich nichts Besonderes bin, sondern ein ganz normaler Mensch.

Abgesehen davon hat mir die Rolle der Billy Holiday persönlich sehr viel gebracht. Die Musik war so gefühlvoll, so reich an Emotionen. Die Regionen in meinem Inneren, in die ich vordringen mußte, um diese Songs singen zu können, interessierten mich. Deshalb begann ich, für meine eigenen Shows Songs auszuwählen, die ebenfalls tiefer gingen, mehr von meinem Inneren preisgaben. Ich war in der Lage, meine Arbeit als Therapie zu benutzen, wie ich es ein paar Jahre später auch während der Dreharbeiten zu *The Wiz* machte. Offenbar kann ich meine Arbeit immer auf diese Weise nutzen, vor allem, wenn ich auf der Bühne stehe und singe. Dann kann ich alles, was mich bedrückt, lauthals heraussingen und es dadurch loswerden. Jedesmal, wenn ich meine Musik auf solche Weise benutze, muß ich an jenen großartigen Moment in *Mondsüchtig* denken, wo die von Cher gespielte Frau ihrem Freund ins Gesicht schlägt und sagt: »Hör bloß mit so was auf!« Wenn ich einen Song so richtig herausschmettere, mache ich etwas Ähnliches mit mir selbst.

Mir wurde die große Ehre zuteil, für meine Rolle in *Lady Sings the Blues* für einen Academy Award nominiert zu werden. Das war doppelt aufregend, weil es mein erster Schauspielversuch war. Daß ich die Auszeichnung am Ende doch nicht bekam, spielte keine Rolle. Ich fühlte mich geehrt, daß man mir die Gelegenheit gegeben hatte, einer so außergewöhnlichen schwarzen Frau und wunderbaren Sängerin meinen Tribut zu zollen. Billy Holiday läßt mich immer noch nicht los, und es war allein schon ein Gewinn für mich, ihre Musik zu singen. Letztendlich hat mir der Film viel gebracht: das gute Gefühl, eine große Herausforderung angenommen und bewältigt zu haben, ein neues Selbstverständnis, die Erkenntnis, daß alles möglich ist, und schließlich den Mut und die Überzeugung, mich im Leben immer weiter vorwärtszubewegen.

Ross Fashion

Erfolg ist nur dann etwas wert,
wenn man ihn mit jemandem teilen kann.

Zwischen meinen Filmen gab ich weiterhin Konzerte und nahm Platten auf. Dann brachten Paramount Pictures 1975 *Mahogany* heraus. Die Dreharbeiten zu diesem Film machten mir großen Spaß, weil sich dabei alles um das Thema Mode drehte. Wie jeder weiß, liebe ich Kleider, und mit *Mahogany* bekam ich die Chance, die gesamte Garderobe für Tracy Chambers, die Figur, die ich darstellte, zu entwerfen.

Obwohl das Singen für mich immer im Vordergrund stand, interessierte ich mich auch sehr für Design. Die High-School, die ich besuchte, Cass Tech, nahm Kinder aus der ganzen Stadt auf, aber man mußte einen bestimmten Notendurchschnitt haben, um zugelassen zu werden. Cass hatte einen breitgefächerten Lehrplan, um die Leute auf ganz unterschiedliche Bereiche vorzubereiten. Die Schule besaß einen besonders guten Chemie- und Biologiezweig für Schüler, die wie meine Schwester Bobbi den Arztberuf ergreifen wollten. Wenn man das Examen mit Wirtschaft als Hauptfach ablegen wollte, brauchte man nur über die Straße zu gehen, wo man im Rahmen des Handelszweiges Schreibmaschinen- und Stenokurse belegen und sich trotzdem aufs College vorbereiten konnte. Cass war eine Vorbereitungsschule fürs College.

Mich reizte die Schule wegen ihrer Designkurse. Ich belegte Modedesign und Modezeichnen, und abends besuchte ich einen Kosmetikkurs. Es gab so viele verschiedene Dinge, die mich interessierten. Ich wollte Model werden. Ich wollte Modedesignerin werden. Es hatte mir schon immer Spaß gemacht, Dinge zusammenzufügen. Meine Familie konnte nicht viel Geld für Kleidung ausgeben, deshalb schneiderte ich mir vieles selbst, aus abgelegten Sachen. Alte Kleider peppte ich modisch auf. Mama hatte sich das Nähen selbst beigebracht, und sie lehrte mich, daß man jedes Kleidungsstück umstylen konnte, wenn der Stoff gut war. Manchmal kauften wir auch billige Stoffe und machten daraus etwas ganz Besonderes, Einzigartiges. Ich wurde zum bestangezogenen Mädchen meiner Abschlußklasse gewählt, was mir das beruhigende Gefühl gab, einen guten Geschmack zu haben.

Die Rolle der Tracy war speziell für mich geschrieben worden. Ich fand es aufregend, Tony Richardson als Regisseur zu haben. Er hatte ein paar wirklich große Filme gemacht und für *Tom Jones* einen Academy Award bekommen. Wir arbeiteten phantastisch zusammen. Ich durfte beispielsweise die Räume, die Tracys Wohnung darstellen sollten, ganz nach eigenem Gutdünken einrichten. Ich hatte einen Hintergrund für Tracy geschaffen – wo sie ihre Familienbilder aufstellte, wo sie ihre Nähmaschine stehen hatte und so weiter. Tony und ich besprachen alle Kamera-Einstellungen. Morgens gingen wir als erstes aufs Set, und er ließ mich den Raum so arrangieren, wie ich mich am wohlsten fühlte. Dann ging ich in meinen Wohnwagen, um mich um mein Make-up und meine Frisur zu kümmern, und er leuchtete inzwischen das Set aus, wobei er genau berücksichtigte, wie ich mich durch den Raum bewegt hatte.

Der Film wurde in Chicago und Rom gedreht. Ich genoß die Dreharbeiten in Italien. Es war schön dort, und das Essen war einfach großartig. Ich bekam eine eigene Villa zur Verfügung gestellt, wo sich zwei nette Leute um mich kümmerten. Ich konnte die Kinder mitnehmen, Rhonda und Tracee, und daß ich sie bei mir haben konnte, machte die Sache noch schöner.

Billy Dee Williams hatte ebenfalls eine Rolle in *Mahogany*. Wir haben uns immer gut verstanden. Ich genieße es sehr, mit talentierten Leuten zusammenzuarbeiten. Man lernt soviel von ihnen. Billy Dee gehört für mich fast zur Familie. Seit *Lady Sings the Blues* stehen wir uns sehr nahe. Er ist immer zu Späßen aufgelegt, und wir necken uns oft auf eine recht romantische Weise. Aber zwischen uns war nie mehr als Freundschaft; wir sind einfach nur gute Freunde, die gerne miteinander arbeiten.

Anthony Perkins spielte die andere Hauptrolle. Er war ein tiefgründiger Mann, den eine besonders geheimnisvolle Aura umgab. Wir beide genossen unsere Zusammenarbeit sehr. Als ich letztes Jahr hörte, er sei an Aids gestorben, war ich sehr traurig. Wir haben so viele kreative und talentierte Menschen durch Aids verloren, darunter viele Designer und Leute aus der Modebranche. 1981 erfuhr ich zum erstenmal, daß jemand aus meinem Bekanntenkreis an Aids erkrankt sei. Es war ein Freund von mir, ein schöner junger Mann, der in New York als Model arbeitete.

Das ist inzwischen Jahre her. Heute gehen die Zahlen in die Hunderttausende, und immer noch sind viele Menschen nicht ausreichend über diese verheerende Krankheit informiert. Ich habe den Eindruck, daß die jüngere Generation diesbezüglich sehr verwirrt ist. Die jungen Leute wissen sehr wenig über die Krankheit, was dazu führt, daß sie ihrer Sexualität und ihren menschlichen Bedürfnissen voller Furcht gegenüberstehen. Viele von meinen Fans, Menschen, die mich jahrelang begleitet haben, sind inzwischen an Aids gestorben. Das hat mich tief getroffen, und ich möchte dazu beitragen, Aids stärker ins Bewußtsein zu rücken. Das wichtigste ist die Aufklärung. Als Eltern dürfen wir keine Angst haben, mit unseren Kindern offen über das Thema Sexualität zu sprechen. Ich bin der Überzeugung, daß es unsere Pflicht ist, unseren jungen Leuten beizubringen, wie sie sich schützen können. Sie müssen wissen, daß sie andernfalls mit ernsten Konsequenzen zu rechnen haben und sogar daran sterben könnten.

Mahogany war mein Debüt in der Modebranche. Paramount stellte mir ein ganzes Stockwerk zur Verfügung, als ich anfing, meine Schnitte zu entwerfen. Für das modische Finale der letzten Szene schwebte mir für alle Kostüme ein kabukiartiger Stil vor, nur noch surrealistischer. Da ich an der Cass Tech viel über Stoffe, Nähen, Sticken, Stricken und Häkeln gelernt hatte, ging für mich ein Traum in Erfüllung, als ich die Kostüme entwerfen durfte.

Als erstes stellte ich mir ein Studio zusammen. Ich heuerte mehrere Modezeichner an, ging mit ihnen das Drehbuch durch, markierte die Stellen, wo Tracy besondere Kleider brauchte, und überlegte mir, was genau sie tragen sollte. Der ganze Prozeß war sehr aufregend; dazu kam, daß es eine Geschichte war, mit der sich viele junge Frauen identifizieren konnten: Es ging um den Einstieg in die Modebranche und die Ablehnung, auf die man als Designer oft stößt.

Als etwa die Hälfte des Films abgedreht war, trat Berry als Regisseur an Tonys Stelle. Die Wege der beiden Männer trennten sich, weil sie sich über die künstlerischen Ausdrucksmittel nicht einigen konnten. Berry war nicht glücklich mit dem, was er in der ersten Filmkopie sah; ebensowenig gefielen ihm die Dialoge. Nachdem Berry das Steuer übernommen hatte, war es nicht mehr dasselbe Projekt, an dem ich bisher gearbeitet hatte. Das führte zu Spannungen und Streß, aber noch immer konnte ich von den Menschen um mich herum viel lernen. Wieder erlaubte man mir, die täglichen Aufnahmen anzusehen und meinen schöpferischen Beitrag zu leisten.

Alles in allem war ich mit *Mahogany* sehr zufrieden, und seit dem Start des Films haben mir viele junge Leute geschrieben, die Modedesigner werden wollen. Finanziell gesehen war *Mahogany* kein Erfolg. Aber für mich kann Erfolg verschiedene Formen annehmen. Die Summen, die ein Film einspielt, sind nicht immer entscheidend. Für mich war der Film deswegen ein Erfolg, weil er mir ermöglichte, mit interessanten Leuten zusammenzuarbeiten, viel über das Filmgeschäft zu lernen und zugleich mein Designtalent weiterzuentwickeln.

Meine Kleider spiegeln oft meine Stimmungen wider, und es gibt Designer, die mich mit ihren kapriziösen Einfällen besonders ansprechen. Ich bin ein spielerischer Typ, deswegen mag ich witzige, jugendliche Klamotten wie Jeans oder Lederhosen, Shorts oder T-Shirts, Stiefel oder übergroße alte Teile mit Löchern. Die Glitzerroben sind für die Bühne, aber meine Fun-Klamotten sind für jeden Tag.

Dann gibt es Sachen, die ich als Geschäftsfrau trage – Kostüme, schöne Kleider. Ich mag Calvin Klein sehr gerne und auch Anne Klein. Zu bestimmten Gelegenheiten mag ich Ralph Lauren, und wenn ich abends groß ausgehe, Tierry Mugler. Zu einigen meiner Fernsehauftritte habe ich ein spektakulär drapiertes Outfit von Thierry getragen. Ich finde, er ist ein großartiger Skulpteur, und manche seiner Kleider sind richtige Kunstwerke.

Es gibt so viele Designer, die ich bewundere, vor allem unter denen, die mit mir an meinen Bühnenkostümen arbeiten. Schon seit langem arbeite ich mit Ray Aghayan und Bob Mackie von Elizabeth Courtney zusammen, und gemeinsam haben wir ein paar phantastische Kostüme entworfen. Die Sachen sind Unikate, und ich habe die meisten davon behalten, weil ich plane, eines Tages eine Ausstellung zu veranstalten.

Design, Kleidung und Mode sind ein wichtiger Teil meiner Persönlichkeit. Als ich in den achtziger Jahren in New York lebte, hatte ich die Chance, eine Kollektion für Simplicity Patterns zu entwerfen. Das hat mir großen Spaß gemacht. Ich hatte sogar eine eigene Kollektion von Diana-Ross-Strumpfhosen. Ich wollte eine Strumpfhose entwerfen, die keine Nähte hat und bis zur Taille hinauf eng anliegen sollte. Ich weiß noch, daß die Leute, mit denen ich damals zu tun hatte, der Meinung waren, eine solche Kollektion ließe sich nicht verwirklichen; die Strumpfhose werde nicht strapazierfähig sein und leicht reißen. Jahre später, als meine Kollektion schon nicht mehr produziert wurde, kam jemand anderer mit demselben Konzept auf den Markt.

Eines Tages würde ich gerne eine Wäschekollektion entwerfen; auch den Gedanken, mir Ideen für Kindersachen auszudenken, finde ich sehr aufregend. Design ist also immer noch ein wichtiger Teil meiner Persönlichkeit, und *Mahogany* ist immer noch ein wichtiger Teil meines Lebens. Für mich war der Film eindeutig ein Erfolg.

Fliegen kann man lernen

When I think of home, I think of a place
Where there's love overflowing
I wish I was home, I wish I was back there
With the things I've been knowing.

Wind that makes the tall trees bend into leaning.
Suddenly the raindrops that fall have a meaning.
Sprinkling the scene
Makes it all clean.

Dieser Song aus *The Wiz* mit dem Titel »Home« gibt mir immer ein gutes Gefühl, denn er bringt mich zu meinen Anfängen zurück. Es ist ein Song, der mich daran erinnert, mich niemals im Glanz der Scheinwerfer zu verlieren. Er ruft mir meine Wurzeln ins Gedächtnis. Als ich im Sommer 1977 begann, für die Rolle der Dorothy in *The Wiz* zu proben, fühlte ich mich verloren. Ich war mir nicht mehr sicher, wohin ich gehörte. Erst war ich von Detroit nach L. A. gezogen, dann von L. A. nach New York, immer auf der Suche nach dem richtigen Platz für mich.

Wieder und wieder fragte ich mich: »Wo ist mein Zuhause?« Detroit, wo ich die Gegend kannte und Verwandte hatte? Früher hatte ich mich dort zweifellos zu Hause gefühlt, hatte dort viel Liebe erfahren – »love overflowing«, wie es in dem Song heißt. Aber ich wohnte nicht mehr in Detroit. Ich wohnte schon eine ganze Weile nicht mehr dort.

War die Motown-Familie vielleicht mein Zuhause? Sie war siebzehn Jahre lang das Zentrum meines Schaffens gewesen, ein Ort, wo man mich förderte, wo ich hart und lange gearbeitet hatte. Selbst dann noch, als die Situation schwierig geworden war, wußte ich, daß dort ein besonderer Platz für mich reserviert war.

Wie sah es mit dem Zuhause aus, das ich mir in L. A. zusammen mit Bob aufgebaut hatte? Auch dort hatte ich mich zu Hause gefühlt, vor allem, weil meine Kinder in L. A. zur Welt gekommen waren. Ich hatte dort ein schönes

Zuhause, aber irgend etwas war anders geworden. Bob und ich waren nicht mehr dieselben. Unser Zusammenleben klappte nicht mehr so richtig. Wir hatten uns in verschiedene Richtungen entwickelt.

Wir hatten versucht, unsere Ehe zu kitten, aber es gab so viele Probleme. Er wußte, daß ich ihn liebte, oder zumindest glaubte ich, daß er es wußte. Aber er litt sehr unter der Situation. Der Druck, dem er sich selbst aussetzte, indem er ständig versuchte, Berry Gordys Rolle in meinem Leben zu übertrumpfen, wurde irgendwann zuviel für ihn. Berry stellte zu hohe Ansprüche an mich; ich war zu verwirrt. Das Ganze war eine chaotische Dreiecksbeziehung, die mir viel zu kompliziert wurde. Ich wußte es; ich sah es kommen, aber ich hatte damals nicht die Kraft, etwas dagegen zu tun. Ich wünschte, Bob wäre stärker gewesen; dann hätte er sich vielleicht aus dem Wirrwarr befreien können, statt sich dadurch aufreiben zu lassen. Wir waren alle drei in einem klebrigen Netz gefangen. Ich versuchte, mich durch das verzweifelte Tauziehen der beiden Männer nicht aus dem Gleichgewicht bringen zu lassen, aber das war unmöglich. Ich stand zwischen den Fronten, fühlte mich ständig hin- und hergerissen: Ich war mit Bob ebensowenig glücklich wie mit Berry, und auch bei Motown fühlte ich mich nicht mehr wohl. Es war eine schwere Zeit für mich. Ich versuchte mir einzureden, daß ich eine Lösung für unsere Probleme finden könne, aber insgeheim wußte ich, ich würde schließlich beide Männer verlassen müssen, wenn ich Frieden finden wollte. Ich würde alles von Grund auf ändern, ganz von vorne anfangen und die Vergangenheit wegwaschen müssen:

Sprinkling the scene.
Makes it all clean.

Ich ging nach New York, um Abstand von allem zu gewinnen. Ich liebte Bob noch immer und glaubte, daß eine Trennung unsere Beziehung vielleicht retten würde; ich wollte uns beiden Zeit lassen, über alles nachzudenken, und ihm die Chance geben, mit sich ins reine zu kommen. Ich selbst wußte nicht genau, was ich wollte; auf jeden Fall hätte ich es schön gefunden, wieder zu Hause zu sein. Zu Hause bei Bob, bei meinen Kindern, meiner Familie. Ich hoffte, daß wir noch eine Chance hatten, daß die Trennung uns helfen würde, eine Lösung zu finden.

Maybe there's a chance for me to go back
Now that I have some direction.
It sure would be nice to be back home
Where there's love and affection.

And just maybe I can convince time to slow up.
Giving me enough time in my life to grow up.
Time, be my friend.
Let me start again.

Aber dazu kam es nicht. Für uns gab es keinen Neuanfang. Nicht, daß wir es nicht versucht hätten. Ganz im Gegenteil. Bob kam nach New York, um sich mit mir auszusprechen. Wir versuchten, wieder zusammenzukommen, aber es ging einfach nicht. Zu viele Dinge waren geschehen, die unserer Beziehung geschadet hatten, und wir wußten nicht, wie wir uns gegenseitig helfen sollten. Ich schätze, wir waren einfach zu jung; wir waren damals beide noch nicht ganz erwachsen. Ich mußte mich der Tatsache stellen, daß es vorbei war. Schließlich flog ich nach Kalifornien, um die Scheidung einzureichen, und als ich zurückkam, wußte ich, daß ich allein war.

Fragen. War dieser Umzug nur vorübergehend? Würde ich nach Detroit zurückkehren? Oder würde ich in New York oder der näheren Umgebung bleiben? Ich hatte keine wirklichen Freunde in dieser überfüllten Stadt, nur ein paar Bekannte. So vieles hatte sich in letzter Zeit verändert, nichts war wie früher. Was erwartete mich? Ich hatte Angst, aber tief in meinem Innersten wußte ich, daß alles gutgehen würde. Ich mußte einfach weitermachen und meinem Schicksal blind vertrauen, jeden Tag neu.

Suddenly my world's gone and changed its face.
But I still know where I'm going.
I have had my mind spun around in space.
And yet I've watched it growing.

If you're listening, God, please don't make it hard to know
If we should believe the things that we see.
Tell us, should we run away, should we try and stay.
Or would it be better just to let things be?

Ich fühlte mich genau wie Dorothy, verloren in einem fernen Land; wie sie versuchte ich, mit dem »Ich weiß nicht, was als nächstes kommt« zu leben und darauf zu vertrauen, daß ich es schaffen würde. Ich behielt mein Haus in Los Angeles, mietete aber zusätzlich die Wohnung eines Freundes in Manhattan; das gab mir Zeit, mich in Ruhe zu entscheiden, ob ich mich nach etwas Längerfristigem umsehen wollte. Wenigstens waren meine Kinder bei mir und hielten mich vom Grübeln ab. Ich meldete sie für September in der Schule an. Um diese Zeit sollten die Dreharbeiten beginnen. Meine Mutter kam, um auf die Mädchen aufzupassen und mir zu helfen, mein Leben neu zu organisieren. Ich mußte beispielsweise erst lernen, meine Finanzen selbst zu regeln. Ich hatte mir nie die Zeit genommen, mich mit diesen Dingen zu beschäftigen, sondern vieles davon Berry und Motown überlassen. Das war mit ein Grund für die Probleme mit Bob; er hatte mich darüber aufgeklärt, wie dumm es von mir war, meine Finanzen aus der Hand zu geben.

Daneben gab es noch eine Menge anderer Dinge, die ich ändern wollte, vieles, was ich von der Pike auf lernen mußte. Ich war entschlossen, es diesmal richtig zu machen: Ich wollte ganz von vorne anfangen, ohne den alten Schmerz, ohne Trauer oder Wut.

Hier war ich also, ganz allein in New York, und als ich mich umblickte, war ich überwältigt von all dem Neuen um mich herum. War das jetzt mein Zuhause, diese große, laute Stadt, in der so viel Bewegung herrschte? Eigentlich kannte ich diese Stadt überhaupt nicht. Alles hier wirkte so unpersönlich. Wie konnte ich sie jemals mein Zuhause nennen? Trotzdem wußte ich instinktiv, daß es nur an mir lag – daß ich es wahrmachen und hier ein Heim für meine Mädchen und mich schaffen mußte. Dies sollte für mich den Anstoß geben, mein Leben endlich selbst in die Hand zu nehmen. Ich fand schnell heraus, daß ich den richtigen Film drehte; Dorothy und ich, wir stellten uns offenbar dieselben Fragen. Ich hoffte, wir würden auch dieselben Antworten finden.

Ich beschloß, in New York zu bleiben, weil Rhonda, Tracee und Chudney sich in der Schule schnell eingewöhnten und neue Freunde fanden. Sie halfen mir, diese schwere Entscheidung zu treffen.

> *Living here in this brand-new world might be a fantasy,*
> *But it's taught me to love, so it's real to me.*
> *And I've learned that we must look inside our hearts*
> *To find a world full of love like yours, like mine.*
> *Like home.*

Ein seltsamer Wind

How am I knowing which way to go.
Not knowing which, where, I'm coming from.
What is this feeling?
Where is this feeling?
When does a feeling show?

I'm not sure that I'm aware
If I'm up or down.
If I'm here or there.
I need both feet on the ground.

Kaum in New York angekommen, begann ich mit meinen Recherchen. Das ist immer das erste, was ich tue, wenn ich ein neues Projekt in Angriff nehme. Auf diese Weise mache ich mich mit einer Rolle vertraut; ich bekomme dadurch das Gefühl, festen Boden unter den Füßen zu haben. Ich versuche, soviel wie möglich über meine neue Figur und die Welt, in der sie lebt, herauszufinden, damit ich nicht nur ihre Worte und Taten im Film selbst richtig verstehe, sondern auch, wo sie herkommt, wohin sie geht, und welche inneren Motivationen und Sehnsüchte sie antreiben. Ich muß ganz und gar in die Rolle eintauchen, um mich in ihrer Haut zu Hause zu fühlen. Jetzt, da ich Detroit verlassen hatte, erforschte ich nicht nur die Vorgänge in Dorothys Innerem, sondern stellte mir dieselben Fragen auch in bezug auf mich selbst.

Während ich mich kopfüber in mein neues Filmprojekt stürzte, wurde mir immer mehr klar, daß zwischen meinem Leben und dem von Dorothy unglaubliche Parallelen bestanden. Das behütete Mädchen, das sich plötzlich in einem fremden Land und ohne ihre alten Freunde wiederfindet. Ein völlig neuer Bezugsrahmen. Nichts davon ist vertraut. Und ihre Aufgabe besteht darin, den Weg nach Hause zu finden, sowohl physisch als auch metaphorisch. Wie sich nach und nach herausstellte, war diese Rolle wirklich ein Geschenk für mich, weil sie so sehr derjenigen ähnelte, die ich zu der

Ich kenne inzwischen den Unterschied
zwischen Einsamkeit und Alleinsein.

Ich stehe auf der Schwelle zu etwas Neuem. Mit jedem Tag spüre
ich es näherkommen. Noch heute kann ein Wunder geschehen.

Zeit in meinem eigenen Leben spielte. Mein Interesse an den Vorgängen in Dorothys Innerem, an den Antworten auf ihre fundamentalsten Fragen war in Wirklichkeit die Suche nach meinen eigenen Fragen und Sehnsüchten. Beides war ein und dasselbe.

Nachdem ich in New York angekommen war, sah ich mir die Broadwayversion von *The Wiz* an. Obwohl das die Version war, auf der unsere Filmadaption basierte, zeigte sich, daß es viele Unterschiede gab. Im weiteren Verlauf meiner Recherchen stellte ich überrascht fest, daß es im Lauf der Jahre mehrere Bearbeitungen des »Oz«-Themas gegeben hatte, von denen die populärste und bekannteste natürlich der entzückende Klassiker *Das zauberhafte Land* war, in dem Judy Garland die Hauptrolle spielte. Daneben existierten noch andere wunderbare Versionen, die alle sehr unterschiedlich waren, allein schon, was das Drehbuch anging; darüber hinaus zeichnete sich jede dieser Versionen durch eine ganz eigene Optik und Kostümgestaltung aus. Doch obwohl es sich um sehr verschiedenartige Interpretationen des Stoffs handelte, war das Grundthema immer dasselbe: die Überwindung von Angst und Gefahren, die Rückkehr zur Unschuld in der grundsätzlichen Suche nach dem Selbst.

> *Why do I feel like I'm drowning.*
> *When there is plenty of air?*
> *Why do I feel like frowning?*
> *I think the feeling is fear.*
>
> *Maybe I'm just going crazy.*
> *Letting myself get uptight.*
> *I'm acting just like a baby.*
> *But I'm gonna be all right.*

Irgendwo tief in ihrem Innersten wußte Dorothy von Anfang an, daß sie es schaffen würde, und genauso ging es mir in meinem neuen Leben. Es galt, auf etwas zu vertrauen, das man nicht sehen konnte – manchmal eine recht schwierige Aufgabe. Von Anfang an fand ich auf meinem Weg viel Hilfe und Beistand. Während ich mich durch das umfassende »Oz«-Material arbeitete, das ich bei meinen Recherchen gesammelt hatte, stieß ich auf ein großes Geschenk. Es war eine kommentierte Ausgabe von L. Frank Baums *Zauberer von Oz*. Durch die Beschäftigung mit diesem Buch fügten sich die vorher bruchstückhaft wirkenden Teile immer mehr zu einem zusammenhängenden Ganzen. Mir war plötzlich klar, daß man alles, was in Dorothys Traum vorkam, als direkte Widerspiegelung ihres Lebens interpretieren konnte, als eine Reflexion ihres Schmerzes, der um Beachtung schrie; als eine Widerspiegelung der unterdrückten Bereiche, die sie erst noch definieren mußte. Sie mußte lernen, mit diesen Bereichen umzugehen, sie zu pflegen und an ihnen zu arbeiten, damit sie wachsen und sich zu einer erfüllten Persönlichkeit entwickeln konnte. Und erneut erkannte ich, daß dasselbe auch für mich galt.

Obwohl ich mir der Implikationen in der Aussage von *The Wiz* schon vorher bewußt gewesen war, nahm das Ganze jetzt eine viel klarere Form an. Nachdem ich die Funktion der einzelnen Charaktere verstanden hatte, nachdem ich erkannt hatte, daß sie einen jeweils anderen Aspekt von Dorothys Wesen darstellten, fügte sich die Geschichte zusammen, und jedes Einzelteil paßte zum Ganzen. Es war eine Freude, die Bruchstücke zusammenzusetzen – dieselbe Art von Befriedigung, die man verspürt, wenn man das letzte Teil eines riesigen Puzzles einfügt.

Die Vogelscheuche stand für Dorothys Wissensdurst – den Teil von ihr, der sich danach sehnte, mehr über die Welt und das Leben zu erfahren. Wie passend, daß diese Vogelscheuche die erste Person war, der Dorothy in ihrem Traum begegnete, das erste Wesen, mit dem sie Freundschaft schloß. Der Zinnmann personifizierte Dorothys Verlangen nach Liebe, die Suche nach ihrem Herzen, das tiefe Bedürfnis in ihr (und in uns allen), Liebe besser geben und empfangen zu können. Auch der Löwe war nur ein weiterer Teil von Dorothys Psyche. Sein lautes und aggressives Brüllen, das den Zweck hatte, die Leute einzuschüchtern und abzuschrecken, war nur ein Versuch, seine eigenen Ängste zu maskieren, ein Schutzschild, das die Zärtlichkeit und Verletzlichkeit seines Herzens verbergen sollte – und natürlich auch die Zärtlichkeit und Verletzlichkeit von Dorothy. Und schließlich gab es noch die gute Fee, Dorothys Beschützerin, ihr Unterbewußtsein, das die Illusion der Getrenntheit durchschaute, die Antwort bereits kannte und von Anfang an dabei war, um ihr den Weg zu zeigen.

Für mich hatten die Songs selbst die größte Bedeutung. Sie waren von Charlie Smalls geschrieben worden, und er hatte nicht nur schöne Musik, sondern auch wunderbare Texte geschaffen. Sie behandelten genau das, was in meinem Inneren vorging: meine Angst, meine wirklichen Gefühle zu zeigen, das verwirrende Gefühl, an einem neuen und ungewohnten Ort zu sein, allein zu sein, keine Freunde zu haben und meinen Weg Schritt für Schritt finden zu müssen. All das steckte in den Worten dieser wundervollen Songs, die sich deshalb beinahe von selbst sangen.

Here I am in a different place.
In a different time
In this time and space.
I don't wanna be here.

In a different place.
In a different time.
Different people around me.
Alone.
I don't know where I'm going.
I'm here on my own.
And it's not a game.
A strange wind is blowing.

Und so kam es, daß mein Leben von Anfang an ausgefüllt und arbeitsreich war, während ich mich von diesem merkwürdigen Wind in die seltsame neue Welt von New York hineinwirbeln ließ. Ich war hauptsächlich mit zwei Dingen beschäftigt: ein gemütliches Heim für mich und meine Mädchen zu schaffen und weiter für meine Rolle zu recherchieren. Zum Glück lief beides recht gut. Meine Töchter fingen an der neuen Schule an, und schon kurze Zeit später konnte ich feststellen, daß sie enorme Fortschritte machten. Das lag wahrscheinlich daran, daß sie sich hier sicherer fühlten und ich mehr Zeit für sie hatte als in Kalifornien. Das war für mich ebenso wichtig wie für sie. Wir brauchten uns einfach gegenseitig. Die Wohnung in Manhattan, in der Rhonda, Tracee, Chudney und ich lebten, war verglichen mit meinem Haus in Beverly Hills sehr klein. Trotzdem wirkte sich das für uns positiv aus; wie sich herausstellte, war es genau das, was wir im Moment brauchten. Wir hatten auf diese Weise mehr Privatleben, weil wir nicht so viel Personal brauchten wie in Los Angeles. Dadurch entstand zwischen meinen Mädchen und mir eine Nähe, die anderswo nie möglich gewesen wäre. Sie wußten immer, wo ich war, und daß ich auf sie wartete, wenn sie aus der Schule heimkamen. Das gab ihnen die Sicherheit, die sie brauchten, um den Ortswechsel gut zu bewältigen. Sobald ich sicher war, daß sie hatten, was sie brauchten, konnte ich mich auf meine eigenen Bedürfnisse konzentrieren. Während ich mich auf meine neue Arbeit stürzte, setzte ein vielschichtiger Heilungsprozeß ein. Ich fühlte mich in meinem neuen Leben immer wohler, die Wunden, die meine Scheidung hinterlassen hatte, begannen sich zu schließen, ich befreite mich aus meiner Abhängigkeit von Berry, brach die Brücken zu Motown ab und tauchte immer tiefer in dieses neue und aufregende Projekt ein.

Die Arbeit an dem Film erwies sich für mich als sehr heilsam, als ein hervorragendes Mittel zur Selbstfindung. Ich glaube nicht, daß mir zu der Zeit vollkommen bewußt war, wie perfekt Dorothys Leben mein eigenes widerspiegelte, wie eindrucksvoll der Film meine eigene Identitätssuche verdeutlichte, denn weil ich noch mitten in der Sache steckte, fehlte mir die nötige Distanz. Wie es so oft passiert, ist mir die Tiefe und Tragweite dieser Erfahrung erst im nachhinein bewußt geworden, obwohl ich mich schon damals sehr mit den schönen und tiefsinnigen Songs identifiziert habe. Es bereitete mir große Freude, sie zu singen, und ich hatte das Gefühl, eine wichtige, positive und bedeutsame Botschaft in mich aufzusaugen und wieder an meine Umwelt abzugeben.

Das hervorragende Drehbuch hatte Joel Schumacher geschrieben, ein langjähriger Freund. Joel und ich hatten eine ähnliche Lebenseinstellung, so daß wir uns beide in hohem Maße mit dem Projekt identifizierten. Wir wurden beide vom Grundthema des Films angetrieben: der beharrlichen und manchmal sehr einsamen Suche nach dem eigenen Selbst; dem Wunsch, alle Hindernisse zu überwinden, das eigene Zentrum zu finden und sich in seiner Haut wohl zu fühlen; der zwanghaften Suche nach dem Wissen, daß man sich auf dem Weg nach Hause befindet.

Bei der ersten Besprechung des Films traf ich mich mit dem Regisseur, Sidney Lumet. Der Kostümdesigner Tony Walton und Joel waren ebenfalls da, und das Produktionsbüro brodelte richtig vor Energie. Es war eine aufregende Besprechung. Man zeigte mir einige der Kostüme, die gerade angefertigt wurden, und erklärten mir, wie sie sich den Look der verschiedenen Charaktere vorstellten. Während dieser Besprechung erfuhr ich auch, daß man Michael Jackson für die Rolle der Vogelscheuche in Betracht zog, des ersten Weggefährten Dorothys, der sich auf der Suche nach seinem Gehirn beziehungsweise nach tieferem Wissen befindet. Ich war begeistert von dem Gedanken, mit Michael zusammenzuarbeiten. Michael und ich standen damals in ziemlich engem Kontakt. Wir telefonierten alle paar Tage miteinander und sahen uns meistens einmal die Woche, wenn unsere Karriere es zuließ. Obwohl Michael nie zuvor als Schauspieler gearbeitet hatte, hielt ich ihn für die Idealbesetzung. Von seiner Persönlichkeit her war er gut für die Rolle geeignet, außerdem war er ein phantastischer Tänzer, und für diese aufwendige Musicalproduktion waren viele Tanzszenen vorgesehen; hinzu kam, daß wir bereits enge Freunde waren.

Wir begannen mit den Proben, indem wir das Drehbuch jeden Tag mit verteilten Rollen lasen. Anfangs lasen nur Sidney und ich zusammen. Mit der Zeit kamen dann immer mehr Leute hinzu, eine Rolle nach der anderen. Als sie sich endgültig entschieden hatten, es mit Michael zu versuchen, lasen wir ein paarmal zu dritt: Michael, Sidney und ich. Als nächstes gesellte sich Nipsey Russell zu uns, der den Zinnmann spielte. Und so weiter, bis wir schließlich die ganze Besetzung versammelt hatten. Jedesmal lasen wir das ganze Drehbuch von vorne bis hinten. Ich fand das etwas zuviel des Guten. Damit meine ich nicht, daß es zuviel Arbeit war, sondern daß das Textmaterial zu oft gelesen wurde. Natürlich ist das nur meine persönliche Meinung, aber ich finde, daß endlose Lesungen eines Drehbuchs oft auf Kosten der Spontaneität gehen. Ich glaube, daß im Fall von *The Wiz* ein Teil des Zaubers, der für eine solche Geschichte so wichtig ist, im Namen der Perfektion geopfert wurde. Aber ich war Teil eines Teams und wollte keine Probleme machen, also fügte ich mich ihren Wünschen.

Schon bevor die eigentlichen Dreharbeiten begannen, arbeiteten wir sehr hart. Die Proben waren für uns alle ziemlich zermürbend. Vormittags lasen wir wieder und wieder das Drehbuch, und wenn wir damit fertig waren, wandten wir uns den Tanzproben zu. Als aufwendige Musicalproduktion hatte *The Wiz* ein großes Ensemble mit einer phantastischen, aber höchst komplizierten Choreographie. Der erste Teil des Nachmittags gehörte den individuellen Tanznummern wie »Ease on Down the Road« mit Michael, Nipsey, Ted Ross als dem feigen Löwen und mir. Später stieß dann die gesamte Truppe zu uns, um die Gruppennummern einzustudieren. Obwohl ich in guter körperlicher Verfassung war, strengte mich die Choreographie ganz schön an. In mehreren Szenen mußte ich schnell rennen. Auch wenn es für die Zuschauer vielleicht einfach wirkte, war das Bühnendesign riesengroß und kompliziert, und es war nicht ganz ungefährlich, sich so schnell durch die labyrinthartige Dekoration zu bewegen.

Die Absätze meiner Schuhe waren nicht extrem hoch, aber trotzdem, wer schon einmal gejoggt ist, weiß, wie sehr das die Beine mitnehmen kann, selbst in richtigen Laufschuhen. Ich aber mußte mit hohen Absätzen Sprints hinlegen, hüpfen, tanzen und auf Tischen auf- und abspringen. Während der Proben und Dreharbeiten zu einem Film muß man viele Dinge zigmal wiederholen. Deshalb überraschte es mich nicht, daß ich allmählich Probleme mit den Knien bekam. Aber ich zwang mich weiterzumachen und mich auch dieser Herausforderung zu stellen.

Während der Beginn der eigentlichen Dreharbeiten näherrückte, fühlte ich mich immer noch wie eine Fremde in meinem eigenen Leben. Ich würde noch viel an mir arbeiten müssen, aber als der September in Sicht kam, begannen die Wunden der vergangenen, schwierigen Jahre allmählich zu heilen, und ich blickte wieder hoffnungsvoller in die Zukunft; ich war bereit, mich dieser Zukunft zu stellen, egal, wie sie aussehen mochte.

Hello, World

If you believe.
In your heart you'll know.
No one can change
The path that you must go.

Believe what you feel.
Believe there's a reason to be.
Believe you can make time stand still.
If you believe in yourself.

Obwohl *The Wiz* an der Kinokasse enttäuschte, bedeutete der Film für mein Leben und das Leben vieler anderer, die daran beteiligt waren, einen großen Erfolg. Damals half mir die Arbeit, eine schwierige Zeit gut zu überstehen und viele wichtige Entscheidungen zu treffen. Ich mußte mein Leben neu regeln und mich mit Dingen auseinanderzusetzen, die für mich verwirrend neu waren. Zum erstenmal hatte ich meine Welt selbst in die Hand genommen, und es galt vieles zu enträtseln, wovon ich bisher keine Ahnung gehabt hatte. In vielen Bereichen fühlte ich mich wie eine blutige Anfängerin, aber die Umstände zwangen mich, mich der Lage gewachsen zu zeigen. Ich mußte mich auf meinen Instinkt verlassen. In der Zwischenzeit kamen die Dreharbeiten zu *The Wiz* voll in Gang.

Das Team, das sich zusammengetan hatte, um dieses Remake von *The Wizard of Oz* zu produzieren, wartete mit einer spektakulären Idee auf. Man hatte beschlossen, etwas ganz eigenes zu machen: Man wollte in New York drehen und Oz urbanisieren. Und so kam es, daß wir die Geschichte, die mir wie meine eigene erschien, in der Stadt drehten, in der ich lebte; das trug nur noch mehr dazu bei, daß sich *The Wiz* für mich zu einer Therapie entwickelte. New York City steckt so voller Energie und bietet so viele Beschäftigungsmöglichkeiten, daß es fast unmöglich ist, dort untätig zu sein und in Selbstmitleid zu versinken. Ich war damals nicht auf der Suche nach einem Ehemann, aber ich war auf der Suche nach Freunden. Sidney

Lumet, unser Regisseur, wurde mir ein guter Freund; ich kann mich noch gut an die wundervollen Dinnerpartys erinnern, die er damals immer gab. Er stellte mich vielen seiner New Yorker Freunde vor, und mein Leben wurde erfüllter und interessanter.

Tagsüber war ich mit Dreharbeiten beschäftigt. Wenn ich konnte, besuchte ich Museen und Bibliotheken. Sooft es meine Zeit erlaubte, tauchte ich in die Kultur und das rege Treiben New Yorks ein. Ich ging so oft wie möglich ins Kino, und manchmal ging ich zum Tanzen ins Studio 54, einem sehr angesagten Club, der meinem Freund Steve Rubell gehörte. Dort konnte ich mich ganz von der Musik treiben lassen. Wenn ich gerade nicht tanzte, setzte ich mich oben auf die Galerie, von der aus man den ganzen Club überblicken konnte, und beobachtete das Treiben. Das Studio 54 war nicht nur wegen der guten Musik, sondern auch wegen seines aufregenden Stylings gefragt. Ständig gingen dort irgendwelche Berühmtheiten ein und aus; ich selbst war nicht allzuoft da, aber von Zeit zu Zeit ging ich gerne zum Tanzen hin. Außerdem besuchte ich Dinnerpartys, bei denen ich viele andere Berühmtheiten traf, wie zum Beispiel Liza Minelli, Halston, Imam und viele andere schöne Models, Andy Warhol und zahlreiche Dekorateure und Designer.

Obwohl ich heute weiß, was damals in Sachen Drogen ablief, war mir das in jenen Jahren nicht bewußt. Ich habe in meinem Leben das Glück gehabt, mich immer von Drogen und Leuten, die damit zu tun hatten, fernhalten zu können. Mich faszinierte die Musik, das Tanzen, die Lebendigkeit. Dieser Aspekt des Nachtlebens gefiel mir, aber ich bin nie eine große Partygängerin gewesen.

Abends, nachdem ich die Kinder ins Bett gebracht hatte, las ich meist irgendwelche Selbsthilfebücher, alles, was ich in die Finger bekommen konnte, um meinen Schmerz zu vergessen und mich selbst besser zu verstehen. Ich beschäftigte mich, damit ich keine Zeit zum Nachdenken hatte, aber in Wirklichkeit traf ich grundlegende Entscheidungen darüber, wie mein neues Leben als Single aussehen sollte. Obwohl die alten Wunden immer noch schmerzten, habe ich diese Zeit doch als positiv in Erinnerung.

Ich hatte mich sehr auf die eigentlichen Dreharbeiten gefreut, denn während der Proben bekam ich mehr und mehr das Gefühl, daß das, was wir machten, etwas wirklich Besonderes und Ungewöhnliches war. Ich fand die Grundidee so großartig, daß ich glaubte, die Sache könnte gar nicht schiefgehen. Inzwischen weiß ich, daß viele Faktoren, kalkulierbare und nicht kalkulierbare, über den Erfolg oder Mißerfolg eines Films entscheiden. Aber schon kurz nach Beginn der Dreharbeiten stellte sich heraus, daß einige von Sidney Lumets künstlerischen Entscheidungen auf

Kosten der magischen Qualität der Geschichte gingen. Schon damals fragte ich mich, warum er nicht das spektakuläre und breitgefächerte Angebot an visuellen und technischen Spezialeffekten nutzte, das ihm zur Verfügung stand – phantastische Dinge, mit Hilfe derer der Zauber des Films hätte erhöht werden können. Bis die eigentlichen Dreharbeiten begannen, hatte ich nichts von Lumets Konzept gewußt. Ich nehme an, ich war einfach von der falschen Voraussetzung ausgegangen, daß er und ich eine ähnliche Vision hatten. Doch anstatt die Möglichkeiten auszuschöpfen, die die Welt des Films bot, drehte er das Ganze, als wäre es ein Theaterstück. Und er gestaltete die Geschichte sehr unheimlich, gruseliger, als ich es für nötig oder angebracht hielt, gerade im Hinblick auf jugendliche Zuschauer. Ich hatte immer das Gefühl, daß dieser Aspekt übertrieben wurde; meiner Meinung nach hätte der Film längst nicht so beängstigend sein müssen. Die Gesichter einiger Figuren waren viel zu furchteinflößend. Solange meine Mädchen klein waren, ließ ich sie den Film nicht ansehen. Genauso halte ich es heute mit meinen Jungs. Ich achte sehr sorgfältig auf das, womit meine Kinder ihr Gehirn füttern, vor allem abends, bevor sie ins Bett gehen. Letztendlich enthielt *The Wiz* eine Menge furchteinflößende Elemente. Wenn man genau hinsieht, hatte Dorothy auf jedem Schritt entlang des gelben Ziegelwegs Angst. Ich glaube, der Film enthielt mehr beängstigende Szenen, als man Kindern zumuten sollte.

Aber ich bin der Ansicht, daß die Story selbst das Projekt letztendlich gerettet hat. Schließlich vermittelt der Film eine wichtige Aussage. Obwohl Angst und Unsicherheit darin eine große Rolle spielten, geht es im Grunde darum, diese Angst zu überwinden und die eigenen inneren Werte zu finden. Hier war ich, Dorothy, ein schüchternes Kindergartenfräulein, gefangen in einem tosenden Wirbelsturm – dem Chaos in meinem eigenen Kopf – und dann in einem unheimlichen Wunderland ausgesetzt. Ich hatte nur meinen geliebten kleinen Hund Toto als Begleiter, und ich mußte dem gelben Ziegelweg folgen, um wieder nach Hause zu gelangen. Jeder Schritt des Weges steckte voller Metaphern, und die abschließende Botschaft war positiv und ermutigend. Es geht darum, etwas zu suchen und dann festzustellen, daß man es die ganze Zeit schon besessen hat. Obwohl ich glaube, daß man noch mehr aus dem Film hätte machen können, wenn nicht so viele Möglichkeiten verschenkt worden wären, waren die Schauspieler und die Crew kooperativ und hilfsbereit, so daß ich das Unternehmen am Ende doch als eine Bereicherung betrachten konnte.

Die kommentierte Ausgabe des *Zauberer von Oz*, die viele literarisch und historisch interessante Anmerkungen enthält, weist unter anderem darauf hin, daß die Mohnfelder, die in der Geschichte vorkommen, Drogen repräsentieren. Sidney arbeitete mit diesen Bildern, als er uns in die städtische Szenerie des heruntergekommenen Teils von New York City plazierte. Wir kamen an den Nutten vorbei, die auf den Straßen herumhingen, wir gingen durch Wolken aus Rauch, und als wir wieder herauskamen, fühlten wir uns high, schwindelig und benebelt. Ich finde, er hat diesen Aspekt auf eine höchst subtile Weise behandelt und ihn dadurch für den Zuseher besonders interessant gemacht.

Die Auswahl der Kostüme war mit größter Sorgfalt erfolgt. Selbst in meinem einfachen kleinen Rock mit Bluse steckten soviel Planung und ausgefeiltes Design! Jedes kleine Detail war genau überlegt worden: Welche Knöpfe verwendet werden sollten, ob die Bluse Rüschen haben sollte oder nicht, welche Haarfarbe und Frisur Dorothy haben sollte, und wie das zum ganzen Outfit passen würde. Man hatte das Aussehen jeder einzelnen Figur sehr, sehr ernst genommen.

Ich bekam einen relativ natürlichen Look, aber das Make-up der meisten anderen Figuren war extrem aufwendig. Das Make-up des Löwen baute auf Teds eigenen Gesichtszügen auf, aber in Michaels Fall sah die Geschichte ganz anders aus. Sein Make-up war wahrscheinlich das komplizierteste des gesamten Films; auf jeden Fall mußte er am längsten in der Maske sitzen. Ich sehe den armen kleinen Michael noch vor mir – er war damals noch sehr jung und unerfahren –, wie er jeden Morgen stundenlang dasaß, während die Maskenbildner sein Make-up auflegten und immer wieder neu auflegten. Dazu kam noch, daß es ja jeden Abend wieder entfernt werden mußte, was ein qualvoller Prozeß war, der seiner Haut großen Schaden zugefügt haben muß – möglicherweise ein Grund für die ernsten Hautprobleme, mit denen er im Moment zu kämpfen hat, auch wenn er nicht gerne darüber spricht.

Zu den schönsten Erfahrungen während der Dreharbeiten gehörte, wie nahe wir uns alle kamen, wie sehr wir uns wie eine Familie fühlten. Wir paßten perfekt zusammen; es war eine phantastische Besetzung. Das galt nicht nur für Michael, Ted und Nipsey, sondern auch für Lena Horne, die die gute Fee spielte. Sie alle waren ein Teil von mir.

Ted, der feige Löwe, war ein netter Kollege, mit dem man gut zusammenarbeiten konnte. Ich fand, daß er viel Ähnlichkeit mit dem Charakter hatte, den er spielte: ein sanftes Wesen, das manchmal wie ein furchteinflößender, gemeiner alter Kerl wirkte, in Wirklichkeit aber gar nicht so war. Nipsey, der Zinnmann, war ein hochintelligenter Mann, und er spielte jemanden, der extrem viel wußte, seine logischen Fähigkeit brillant einsetzte, aber nichts fühlte, kein Herz hatte, noch nie eine Träne vergossen hatte und völlig unsensibel war. Nipsey eignete sich gut für diese Rolle – nicht, weil er so herzlos war, sondern weil er einen so hochentwickelten Intellekt besaß, daß er sich leicht mit der Rolle identifizieren konnte. Und dann war da noch Michael. Der Wissensdurst der Vogelscheuche, ihr sehnsüchtiger Wunsch, ein Gehirn zu haben, um lernen und sich Wissen aneignen zu können, bot Michael einen Spiegel, in dem er sein damaliges Leben perfekt reflektieren und zum Ausdruck bringen konnte. Wir vier kamen uns im Lauf der Dreharbeiten sehr nahe, und wir lernten außerdem jeden einzelnen Tänzer und sämtliche Choreographen kennen. Alles in allem war es eine schöne Erfahrung, aber wie es im Leben nun mal ist, gab es auch Probleme.

In einer der Szenen mit dem Zauberer mußte ich direkt in einen riesigen Scheinwerfer sehen. Ich sollte einen ängstlichen Eindruck machen, deswegen starrte ich lange Zeit mit weit aufgerissenen Augen ins Licht, so als wäre ich vor Angst fast gelähmt. Natürlich wurde die Szene – wie bei Filmaufnahmen üblich – oft wiederholt, so daß ich schließlich nicht mehr sagen konnte, wie viele Stunden ich schon ins Licht gestarrt hatte. Wie üblich tauchte ich ganz in die Szene ein, bis sie mich völlig in ihren Bann schlug. Erst, als ich abends das Set verließ, merkte ich, daß sich ein störender Schleier über meine schmerzenden Augen gelegt hatte und ich nicht mehr richtig sehen konnte. Ich war schrecklich beunruhigt und ging am nächsten Morgen sofort zum Arzt. Nach eingehender Untersuchung teilte er mir den erschreckenden Befund mit: Ich hatte mir die Netzhaut beider Augen verbrannt.

Ich mußte meine Arbeit unterbrechen und wurde sofort ins Krankenhaus eingewiesen, wo man mir die Augen verband. Da lag ich nun fast vierundzwanzig Stunden in einem dunklen Zimmer und fürchtete, nie mehr sehen zu können. Die Ärzte erklärten mir, daß es bei Netzhautverbrennungen keine wirklich wirksame Therapie gebe. Die Netzhaut heile langsam von selbst, und je nach Grad der Verbrennung könne es einige Tage, aber auch viele Jahre dauern, bis die normale Sehfähigkeit wiederhergestellt sei, wenn das überhaupt noch möglich war. Ich hatte Glück. Schon nach einer Woche konnte ich wieder arbeiten und fast normal sehen. Auf dem einen Auge behielt ich einen blinden Fleck zurück, aber in Anbetracht der möglichen Konsequenzen hatte ich wohl noch Glück im Unglück. Während der Woche, in der ich fehlte, sprang meine Schwester Rita für mich ein. Ihre Haut ist ein bißchen heller als meine, aber abgesehen von den Beinen sieht sie mir von hinten sehr ähnlich, weshalb sie mich in einigen Aufnahmen ersetzen konnte – ich war ihr sehr dankbar dafür, und jedesmal, wenn ich diese Stellen im Film sehe, wird mir ganz warm ums Herz.

Während der Dreharbeiten kam es noch zu einer weiteren Tragödie, über die wir alle sehr traurig waren. Diesmal war ein Tier das Opfer. Für die

Rolle des Toto waren mehrere Hunde ausgewählt worden, und die kleinen Welpen waren in einem Zimmer untergebracht. Als eines Tages für eine besondere Szene ein Hund gebraucht wurde und jemand von der Crew in den entsprechenden Raum ging, um das Tier zu holen, fand er dort eine undichte Dampfleitung vor. Einer der kleinen Totos hatte sich schwer verbrannt. Alle Welpen wurden sofort zum Tierarzt gebracht, aber für das Tier mit den schlimmen Verbrennungen kam jede Hilfe zu spät, und es starb. Wir alle waren darüber sehr traurig. Ich hatte meine Totos sehr liebgewonnen.

Wir drehten den ganzen Film in und um New York und auf speziellen Soundbühnen von Astoria Studios. Astoria Studios gab es noch nicht lange, und *The Wiz* war für sie die erste große Produktion. Finanziell war der Film kein großer Erfolg, aber Erfolg kann verschiedene Formen annehmen. Nachdem die Dreharbeiten abgeschlossen waren, bekam ich bei Astoria Studios meine eigene Soundbühne, die Diana-Ross-Soundstage, ein wundervolles Studio in New York, wo weiterhin Filme gemacht werden, wo Träume wahr werden könne. Ein Ort so ganz nach meinem Geschmack.

Trotz aller Schwierigkeiten und trotz der Schwachstellen, die der Film meiner Meinung nach hatte, kam am Ende viel Gutes dabei heraus. Ich schloß neue Freundschaften, ich lernte und entwickelte mich weiter, und ich veränderte mein Leben zum Positiven. Es wurde einfach glücklicher und sinnvoller. Ich hatte die Dinge in die Hand genommen, sowohl als Frau als auch als Künstlerin. Die lang erduldete Leere in mir füllte sich langsam, und als die Dreharbeiten abgeschlossen waren, hatte ich, wie Dorothy, herausgefunden, daß ich alles, wonach ich suchte, längst besaß. Ich brauchte nur an mich zu glauben und alle Fesseln abschütteln. Und genau das tat ich schließlich.

> Can't you feel a brand-new day?
> Everybody be glad.
> Because the sun is shining just for us.
> Everybody wake up.
> Hello, World.
> It's like a different way of living now.

It's My Turn

EINEN STOCK TIEFER
UNTER DER BÜHNE
HINTER DER BÜHNE
HINTER DEN KULISSEN
UNTER DEM TEPPICH
IN MEINEM HERZEN
WO ICH MICH SELBST VERLIERE
MICH SELBST FINDE.

Motown zu verlassen war eine erschütternde Erfahrung. In Wirklichkeit verließ ich Motown nicht, weil ich verärgert oder verletzt war. Ich ging, weil ich mich persönlich weiterentwickelt hatte und es Zeit für mich war, zu neuen Ufern aufzubrechen.

Im Frühjahr 1980 setzten sich Nile Rodgers und Bernard Edwards, ein sehr talentiertes Songwriter-Team, mit mir zusammen, um über meine Karriere und die Veränderungen in meinem Leben zu sprechen. »I'm Coming Out« war des Ergebnis dieses Treffens. Die Platte kam im August 1980 heraus, und sie war ein direkter Spiegel meiner damaligen Gefühle. Es wäre falsch zu behaupten, ich hätte zu der Zeit schon geahnt, daß ich Motown verlassen würde – eine solche Vorahnung hatte ich nicht –, aber ich wußte, daß Veränderungen in meinem Leben anstanden. Sicher kennen Sie das Gefühl: Man ist unglücklich, und obwohl man nicht weiß, was als nächstes passieren wird, spürt man doch, daß es so nicht weitergehen kann. Genauso fühlte ich mich damals.

Diese Art spirituellen Einblick hatte ich schon immer, wenn etwas Neues bevorstand – das instinktive Wissen, daß etwas in der Luft liegt. Dasselbe Gefühl habe ich auch jetzt, während ich an diesem Buch sitze. Ich nehme an, das ist einer der Gründe, warum ich diesen Zeitpunkt gewählt habe, um meine Memoiren zu schreiben. Ich fühle, daß eine Veränderung bevorsteht, und ich kann nur hoffen, daß es eine positive sein wird.

Vielleicht ist meine Musik ein Teil dessen, was mich ahnen läßt, wann sich solche Veränderungen zusammenbrauen. An einem bestimmten Punkt meiner Karriere spürte ich, wie ich immer mehr eins mit meiner Musik wurde; es war, als folgten mir meine Songs auf Schritt und Tritt oder umgekehrt – als folgte ich meinen Songs. 1980, kurz bevor ich Motown verließ, landete ich drei große Hits, von denen zwei ein direkter Ausdruck meines Lebensgefühls waren: »I'm Coming Out« war der erste. Einen Monat später folgte dann »It's My Turn«, ein wundervoller Song, den ein großer Songwriter namens Michael Masser geschrieben hatte. Michael, der auch »Touch Me in the Morning« und »Do You Know Where You're Going To?« schrieb, den Titelsong aus *Mahogany*, war ein sehr schwieriger Mann. Es war nicht leicht, mit ihm zusammenzuarbeiten, vielleicht, weil er wußte, wie genial er war; auf jeden Fall konnte er Songs schreiben, die eine Aussage hatten. »It's My Turn« wurde sehr wichtig für mich. Offenbar war ich nicht die einzige, die sich so fühlte. Nachdem die Platte herausgekommen war, hörte ich von vielen anderen Frauen, daß sie sich mit diesem Song besonders identifizieren könnten. Sie müssen sich in derselben Lage befunden haben wie ich, denn viele von ihnen fragten mich: »Haben Sie damals wirklich dasselbe durchgemacht wie ich?«

»Wahrscheinlich«, habe ich dann geantwortet. Es war eine kollektive Erfahrung. Und der Text dieses Songs brachte es so gut auf einen Nenner:

I can't cover up my feelings in the name of love.

Das traf es genau. Kurz und bündig. Abgesehen von der Tatsache, daß die Gefühle so klar definiert wurden, gefiel mir an dem Song vor allem wegen der Kraft, die er zum Ausdruck brachte:

It's my turn, I don't have all the answers.
But at least I know I'll take my share of chances.

Ich frage mich oft, was wohl aus mir geworden wäre, wenn ich mich nicht alleine auf den Weg gemacht hätte, wenn ich mich nicht dazu entschieden hätte, vorzutreten und die mir zustehenden Chancen einzufordern. Ich konnte nicht damit rechnen, daß die Umstellung mir leicht fallen würde, aber ich mußte einfach etwas tun. Ich hatte einen Punkt erreicht, an dem ich nichts mehr dazulernen konnte, solange jemand anderer alles für mich erledigte. Meine Freundin Suzanne de Passe wurde täglich mächtiger und entwickelte sich zu einer immer besseren Produzentin. Sie experimentierte und lernte ihr Handwerk, was man von mir nicht behaupten konnte.

»Also, du brauchst nur da rausgehen, deine Songs singen, deine schönen

Kleider tragen und hübsch aussehen. Alles andere machen wir.« Das war die Quintessenz dessen, was ich von Motown immer wieder zu hören bekam. Solange ich diesen Anweisungen folgte, konnte ich mich nicht weiterentwickeln. Ich hatte mich daran gewöhnt, die Verantwortung für mein Leben anderen zu überlassen. Die Motown-Leute nahmen mir so vieles ab: Sie kümmerten sich um meine Finanzen, zahlten meine Steuern und regelten den Kauf meines Hauses, so daß ich mich mit all diesen Dingen überhaupt nicht auseinandersetzen mußte. Es war verlockend, diesen Lebensstil beizubehalten. Aber irgendwann beschloß ich, daß es so nicht weitergehen konnte. Ich mußte die Dinge selbst in die Hand nehmen.

Wenn man einen Film macht, hat man einen Regisseur. Er sagt einem, was man tun soll, und man folgt seinen Anweisungen, weil man davon ausgeht, daß er das Ganze von einer höheren Warte aus sieht. Deswegen wurde er schließlich für diesen Job ausgewählt. Im Fall eines Films mag das funktionieren, aber das Leben ist kein Film. Wir Menschen sind selbst in der Lage zu denken; wir sind keine Marionetten, die stets nach der Pfeife eines anderen tanzen. Ich habe meine eigenen Vorstellungen, meine eigene Meinung, und wenn ich schließlich eine Entscheidung für mich treffe, entspricht sie vielleicht nicht dem, was ein anderer gerade im Sinn hat – so ist das eben, wenn man einen freien Willen hat. Aber ich hatte diesen freien Willen aufgegeben.

Andere trafen Entscheidungen für mich, und ich hatte dabei nichts zu sagen. Ich fühlte mich völlig machtlos; jeder sagte mir, was ich zu tun hatte. Plötzlich konnte ich das nicht mehr ertragen. Es war, als wäre mir eines Tages ein Licht aufgegangen, denn ich dachte bei mir: »Einen Teil davon kann ich doch selbst machen, ich kann meine eigenen Songs aussuchen und sogar mithelfen, sie zu schreiben. Ich könnte meine eigenen Fernsehshows produzieren.« Was für ein Konzept! Vor dieser Erkenntnis war ich lange Zeit in Passivität verharrt, ohne etwas daran ändern zu wollen. Aber schon vor meiner Scheidung hatte ich angefangen zu lernen und die Dinge besser zu durchschauen. Nach dem Umzug nach Kalifornien war vieles anders geworden; ich hatte wirklich begonnen, mich zu verändern. Auch Berry veränderte sich, aber nicht unbedingt zum Guten. Er besaß denselben scharfen Verstand wie eh und je, aber er benahm sich immer mehr wie ein durchgedrehtes Genie. Er war seit jeher eine sehr beherrschende Persönlichkeit gewesen, aber inzwischen hatte sein Bestreben, alles zu kontrollieren, immer extremere Ausmaße angenommen. Er hatte grundsätzlich recht, und alle anderen um ihn herum hatten grundsätzlich unrecht. Früher hatte ich ihn bewundert und gerne um Rat gefragt; inzwischen hatte er sich zu einem Menschen entwickelt, der nicht zuhören konnte oder wollte. Er ließ mich überhaupt nicht mehr zu Wort kommen. Vielleicht hatte er sich wirklich von der Macht korrumpieren lassen. Irgendwann muß er vergessen haben, daß er zwar eine Führungspersönlichkeit, aber kein Diktator war. Er machte die Situation für mich unerträglich und half mir dadurch ungewollt, mein Leben zu verändern.

Ich bin froh, daß ich es geschafft habe, mich von ihm zu befreien. Ich nehme an, wenn man für einen Menschen einmal viel empfunden hat, ist es schwer, einen Schlußstrich zu ziehen. In vielerlei Hinsicht tut es mir leid, daß es mit uns schiefgegangen ist. Wenn es möglich wäre, würde er mich wahrscheinlich selbst vom Grab aus noch irgendwie kontrollieren.

Jeder von uns muß seine eigenen Schlachten schlagen. Es war nicht leicht für mich, mich zu befreien. Aber letztendlich mußte ich es tun, auch wenn ich zeitweise nicht einmal wußte, ob ich überhaupt frei sein wollte. Ich weiß noch, wie ich Berry jedesmal verteidigte, wenn ihn jemand kritisierte. Etwas davon steckt immer noch in mir. Ich habe nicht vergessen, daß Berry mir damals den Start ermöglicht hatte.

Berry hatte in geschäftlichen Dingen einen guten Riecher. Ich weiß nicht, woher er diese Fähigkeit nahm und wie es dazu gekommen war, daß er ein solcher Experte wurde. Er hatte Motown aus dem Nichts aufgebaut, und alles, was er verdiente, steckte er gleich wieder ins Geschäft. So gesehen, hatte Berry unser Geld in uns zurückinvestiert. Er finanzierte unsere Ausbildung und entwickelte spezielle Programme, die uns künstlerisch den letzten Schliff gaben. Bei Motown fühlte man sich wie im Schoß einer Familie, und die Plattenfirma gab uns Dinge, die uns unsere wirkliche Familie nicht geben konnte. Wir konnten reisen und etwas von der Welt sehen. Das Geld für so etwas mußte ja irgendwo herkommen, insbesondere in der Anfangszeit, als ein Hitsong fast nichts einbrachte, verglichen mit heutigen Verhältnissen. Es wäre so einfach, Berry niederzumachen und zu sagen: »Er hat immer versucht, über mich zu bestimmen, er war ein richtiger Tyrann, er hat uns viel zu hart rangenommen.« Aber dann frage ich mich, ob wir genauso bei der Sache geblieben wären, wenn er keinen Druck gemacht hätte, wenn er uns nicht so hart rangenommen hätte. Ob eine andere Plattenfirma unser Talent wohl so gefördert hätte wie er? Ich glaube nicht. Deshalb fühlte ich mich auch nie ausgenutzt. Was mich angeht, bin ich letztendlich wohl nicht schlecht weggekommen. Aber ich kann nur für mich sprechen, nicht für die anderen.

Als ich Motown verließ, sagte ich mir: »Okay. Wir sind quitt.« Und das meinte ich auch so. Berry hatte seine Plattenfirma aufgebaut und dann für Millionen von Dollars verkauft. Aber Geld ist nicht alles. Ich hatte mir einen Namen gemacht, und wir hatten uns gegenseitig geholfen, unsere

Ziele zu erreichen. Damals wollte ich einfach zu neuen Ufern aufbrechen und das Beste aus meinen Erfahrungen mache. Ich halte nichts davon, zu jammern und zu klagen, was mir eigentlich zugestanden hätte und was ich alles hätte kriegen können. So etwas liegt mir nicht. Meiner Meinung nach hindert einen das Jammern bloß daran, sich weiterzuentwickeln. Ich halte nichts davon, andere Leute für meine eigenen Erfahrungen verantwortlich zu machen. Ich verließ Motown mit dem guten Gefühl, an einem wunderbaren Traum teilgehabt zu haben. Berry empfand das wahrscheinlich ganz anders. Ich weiß, daß es ihm widerstrebte, die Fäden aus der Hand zu geben.

Als ich schließlich auf eigenen Füßen stand, bot ich der Außenwelt eine Zeitlang ziemlich viel Angriffsfläche. Ich hatte jede Menge Probleme, und es dauerte lange, bis ich mit allem klarkam. Aber die einfachen Freuden, die ich jetzt genießen durfte, überwogen schon bald die Schwierigkeiten. Beispielsweise konnte ich mein Leben jetzt selbst planen. Es war eine große Herausforderung für mich, Angst und negative Gefühle gar nicht erst aufkommen zu lassen. Als *The Wiz* abgeschlossen war, hatte ich Probleme, ein neues Filmprojekt für mich zu finden; ich weiß noch, daß ich damals dachte: »Jetzt habe ich zwei Möglichkeiten. Entweder ich laufe herum und klage: ›Es gibt keine Filmprojekte für Schwarze oder Frauen.‹ Oder ich gebrauche meinen Verstand und überlege mir, wie ich am besten in mich selbst investiere und meine eigenen Projekte schaffe.« Ich entschied mich für letzteres. Statt mich über mangelnde Chancen zu beklagen, beschloß ich, meine eigene Produktionsfirma zu gründen. Tun zu können, was ich wollte und wann ich es wollte, entschädigte mich für jeden Schritt des langen harten Weges, den ich zurücklegen mußte, um dieses Ziel zu erreichen.

Ich arbeitete hart an meiner Karriere. Erfolgreich zu sein, ist nicht so toll, wie die meisten Leute meinen. Erfolg kann einen isolieren und vereinsamen lassen, aber ich habe gelernt, daß es an mir liegt, das Beste daraus zu machen. Ich kann mich darüber beklagen, allein zu sein, ich kann die Situation aber auch in die Hand nehmen und mein Alleinsein nutzen, um nachzudenken, zu lesen und zu lernen. Wieder einmal ist es meine Sache, was ich mit meinem Leben anfange.

Als ich den großen Sprung wagte, als ich Motown verließ und mich auf meine eigenen Füße stellte, ging es mir um dasselbe wie noch heute: für mich und mein Leben selbst verantwortlich zu sein. Ich will nicht über andere bestimmen – ich habe ja erlebt, wohin das führt –, aber ich möchte für mein eigenes Schicksal verantwortlich sein. Nur so kann ich auf mich stolz sein, wenn alles gut läuft, und wenn nicht, weiß ich wenigstens, daß ich es versucht habe. Und ich kann es noch mal versuchen.

Josephine Baker hatte mich schon immer fasziniert. Sie war einfach einzigartig – eine Frau mit Weitblick, Mut und Entschlossenheit, die die Welt sah, wie sie war, und einen Weg fand, sie besser zu machen. Zumindest habe ich sie immer so gesehen. Sie hat der Welt so viele Rätsel aufgegeben. Es sind so viele Geschichten über sie im Umlauf; niemand weiß wirklich, wer sie war. Sie lebte in einer Gesellschaft, in der Haß und Bigotterie an der Tagesordnung waren, aber sie hat es vorgezogen, ihre eigene Welt zu schaffen, indem sie Kinder jeder Hautfarbe und praktisch jeder Nationalität adoptierte, um mit ihnen im Südwesten Frankreichs, in der Nähe von Bordeaux, in einer Stadt zu leben, die ihr mehr oder weniger gehörte.

Ende der siebziger beziehungsweise Anfang der achtziger Jahre faßte ich den Entschluß, Josephine Bakers Lebensgeschichte zum ersten größeren Filmprojekt meiner Firma zu machen, und ich begann mit Paramount Pictures wegen des Verleihs zu verhandeln. Ich wollte die Rolle der Josephine spielen, einer der faszinierendsten Frauen im Showgeschäft. Die Rolle war ein perfektes Vehikel für mich.

Zum einen war Josephine eine außergewöhnliche Entertainerin, die ihren Auftritten einen exotischen Touch verlieh. Sie ließ ihre Persönlichkeit in ihren Act mit einfließen, indem sie mal als Clown, mal halbnackt in aufwendig gearbeiteten Kostümen auftrat, zu denen meist ein phantasievoller Kopfputz gehörte. Sämtliche Designer, die in Paris Rang und Namen hatten, darunter auch Christian Dior und Jacques Griffe, rissen sich darum, La Baker einzukleiden.

Sie war eine unglaubliche Frau, und wir Amerikaner wissen viel zu wenig von ihren Leistungen. Beispielsweise setzte sie sich auf der ganzen Welt für die Gleichheit der Rassen ein. Obwohl sie davon träumte, in Amerika Erfolg zu haben, wurde sie dort nie ein großer Star. In Europa dagegen betrachtete man sie wirklich als etwas ganz Besonderes. Die Europäer haben sie geliebt und sich um sie gekümmert. Sie war mit vielen europäischen Würdenträgern eng befreundet; zu ihren Freunden gehörten Angehörige europäischer Königshäuser, Adlige, Staatspräsidenten und Diktatoren. Als sie starb, bekam sie ein Staatsbegräbnis.

Ich setzte mich sehr für das Filmprojekt ein, weil es ein Traum von mir war und ich fest daran glaube, daß Träume wahr werden können. Aber oft geschieht das nicht dann, wenn man selbst es möchte. Es geschieht, wenn die richtige Zeit für diese Träume gekommen ist.

Das Josephine-Baker-Projekt entpuppte sich als eine Serie von Rückschlägen. Ich verbrachte ein ganzes Jahrzehnt damit, jemanden zu suchen, der einen Film mit mir in der Hauptrolle machen würde. 1980 oder 1981 beschloß ich, die Sache selbst in die Hand zu nehmen, weil einfach nichts voranging. Die Filmbranche erlebte damals grundlegende Veränderungen im Hinblick auf das, was die Leute sehen wollten und was Hollywood produzieren wollte. Es war die Zeit von *Krieg der Sterne, Jäger des verlorenen Schatzes* und *E. T.* Natürlich gab es auch ein paar nennenswerte epische Filme wie *Ghandi* und *Reds* und etwas leichtere Kost wie *Victor/Victoria* und *Tootsie.* Um diese Zeit heiratete ich zum zweitenmal und wurde wieder Mutter, so daß ich meine Energie auch anderen Dingen zuwandte.

Ich versuchte es weiter, aber ich hatte nach wie vor Schwierigkeiten, meinen Traum an die großen Studios zu verkaufen. Ich ging zu unzähligen Besprechungen. Als ich merkte, daß ich hier nichts bewegen konnte, flog ich nach Paris, mietete mir eine Wohnung und nahm Kontakt mit Leuten aus der dortigen Filmbranche auf, weil ich hoffte, dort vielleicht jemanden zu finden, der den Film finanzieren würde.

Ich verwendete viel Zeit darauf, Josephines Leben zu recherchieren. Sie besaß eine unverfälschte, natürliche Energie und einen feinen Sinn für Stil und Eleganz, der sie von allen anderen Künstlerinnen abhob, die zusammen mit ihr in den Folies-Bergère auftraten. Ihre Hautfarbe machte sie zu einem noch größeren Star, weil es die Europäer im Gegensatz zu den Amerikanern attraktiv fanden, daß sie schwarz war. Während des Zweiten Weltkriegs sang Josephine, um Geld für die Opfer des Krieges aufzutreiben, und arbeitete in der freien Zone Frankreichs. Als sie schließlich in die Vereinigten Staaten zurückkehrte, um dort aufzutreten, machte sie es zur Bedingung, daß Schwarze und Weiße gemeinsam im Publikum sitzen durften. Obwohl sie im Ausland lebte, führte sie einen stillen Kampf gegen jede Form von Rassendiskriminierung; einmal zwang sie sogar eine Bühnenarbeitergewerkschaft, auf Rassentrennung zu verzichten, indem sie drohte, andernfalls nicht aufzutreten. 1956 zog sie sich aus dem Showgeschäft zurück, begann dann aber doch wieder zu arbeiten, um das Waisenhaus zu finanzieren, das sie in Frankreich für Kinder aus der ganzen Welt hatte bauen lassen. Sie selbst hatte zwölf Kinder adoptiert.

Ich bin sehr traurig, daß ich den Film über Josephine Baker nicht machen konnte; es ist, als hätte ich einen Traum verloren. Ich bin mir nicht sicher, was aus dem Projekt werden wird, aber egal, wie sich die Dinge entwickeln, ich weiß zumindest, daß ich mein Möglichstes versucht habe. Meinen ehrgeizigen Zielen tut das Scheitern eines einzelnen Projekts oder der scheinbare Tod eines einzelnen Traums keinen Abbruch. Sie sind immer noch sehr lebendig.

Viele Leute betrachten Ehrgeiz als eine negative Eigenschaft. Ich selbst glaube nicht, daß Ehrgeiz grundsätzlich etwas Schlechtes ist; für mich ist er einfach die Triebfeder meines Lebens und dessen, was ich bin. Ich kann nicht aufhören zu arbeiten – ebensowenig, wie Josephine Baker aufhören konnte. Sie machte weiter, bis sie starb; der Tod ereilte sie am zweiten Abend einer triumphalen Rückkehr auf die Bühne.

Die Zeit vergeht viel zu schnell, und es gibt zu viele Dinge, die ich noch tun will. Ich glaube, wenn man einmal aufhört, sich schöpferisch zu betätigen, wenn man nicht mehr den Wunsch verspürt, zu arbeiten und weiterzumachen, dann wird man alt. Und dann stirbt man.

Solange man ehrgeizig ist und Ziele hat, bleibt der Geist lebendig, und die Energie fließt. Auf der Reise des Lebens eröffnen sich einem immer wieder neue Möglichkeiten, die man entweder nutzt oder ungenutzt verstreichen läßt. Ständig trifft man Entscheidungen. Wenn man Glück hat, sind es die richtigen.

Hat Josephine die richtigen Entscheidungen getroffen? Das wußte nur sie selbst, aber ich glaube schon. Und ich selbst? Ja, davon bin ich überzeugt.

Das magische Licht der Dämmerung

In den Achtzigern war ich damit beschäftigt, mir ein völlig neues Leben zu schaffen. Den Großteil dieser Jahre verbrachte ich als Single, als alleinerziehende Mutter meiner Töchter. Es war eine Zeit der Suche: Es ging mir darum, mich selbst noch besser kennenzulernen, besser zu verstehen, was ich wollte und was mich glücklich machen würde; außerdem war ich auf der Suche nach einem dauerhaften Zuhause für meine Kinder.

Einen Mann suchte ich damals nicht. Ich hatte zwar durchaus Freunde und ging gelegentlich mit jemandem aus, aber ein Ehemann kam für mich zu der Zeit nicht in Frage. Ich war zu sehr damit beschäftigt, alte Schmerzen zu lindern, alte Wunden zu heilen und eine neue Richtung für meine Karriere zu finden. Dieser ganze Kreislauf der Erneuerung dauerte neun Jahre: Er begann mit meiner Scheidung von Bob und endete, als ich 1984 Arne Naess kennenlernte. Obwohl ich bereits begonnen hatte, mein Leben selbst in die Hand zu nehmen, verstärkte sich das in dieser Zeit noch erheblich. Ich sang nun schon mehr als zwanzig Jahre, und obwohl ich eine Menge über Bühnenshows und Plattenaufnahmen wußte, gab es so viele Bereiche des Lebens, in denen ich ein völliger Neuling war. Ich beschloß, das zu ändern. Daher nutzte ich die Zeit, um mich weiterzubilden und mehr über die Dinge zu lernen, die ich in den letzten zwei Jahrzehnten vernachlässigt hatte, insbesondere den geschäftlichen und finanziellen Aspekt meiner Karriere.

Im Lauf der Jahre bin ich immer mehr in die Geschäftswelt eingestiegen, und ich glaube, inzwischen kenne ich mich in diesen Dingen recht gut aus. Ich habe in viele Unternehmen investiert, von denen manche gut ausgegangen sind, manche weniger gut. Am besten ging es bisher mit Immobilien. Ich kaufte ein Bürogebäude in New York, fünf Etagen, in denen ich meine Firmen unterbrachte: Anaid Films, Ross Records, Ross Town, Ross Publishing Company und meine eigene Finanzabteilung mit dem Namen RTC Management Corporation. Ich behielt das Gebäude zweieinhalb Jahre und verkaufte es dann mit gutem Gewinn. Ich zog mit meinen Büros in ein kleineres Gebäude um, weil ich festgestellt hatte, daß ich inzwischen nicht mehr so viele Leute brauchte, um meine Organisation in Schwung zu halten. Außerdem hatte ich gelernt, daß ein guter Rechtsbeistand entscheidend ist, also suchte ich mir den besten Rechtsberater, den ich finden konnte. Im Lauf der Jahre hatte ich viele Mentoren, die mir die verschiedenen Bereiche des Geschäftslebens näherbrachten: Immobilien, Investitionen, Aktien.

1980 brachte ich meine eigenen Geschäfte so richtig in Schwung. Ich hatte eine Vision, einen Traum, und ich wußte genau, was ich wollte. Also machte ich mich ans Werk und baute mir eine Mannschaft aus kreativen Leuten auf, ganz ähnlich wie in der Anfangszeit von Motown. Ich stellte die besten Leute an, die ich finden konnte, Leute, die mehr wußten als ich – Leute, von denen ich lernen konnte, Geschäfte zu machen, die Erfolg haben würden. Auf den Gebieten, um die es mir ging, war praktische Erfahrung das wichtigste, vor allem im Musikgeschäft. Ich fand höchst kreative Leute, die alles wußten, was es über die Musik- und Filmindustrie, Videos und Computer zu wissen gab.

Meine Musik ist mit der Industrie gewachsen. Die Technologie im Bereich Film und Musik hat sich sehr schnell entwickelt, und wir müssen uns selbst immer einen Schritt voraus sein. Ich mußte das Tempo dieser Branche erst verstehen lernen, mußte mir bildlich vorstellen, was als nächstes passieren würde, und dann den Schritt in die Zukunft wagen. Platten und sogar Kassetten sind im Verschwinden begriffen. Jetzt haben wir CDs, DAT und Digital Equipment. Es geht darum, schnell zu lernen und das Unerwartete bereits in die eigene Vision mit einzubeziehen, fast als wäre es Science-fiction. So schnell entwickelt sich die Industrie heute. Das ist auch der Grund, warum ich »Back to the Future« geschrieben habe.

Seit den frühen Sechzigern ist meine Stimme an kleinere und größere Orte vorgedrungen, als ich je zu träumen gewagt hätte. Die ganze Welt ist unser Markt. Japan, der Ferne Osten, Afrika und Europa, insbesondere Großbritannien und Deutschland, sind riesige Märkte für Musik. Der Trick besteht darin, in der Lage zu sein, alle Bereiche der Welt mit Musik zu versorgen.

Der erste Plattenvertrag nach meinem Abschied von Motown kam mit RCA zustande. Obwohl dieser Deal viele aufregende Aspekte hatte, war das beste daran, daß ich mit Bob Summers und John Frankenheimer, meinem Anwalt, zusammenarbeiten konnte. Ich bekam die Chance, meine eigenen Platten von Anfang bis Ende selbst zu produzieren: Ich suchte die Musiker aus, bestimmte den Zeitpunkt für die Aufnahmen, half beim Abmischen und Übereinanderlegen der verschiedenen Tonspuren, suchte den Toningenieur aus, sah die Photos durch, dachte mir den Titel aus, bestimmte die Farben für das Cover, die Kostüme, die Namen, den Covertext – jedes noch so kleine Detail. So entschied ich beispielsweise auch über das Layout der Plattenhülle, legte die Erscheinungsdaten fest und – was noch viel wichtiger war – saß bei der gesamten Produktion mit dabei. Das war eine ungeheuer lehrreiche Erfahrung. Ich fand den ganzen Prozeß damals sehr faszinierend, und daran hat sich bis heute nichts geändert, auch wenn ich meine Zeit inzwischen für andere Dinge verwenden muß. Ich habe festgestellt, daß es ohnehin besser ist, wenn ich beim Abmischen der Songs nicht mit von der Partie bin. Es ist nämlich nicht immer leicht, dabei objektiv zu bleiben, und deswegen überlasse ich das Mischen jetzt lieber den Ingenieuren.

Als ich mit RCA zusammenarbeitete, wählte ich die Musiker selbst aus, so daß ich jeden von ihnen persönlich kannte. Ich sprach mit ihnen über die Musik, sagte ihnen, wie ich diese Musik empfand und wie der betreffende Musiker sie spielte, egal, ob es sich um den Schlagzeuger, den Gitarristen oder den Mann am Synthesizer handelte. Das war extrem wichtig für mich, denn auf diese Weise konnte ich sicherstellen, daß innerhalb bestimmter Grenzen eine gewisse Freiheit in der Musik gewahrt blieb, daß genug Luft und Freiraum existierte. Für mich ist es der Raum zwischen den Noten, der die Musik macht. Wenn die Musik zu gedrängt und dicht ist, wird es schwierig, sie richtig zu hören und zu verstehen. Sie ist dann chaotisch, ohne Anfang und Ende. Bis ich mit der eigentlichen Aufnahme begann, war bereits etwas für mich zusammengemischt worden, und ich brauchte nur mehr meine Stimme hinzuzufügen.

Inzwischen weiß ich, daß es einzig und allein darum geht, den eigenen Instinkten zu vertrauen. Wenn man seine Sache gut macht und alles im Griff hat, dann erkennen die Leute das an und helfen einem weiterzukommen. So ist beispielsweise die Tatsache, daß ich heute Filme produziere, darauf zurückzuführen, daß ich stets versucht habe, alles gut im Griff zu haben und möglichst professionell vorzugehen.

Ich habe unzählige Ideen, egal, ob es um Filme, Geschichten oder Design geht. Auch das gehört zu meinen gottgegebenen Talenten. Jedenfalls ist es etwas, das ich nie studiert habe. Man kann seine Talente fördern und weiterentwickeln, aber kein noch so intensives Studium ist in der Lage, eine angeborene Begabung zu ersetzen. Indem ich einfach meinen Instinkten traue, kann ich über mich selbst hinauswachsen.

Um diese Zeit wollte Lionel Richie seine Solokarriere starten. Er hatte als Teil meiner Gruppe, Lionel Richie and the Commodores, ungeheuren Erfolg gehabt, ähnlich wie ich mit den Supremes. Er war ein unglaublicher

Songwriter, und jetzt sah er sich nach einer Duettpartnerin um, um sich als Solosägner vorzustellen. Ich war bereits Solokünstlerin, und als wir zusammen seinen Song »Endless Love« aufnahmen, half ich ihm dadurch beim Start seiner neuen Karriere. Er schrieb den Song für den gleichnamigen Film, und obwohl *EndlessLove* kein großer Erfolg wurde, war der Song brillant; wie im Fall von *Mahogany* hatte der Song mehr Erfolg als der Film.

Unsere Zusammenarbeit gestaltete sich schwierig. Ich bin Perfektionistin. Ich lege Wert darauf, *immer* pünktlich zu sein. Lionel nicht. Dagegen klappte die Zusammenarbeit mit dem Produzenten, James Carmichael, der ebenfalls Perfektionist ist, vorzüglich. Er kennt sich mit musikalischen und stimmlichen Klangfarben sehr gut aus, und er kann Klangqualitäten unterscheiden wie kein anderer. Er ist ein großes Talent, und »Endless Love« wurde ein Riesenhit.

Ich habe gelernt, mich mit den richtigen Leuten zu umgeben. Ich habe keine Angst, Fragen zu stellen, und ich achte sehr auf Details. Es ist wichtig, mit Entscheidungen zu warten, bis man alles genau recherchiert hat und die gesamte Hintergrundinformation kennt. Wenn man sich einmal entschieden hat und dann feststellt, daß die Entscheidung falsch war, ist es wichtig, sich nicht weiter mit Vergangenem herumzuschlgen, sondern sich sofort der nächsten Chance zuzuwenden. Mein Leben war reich an Gelegenheiten, und ich habe mich bemüht, immer nach vorne zu blicken.

Eine große Hilfe waren mir dabei Kassetten über positives Denken. Ich benutze sie ständig, sie sind für mich eine stete Quelle der Inspiration, und es ist mir nicht peinlich, die Leute wissen zu lassen, wie sehr mich diese Kassetten inspirieren und mir helfen, mein Selbstwertgefühl zu erhalten. Es ist wichtig, mit Motivation und Begeisterung an die Dinge heranzugehen, ein positives Bild von sich selbst zu haben und das Unmögliche zu träumen.

Obwohl ich mich bewußt darauf konzentriert habe, eine gute Geschäftsfrau zu werden, besaß ich schon immer eine natürliche Begabung für geschäftliche Dinge. Das habe ich einfach mit auf den Weg bekommen. Schon meine Eltern hatten ihr Leben gut im Griff; sie waren in der Lage, Probleme zu erkennen und zu lösen. Zusätzlich zu dem, was ich von ihnen lernte, habe ich mir viel von meinem Fachwissen selbst angelesen; jedesmal, wenn ich neue Informationen brauche, nehme ich ein Buch zur Hand. Ich habe nie einen Managementkurs besucht; ebensowenig habe ich in der Schule etwas über Betriebswirtschaft gelernt. Meine eigene Kindheit aber lehrte mich, daß man in einer armen Gegend aufwachsen kann und trotzdem die Chance hat, seinen Verstand zu gebrauchen und sich weiterzuentwickeln.

Meine Fähigkeiten als Geschäftsfrau sind offensichtlich. Ich kann inzwischen gut verhandeln, weil ich keine Angst habe, über Geld zu sprechen. Im Lauf der Jahre habe ich viele Fehler gemacht, aber dafür möchte ich niemandem die Schuld geben. Lieber übernehme ich selbst die Verantwortung dafür, daß mir damals das nötige Wissen fehlte. Dann bin ich in der Lage, die entsprechenden Konsequenzen zu ziehen. Ich kenne viele Prominente aus dem Showbusineß, die die finanzielle Seite ihrer Karriere von anderen regeln lassen. Ich selbst zog es vor dazuzulernen und das selbst zu übernehmen. Wissen ist Macht. Noch heute bilde ich mich weiter und lerne, wie ich mein Geld am besten für mich arbeiten lassen kann. Ich glaube, ich gehe mit Geld recht sparsam um. Zwar lege ich durchaus Wert auf einen bestimmten Lebensstandard und habe ein Faible für schöne Dinge, aber ich kaufe nur Sachen, die Bestand haben. Ich reise gerne, und ich arbeite gerne und hart.

Außerdem bilde ich mich gerne fort. Als Erwachsene habe ich an der New School in New York Abendkurse besucht. Ich belegte einen Kurs über Filmfinanzierung. Am ersten Abend stand jemand auf und sagte: »Ich weiß, warum ich hier bin, aber ich würde gerne wissen, warum Diana Ross hier ist.« Ich war dort, weil ich mich nicht länger damit zufriedengeben wollte, daß jemand anderer meine Finanzen regelt. Filmfinanzierung ist ein schwer zu durchschauendes Gebiet, aber ich wollte es trotzdem durchschauen. Ebenso wollte ich lernen, einen Computer zu benutzen und Verträge auszuhandeln. Ich wollte meinen Namen erst dann unter einen Vertrag setzen, wenn ich genau verstanden hatte, was ich da unterzeichnete. Ich unterzeichne auch alle meine Schecks selbst. Meiner Meinung nach ist dieser ganze finanzielle Bereich sehr wichtig.

Außerdem achte ich sehr auf mein Image. Mir ist viel daran gelegen, ein Vorbild zu sein, nicht nur für Frauen, sondern auch für alle jungen Leute und vor allem für Menschen meiner Hautfarbe. Zu viele wundervolle junge Talente und kluge Köpfe gehen heute verloren. Ich möchte dazu beitragen, junge Menschen zu inspirieren, sich selbst zu vertrauen und ihre Intelligenz und Bildung dazu zu nutzen, ihr Leben zu verbessern.

Als ich nach New York zog, mußte ich viele alte Bindungen aufgeben. Leider betraf das auch Freunde und Menschen, die ich liebte, insbesondere diejenigen, die mir geholfen hatten, meine Karriere und mein wundervolles Leben aufzubauen. Aber es ging nicht anders. Für mich war es Zeit, sie zu verlassen und zu neuen Ufern aufzubrechen, auch wenn ich das als sehr schmerzlich empfand.

Eine alleinerziehende Mutter zu sein, war für mich nicht schwer. Es stellte sogar eine Erleichterung dar, weil ich niemandem mehr Rechenschaft ablegen mußte. Das war für mich eine neue und wünschenswerte

Situation. Da ich meine Mädchen allein erzog, stand es mir frei, meine eigenen Entscheidungen zu treffen und zu tun, was ich für richtig hielt. Meine Mutter erwies sich in diesen Jahren als große Hilfe. Sie kam und paßte auf die Mädchen auf, wenn Tourneen und andere berufliche Verpflichtungen mich zwangen, New York zu verlassen. Da unsere Wohnung klein war, brauchte ich nur eine Frau, die mir half, den Haushalt in Schuß zu halten und die Kinder zu versorgen, sowie einen Fahrer, der meine Kinder jeden Morgen zur Schule brachte. Den Kindern selbst war es peinlich, von einem Chauffeur in die Schule gefahren zu werden. Sie wollten lieber mit dem Bus fahren. Deswegen fuhr ich morgens oft mit ihnen zusammen im Bus, um mich zu überzeugen, daß ihnen nichts passierte und daß sie an der richtigen Haltestelle ausstiegen. Das Busfahren machte Spaß, es war so normal. Ich genoß es, mit meinen Mädchen und den anderen Kindern zusammenzusein, und deswegen denke ich gern an diese Zeit zurück.

Ich bin seit jeher eher ein Einzelgängertyp, und ich habe gern Zeit für mich und meine Kinder. Trotzdem habe ich damals ein paar Freundschaften geschlossen, die bis heute gehalten haben. Millie Kaiserman, die ich während meiner Zeit in New York kennenlernte, ist eine liebe und hilfsbereite Frau, mit der ich immer noch eng befreundet bin. Sie war sehr gut zu mir und meinen Kindern. Aber abgesehen von ein paar besonderen Menschen hatte ich kaum Gesellschaft. Wenn man nie auf Partys geht, wird man irgendwann gar nicht mehr eingeladen. Ich begann, meine eigenen Songs aufzunehmen und zu produzieren. Selbst wenn ich nicht auf Reisen bin, vergeht bei mir kaum eine Stunde ungenutzt.

Obwohl das Leben in New York für eine alleinstehende Frau sehr romantisch und aufregend sein kann, fand ich, daß diese Stadt ein schrecklicher Ort war, um dort Kinder aufzuziehen. Deswegen war mir von Anfang an klar, daß die Wohnung und die Stadt nur eine vorübergehende Lösung darstellten. Nach etwa einem Jahr begann ich mich nach einem richtigen Zuhause in schöner Umgebung umzusehen; ich wünschte mir mehr Natur, mit Bäumen und Gras anstelle von Wohnblöcken, Beton und Taxis. Da ich aber nicht zwei oder drei Stunden fahren wollte, um hin- und herzukommen, mußte es irgendwo in der Nähe sein, gleich außerhalb der Stadt. Auf diese Weise hatte ich die Stadt in Reichweite, wenn ich sie brauchte, und trotzdem einen schönen Ort, um meine Kinder aufzuziehen. Ich wollte das Beste von beiden Welten.

When I think of home, I think about a place
Where there's love overflowing.

Diese Zeile aus *The Wiz* wird mich immer begleiten. Sie war der Leitstern, der mich auf meiner Suche nach einem wunderbaren Zuhause führte. Bis ich es fand. Als ich mein zukünftiges Haus zum erstenmal sah, sprachen mich vor allem das Grundstück und die Bäume an. Obwohl das Haus so schön ist, betrat ich es erst, nachdem ich das Grundstück besichtigt hatte. Ich war wie hypnotisiert; ich spürte sofort eine enge Beziehung zu der Natur dort. Ich liebe es, der Natur nahe zu sein; wie sich herausgestellt hat, bildet diese Leidenschaft eines der stärksten Bindeglieder zwischen meinem Mann Arne und mir. Seine erste Liebe und sein Lebenswerk ist die Ökolo gie, und ich weiß noch, daß ich ihm das Grundstück zeigte, nachdem wir uns kennengelernt hatten. Er würdigte seine Schönheit – es wäre auch schwierig, dieses Land nicht schön zu finden –, aber er sagte zu mir: »Das ist keine echte Natur. Sie ist angepflanzt und von Menschenhand zurechtgestutzt. Echte Natur sind Wälder, Seen und Berge.« Strenggenommen hatte er damit recht, aber für mich stellte dieses Land trotzdem eine Verbindung zur Natur dar und tut es noch heute.

Wir sprachen über unsere Kindheit und wie wir aufwuchsen, und ich erzählte ihm, wie schwierig es war, in Detroit, wo es nur Beton und Straßen gab, ein Kind zu sein. Ich kann mich nicht erinnern, dort viele Bäume gesehen zu haben, und Gras gab es praktisch überhaupt nicht. Selbst als ich in Kalifornien lebte, gehörte zu meinem Haus kein richtiges Grundstück, nur eine kleine Rasenfläche als Vorgarten. Hier, in meinem neuen Zuhause, war das ganz anders. Ich wußte schon nach kurzer Zeit, daß ich das Haus wollte, also kaufte ich es, obwohl ich keine Ahnung hatte, wie ich es unterhalten sollte. Es war ein großes Risiko, aber ich hatte einfach das Gefühl, das Richtige zu tun.

Das Land rund um mein Haus war früher einmal reich an blauem Sandstein. Der Stein wurde aus den Klippen gesprengt, und zum nahegelegenen Hafen von Byram Cove transportiert. Dort wurde er auf große Segelschoner verladen. Nicht alles davon wurde exportiert. Man sagt, daß der Stein, der für die Sockel der Brooklyn Bridge und das schöne Podest der Freiheitsstatue verwendet wurde, aus dieser Gegend stammt. Es besteht kein Zweifel daran, daß zahllose New Yorker Gebäude ihre Haltbarkeit dem blauen Sandstein verdanken, demselben Stein, der aus den Klippen gesprengt wurde, die zu meinem Land gehören.

Der Besitz war ursprünglich ein Bauernhof. Während des Zweiten Weltkriegs hatte sich das Leben auf dem Hof in vieler Hinsicht geändert. Das Hauptgebäude war geschlossen worden, um Brennstoff einzusparen, und die Familie hatte ihren Wohnsitz in ein kleineres Nebengebäude verlegt. Die landwirtschaftliche Produktion, die vorher kaum existiert hatte, gewann durch den Krieg eine neue Bedeutung, und die Erträge an Nahrungs-mitteln, die der Hof hervorbrachte, waren unübertroffen.

Der Großteil des Geldes, das benötigt wurde, um das Land zu unterhalten, stammte aus dem Geschäft mit dem Sandstein, und wie immer änderten sich die Dinge mit zunehmendem Fortschritt. Als sich Beton als billigerer und leichter zu beschaffender Baustoff durchsetzte, war Sandstein überholt, und das Land verlor seine Rentabilität als Steinbruch. 1918 hatte der Künstler und Architekt Paul Chalfin die neun Morgen Land gekauft, um selbst dort zu wohnen. Auf dem Grundstück sind mehrere Filme gedreht worden. So bildeten zum Beispiel die Klippen des Steinbruchs einen exquisiten Hintergrund für Pearl Whites *Pauline, laß das Küssen sein.* Später wurde das Anwesen dann auch für Theater- und Musicalproduktionen genutzt. Das faszinierte mich. Überhaupt hatte der Hof eine wunderbare Geschichte. Auch deshalb besitzt das Leben auf meinem kleinen Besitz für mich einen großen Zauber. Die Kinder sind ebenfalls begeistert.

In den fünfziger Jahren führte der Bau einer Schnellstraße zur Aufteilung des Geländes. Meine Nachforschungen haben ergeben, daß der Hof in eine Musterfarm für Gemüseanbau umgewandelt wurde. Außerdem gab es Apfel-, Pfirsich- und Kirschbäume, und ein Großteil des Landes wurde als Weideland für Kühe und Pferde genutzt. Es gab sogar eine kleine Molkerei; auf den Milchflaschen stand der Name des Hofs.

Das zum Hof gehörige Cottage bekam eine Räucherkammer, die der Räucherkammer von George Washingtons Haus in Mount Vernon nachempfunden war. Exquisite Gärten wurden entworfen und mit genausoviel Sorgfalt angelegt wie diejenigen des Hauptgebäudes.

Das Haus war im Stil eines französischen Normandieschlosses erbaut. Ursprünglich war es von einer sechs Fuß hohen Steinmauer umgeben. Im Lauf der Jahre hatten die verschiedenen Besitzer einige Veränderungen an dem Gebäude vorgenommen; so bekam es beispielsweise ein steiles Schieferdach und hohe Ziegelkamine. Außerdem wurde als dramatischer Touch eine Wendeltreppe eingebaut, die sich vom Keller bis hinauf in den zweiten Stock schlängelt. Im ganzen Haus finden sich schöne alte Holzarbeiten, die zum Großteil aus Europa importiert wurden. Die Holztäfelung des Wohnzimmers stammt aus dem achtzehnten Jahrhundert, und mehrere Räume haben Parkettboden. Im Erdgeschoß gibt es tatsächlich ein Orgelzimmer und einen Kühlraum, und im Keller befindet sich die Krönung des Ganzen – eine Kegelbahn!

Versuchen Sie sich vorzustellen, wie sich das magische Licht der Dämmerung über den Meeresarm senkt, den man von meinem schönen Haus aus sehen kann. Ich gehe über die üppigen grünen Rasenflächen und atme

Blütenduft ein. Ich komme an japanischen Ahornbäumen vorbei, die unter der Last ihrer überdimensionalen rosa Blüten fast zusammenbrechen und steuere auf die Klippen zu. 5736 St. Antoine ist Vergangenheit und auch die Zeit der Verwirrung, die ich durchmachen mußte, liegt weit hinter mir. Ich bin so dankbar, daß ich ein Teil dieses wunderschönen Landes sein darf. Gott hat es wirklich gut mit mir gemeint.

Innenräume

Stille Orte

ERFOLG KANN EINSAM MACHEN — ISOLIEREN
ENTTÄUSCHEN
MAN GEWÖHNT SICH NIE DARAN.
MAN SETZT SICH DAMIT AUSEINANDER UND NUTZT
DIE EINSAMKEIT,
WANDELT SIE IN ETWAS POSITIVES UM — ZEIT
ZUM NACHDENKEN
NENNE ICH DAS.

„Traum"-Reise

Wenn ich einsam bin, helfe ich mir, indem ich meine Phantasie einsetze. Als ich ein Teenager war, habe ich mir immer vorgestellt, in einem anderen Land zu sein, in einer anderen Welt, nur nicht dort, wo ich tatsächlich war. Ich sah mir Photos an und tauchte einfach in sie ein — auf diese Weise bereiste und erforschte ich wundervolle Orte. Deswegen war es für mich niemals schwer, allein zu sein: Ich versetze mich einfach an einen anderen Ort. Ich bin eine richtige Träumerin, und meine Träume und Reisen haben mich immer glücklich gemacht. Es gibt noch viele Orte, die ich gerne besuchen möchte. Wenn Sie jemals von einem Gefühl der Einsamkeit überfallen werden, dann gehen Sie auf Reisen. Wenn Ihnen das nötige Geld dazu fehlt, reißen Sie einfach ein paar schöne Photos aus einer Zeitschrift und tun Sie so als ob. Es braucht ja keiner zu wissen!

So wie ich es sehe, gehört Einsamkeit zum Menschsein, und jeder fühlt sich von Zeit zu Zeit ein bißchen einsam. Wir sollten aber nicht unsere ganze Aufmerksamkeit und Energie darauf konzentrieren, wie einsam wir gerade sind; das läßt bloß unsere Lebensgeister erlahmen. Viel hilfreicher ist es, sich zu beschäftigen. Die Welt steckt voller Wunder, und es gibt so vieles, was man tun kann, egal wo man lebt: in einer Stadt, auf einer Farm, in der Vorstadt, im Wald, am Strand, in der Wüste. Jeder Ort bietet eine Vielzahl von Herausforderungen und Beschäftigungsmöglichkeiten.

Ich habe viele Interessen, und wenn ich mich einsam fühle, suche ich mir einfach eine Beschäftigung. Manchmal lese ich ein Buch. Mit dem Lesen ist es wie mit dem Träumen: Es kann einen an jeden beliebigen Ort versetzen. Bücher können neue Türen öffnen; sie können einen begleiten und neue Abenteuer bringen. Es braucht also kein Mensch jemals einsam zu sein. Statt dessen können wir uns ins Leben stürzen und uns neue Aktivitäten, neue Herausforderungen suchen. Wir können lernen, das Besondere an uns selbst zu genießen. Man kann sich selbst der beste Freund, der angenehmste Weggefährte sein.

Ich nehme an, jeder Mensch hat einsame Phasen. Sie machen uns auf jene Momente in unserem Leben aufmerksam, in denen wir besonders verletzlich oder anfällig für Depressionen sind. Wenn ich mich wirklich verzweifelt oder einsam fühle, wende ich mich als erstes meiner Gesundheit zu: Vielleicht brauche ich mehr Vitamine; vielleicht habe ich in letzter Zeit nicht genug geschlafen; vielleicht habe ich zuviel gegessen oder getrunken, leide an einer Allergie oder habe mich erkältet. Ich gehe immer davon aus, daß eine körperliche Veränderung für mein Stimmungstief verantwortlich ist, deswegen überprüfe ich als erstes meinen Gesundheitszustand und arbeite an meiner körperlichen Verfassung. Ich versuche herauszufinden, wie ich meine Laune möglichst schnell bessern kann. Als erstes suche ich mir eine Beschäftigung, von der ich weiß, daß sie mich aufmuntert. Es kostet mich vielleicht einige Überwindung, aktiv zu werden, aber wenn ich mir einen positiven Anreiz gebe, sehe ich auch positive Ergebnisse.

Ich suche in mir selbst nach Wegen, die Kontrolle über mein Leben wiederzuerlangen, mein Schicksal in die Hand zu nehmen und zu lernen, die Zeichen richtig zu deuten, damit ich weiß, wie ich mit den äußeren Störfaktoren fertigwerden kann, die mein seelisches Wohlbefinden beeinträchtigen. Viele Leute werden meist dann von einem Gefühl der Einsamkeit heimgesucht, wenn sie untätig sind, sich ausgestoßen fühlen oder einfach nicht das tun, was sie glücklich oder zufrieden machen würde. Ich selbst fühle mich einsam, wenn ich mich langweile oder frustriert bin.

Arbeit ist ein wichtiger Bestandteil meines Lebens. Ich habe schon in jungen Jahren gearbeitet und war seitdem immer mit irgend etwas beschäftigt. Jetzt, da ich älter bin, habe ich das Alleinsein schätzen gelernt. Ich genieße die Momente, in denen ich allein sein kann, weil ich die meiste Zeit meines Lebens von vielen Menschen umgeben war. Heutzutage finde ich oft Trost darin, mich allein zu beschäftigen, allein zu essen, allein zu schlafen. Viele Leute glauben, daß Alleinsein etwas Trauriges ist, aber auch diese Sache hat zwei Seiten. Ich kenne inzwischen den Unterschied zwischen Einsamkeit und Alleinsein. Einsamkeit hat mehr mit Emotionen zu tun und kann körperliche Folgen haben. Es handelt sich dabei um eine alles verzehrende Leere, fast, als würde unser Innerstes nach außen gekehrt und die eigene Seele vor unseren Augen davonwehen.

Das Leben als alleinerziehende Mutter bringt eine gewisse Einsamkeit mit sich. Während der neun Jahre, in denen ich meine Mädchen alleine aufzog, habe ich mich an dieses Gefühl gewöhnt. Ich habe mich daran gewöhnt, alle Entscheidungen allein treffen zu müssen, weil mir gar keine andere Wahl blieb. Die Situation war nun einmal so. Ich konnte mich nicht zurücklehnen und sagen: »Jemand muß mir helfen, diese Entscheidung zu treffen.« Alleinerziehende Eltern entwickeln oft eine besondere Stärke, weil sie die ganze Verantwortung tragen und versuchen, ihren Kindern Vater und Mutter zugleich zu sein. Sie dürfen niemals nachlassen, weil niemand da ist, der für sie einspringen würde.

ICH SCHAUDERTE
MEINE BEINE ZITTERTEN
ICH FÜRCHTETE, SIE WÜRDEN MICH NICHT LÄNGER TRAGEN
ICH MUSSTE MICH HINSETZEN
DIE LEUTE SPRACHEN MITEINANDER, ABER
ICH KONNTE SIE NICHT HÖREN — ES WAR, ALS GEHÖRTEN SIE
ZU EINEM TRAUM.

ICH BEFAND MICH IN MEINEM KOPF
ICH WAR NICHT WIRKLICH DA
ICH FÜHLTE MICH WIE EINE KLEINE STIMME
IM INNEREN MEINES KÖRPERS
TIEF DRINNEN
VIELLEICHT IST ES DAS, WAS EIN MENSCH FÜHLT,
DER IM KOMA LIEGT.

HIER BIN ICH — HIER DRIN
KÖNNT IHR MICH DENN NICHT HÖREN
ICH WEISS, DASS IHR MICH SEHT
ICH BIN HIER, DIREKT VOR EUCH —
ABER MEINE LIPPEN BEWEGTEN SICH NICHT
MEINE BEINE GEHORCHTEN MIR NICHT
ICH KONNTE NICHT HERAUS — KONNTE NICHT AUFSTEHEN
ICH WOLLTE WEGRENNEN, ABER ICH KONNTE NICHT
ICH HÖRTE MICH SCHREIEN UND WACHTE AUF

ES WAR NUR EIN TRAUM –
EIN SCHRECKLICHER TRAUM
DEN ICH SCHON ÖFTER GETRÄUMT HABE
ANGST. WOVOR HABE ICH ANGST
ICH ZITTERE UND ICH FRIERE
FÜRCHTE ICH MICH UND WENN JA, WOVOR –
VOR DEM TOD. ICH WILL LEBEN
LANGE LEBEN – ICH WILL HIERBLEIBEN
ICH VERSUCHE, RUHIG ZU ATMEN
ICH STEHE AUF – GEHE DURCHS HAUS
SUCHE NACH ICH WEISS NICHT WAS –
SCHLAFEN SIE ALLE
WOHLBEHÜTET UND SICHER
MEINE BLICKE SCHWEIFEN DURCH MEIN ZIMMER
ICH LIEGE AUF MEINER SEITE DES BETTS
SEINE SEITE WARTET UNBERÜHRT

Einsamkeit ist eine Explosion der Angst – wenn man sie zuläßt. So sehr ich es auch genieße, mit meinen Kindern und meinem Mann zusammenzusein, manchmal freue ich mich richtig aufs Alleinsein, vor allem, wenn ich auf Tournee bin. Wenn ich allein in meinem Hotelzimmer sitze, kann ich es mir erlauben, einfach nur ich selbst zu sein. Ich brauche mich tagsüber nicht groß zu stylen, wenn ich keine Lust dazu habe. Ich brauche kein Make-up zu tragen, muß mein Haar nicht kämmen, muß keinen wachen Eindruck machen und für niemanden eine besondere Rolle spielen. Diesen kleinen Luxus leiste ich mir – das hinreißende Gefühl, einfach mal faul zu sein und solch kleinen Freuden zu frönen.

Aber obwohl ich mein Alleinsein genieße, fehlen mir meine Kinder und mein Mann. Tief in meinem Innersten spüre ich die Sehnsucht. Ich möchte bei ihnen sein. Ich sehne mich danach, bei ihnen zu sein. Was die Kinder angeht, bekomme ich sogar Schuldgefühle. Ich fürchte dann plötzlich, daß die Person, die gerade auf sie aufpaßt, sich nicht so um sie kümmert, wie ich es tun würde, und nicht auf all die Dinge achtet, auf die ich achten würde, wenn ich zu Hause wäre. Wenn ich auf Tournee bin, telefoniere ich ständig mit meinen Kindern. Und ich stelle mir vor, wie ihre Gesichter aussehen, während wir uns unterhalten. Ich male mir ihr Mienenspiel aus, und ich sehe genau vor mir, wie sie den Hörer mit ihren kleinen Händen umklammern. Seit Ross und Evan vor fast sechs Jahren auf die Welt kamen, versuche ich, so oft wie möglich zu Hause zu bleiben und weitgehend auf Tourneen zu verzichten, damit ich jeden Tag bei ihnen sein kann.

Das Alleinsein hat es mir ermöglicht, innerlich noch mehr zu wachsen, mich geistig und emotional weiterzuentwickeln. Ich weiß, daß Dinge, die mir ein schlechtes Gefühl geben, nicht ewig dauern werden, es sei denn, ich lasse das zu. Morgen wird es schon besser sein. Ich tue alles, was nötig ist, um mein Leben zu ändern. Ich verfalle nicht in Verzweiflung oder suhle mich in meinem Unglück. Es gibt gute Zeiten, und es gibt schlechte Zeiten. Immerhin weiß ich inzwischen, daß mich die dunklen Phasen in meinem Leben bescheidener gemacht haben und mir eine positive Lektion erteilt haben: Auch die Widrigkeiten des Lebens können letztendlich etwas Gutes bewirken. Ich versuche, innerlich ruhig zu bleiben, meine Gefühle intensiv zu erleben und mich weiterhin selbst zu mögen.

Sieg des Lichts

ICH HOFFE, DU HÖRST IM HIMMEL MEINE GEBETE
ICH TRÄUME MIT DEM VERTRAUEN EINES KINDES
WIR ALLE BRAUCHEN HILFE
MANCHMAL FÜHLE ICH MICH MUTLOS
SEHNE MICH NACH FLÜGELN, UM WEGFLIEGEN ZU KÖNNEN
WEIL NIEMAND MICH KENNT
NIEMAND MICH WIRKLICH SIEHT, WIE ICH BIN

DAS LEBEN IST WUNDERVOLL
ES GIBT DINGE, DIE ICH SEHEN UND IM GEDÄCHTNIS BEHAL-
TEN MÖCHTE
MANCHE MOMENTE SIND MIR HEILIG

DIE MÖGLICHKEIT, LEBEN ZU RETTEN,
GEGEN DIE REICHEN UND BÖSEN ZU KÄMPFEN
ICH FOLGE DEM GERÄUSCH EINES ZUGES
INS GLÜCK

Nicht nur Menschen, auch Beziehungen machen Veränderungen durch und müssen gehegt und gepflegt werden. Indem wir diese Beziehungen pflegen, tragen wir dazu bei, unsere Freundschaften zu festigen. Ich selbst habe die Erfahrung gemacht, daß es am besten ist, die anderen so zu behandeln, wie man selbst behandelt werden möchte; wenn wir uns an diesen Grundsatz halten, wird das, was wir unseren Freunden Gutes tun, auch von ihnen erwidert. Ich habe als Erwachsene immer ein paar sehr liebe, enge Freunde gehabt, aber ich bin auch viel allein gewesen. Ich brauche diese Zeit, um tief in meine Spiritualität einzutauchen und an meiner persönlichen Entwicklung zu arbeiten. Wenn mein Alleinsein in Einsamkeit umschlägt, dauert das nie lange, weil ich die Liebe meiner Freunde im Herzen bewahre.

In meiner Kindheit war das anders. Ich erinnere mich an Sharon Burstyn, die Nichte von Smokey Robinson, mit der ich als Kind befreundet war. Wir verbrachten viel Zeit miteinander, aber wir standen uns nicht wirklich nahe. Ich hatte damals niemanden, an den ich mich halten oder mit dem ich mich identifizieren konnte. Inzwischen hat sich das geändert. Es gibt in meinem Leben ein paar enge Freundschaften, die mir extrem wichtig sind. Meine Freunde sind Menschen, die einfach für mich da sind, ohne eine Gegenleistung zu verlangen. Bei mir sind wahre Freundschaften, egal, ob mit Männern oder Frauen, wie platonische Liebesbeziehungen. Mir ist aufgefallen, daß meine Mädchen mit Jungen befreundet sind, mit denen sie richtig gut reden können. Mir gefällt diese Art von Austausch, aber in meinem Leben hat es so etwas nur selten gegeben.

Die Auseinandersetzung mit Mary Wilsons Buch war für mich eine Reise, in deren Verlauf das Licht über die Dunkelheit triumphierte. Eine Zeitlang war ich deprimiert, aber wie ich schon mehrfach gesagt habe, halte ich nicht an schlechten Gefühlen fest. Ich mochte Mary immer sehr gern. Sie und ich waren anfangs gute Freundinnen. Diese positive Erinnerung steht für mich im Vordergrund. Meine Sympathie für sie war nicht plötzlich vorbei, bloß, weil sie ein Buch geschrieben hatte. Ich kann einen Menschen nicht am Montag lieben und dann am Dienstag sagen: Jetzt mag ich dich nicht mehr, weil du dich danebenbenommen hast. Ich habe meinen Kindern erklärt, daß es leicht sei, von allen geliebt zu werden, solange man den Erwartungen der Leute entspricht. Ich aber werde sie immer lieben, selbst dann noch, wenn sie sich schlecht benehmen. Das ist wahre Liebe.

Ich habe Mary vergeben. Sie war einmal eine gute Freundin von mir, und ich habe nie aufgehört, sie zu mögen; trotzdem mußte ich die Beziehung zu ihr abbrechen. Es tat zu weh. Wenn ich jemandem vergebe, bedeutet das nicht automatisch, daß ich weiterhin mit diesem Menschen zusammensein muß. Ich wünschte Mary für ihr weiteres Leben alles Gute, aber ich betrachte sie nicht mehr als meine Freundin. Anscheinend habe ich immer zuviel von mir selbst in meine Beziehungen investiert. In Marys Fall mußte ich erst lernen, unsere Freundschaft ausklingen zu lassen.

Es war sehr schwer für mich, mich emotional endgültig von Mary zu trennen, aber es mußte sein. Ich stehe niemals still, denn wenn man sich nicht vorwärtsbewegt, bewegt man sich meist rückwärts. Ich bereue es nie, jemanden geliebt zu haben, auch wenn die Beziehung nicht gut ausging. Ich glaube, es ist besser, den Menschen zu vertrauen und manchmal enttäuscht zu werden, als niemals jemandem zu vertrauen und immer unglücklich zu sein. Trotzdem waren manche Ereignisse in meinem Leben schwer zu akzeptieren.

Was macht einen wahren Freund oder eine wahre Freundin aus? Ich glaube, es hat mit Verständigung zu tun, mit dem Gefühl, keine Angst davor zu haben, jemandem sein ganzes Herz und seine intimsten Gefühle anzuvertrauen. Suzanne de Passe ist eine wahre, langjährige Freundin von mir. Wir teilen viele Gedanken und Gefühle miteinander. Daß wir uns in letzter Zeit seltener sehen, liegt an unseren Karrieren und Terminplänen, aber ich weiß, daß sie trotzdem an mich denkt. Und sie weiß, daß ich an sie denke. Früher haben wir immer über alles miteinander gesprochen, vor allem über Berry Gordy. Später haben wir dann viel Schönes miteinander erlebt, unter anderem ihre und meine Heirat und die Geburt meiner Babys.

Heute hätte ich gerne mehr Freundinnen, aber ich schätze, daraus wird nichts, weil ich nur schwer zu jemandem Vertrauen fasse. Meine Eigenständigkeit, mein Alleinsein waren immer ein Teil von mir und sind es noch – ein immer wiederkehrendes Thema, das sich wie ein roter Faden durch mein Leben zieht. Daran änderte auch meine enge Beziehung zu meiner Mutter nichts. Daran ändern auch meine fünf Kinder nichts. Selbst meine Kindheit in unserer kleinen Wohnung in der Brewster-Siedlung konnte daran nichts ändern. Alleinsein ist ein innerer Zustand; man kann sich auch in einer riesigen Menschenmenge allein fühlen. Selbst jetzt, mit meinen drei schönen Töchtern, meinen zwei süßen kleinen Söhnen und meinem wunderbaren, attraktiven Mann bin ich tief in meinem Innersten immer noch allein.

Nur nicht unterkriegen lassen!

Vielleicht hatte ich es geschafft; vielleicht stand ich wirklich jetzt an der Spitze. An der Spitze – wo es nichts anderes mehr gibt als die Spitze. Ich hatte eigentlich nie das Gefühl haben wollen, es geschafft zu haben, denn wenn man es einmal geschafft hat, worauf kann man dann noch hinarbeiten?

Arbeit ist ein bedeutender Bestandteil meines Lebens. Ich kenne einfach keine andere Art zu leben. Termine und Ziele sind mir sehr wichtig. Wenn ich darüber nachdenke, mich aus dem Geschäft zurückziehen, wird mir richtig kalt ums Herz, weil ich mich eigentlich nie zurückziehen möchte. Ich wüßte gar nicht, was ich mit mir anfangen sollte. So bin ich nun mal. Das Leben erscheint mir so kurz.

Mein Leben waren immer meine Familie und die Musik.

Die Musik ist die Grundlage meiner Karriere. Obwohl meine Geschäftsinteressen breit gestreut sind und ich auch andere Dinge gemacht und an vielen Projekten mitgearbeitet habe, war die Liebe zur Musik immer meine größte Kraftquelle.

Singen zu können ist ein Geschenk. Ein Geschenk Gottes. Daß ich in der Lage bin, mit einer Platte oder einem Konzert Menschen auf der ganzen Welt anzusprechen, ist für mich ein wirkliches Wunder. Ich hoffe, daß ich diese Gabe genügend nutze, indem ich meine Musik einsetze, um den Leuten ein gutes Gefühl zu geben, ein Gefühl von Lebendigkeit, Stolz und Zufriedenheit mit ihrem Leben.

Das sind nur einige der Dinge, die die Musik in meinem Leben bewirkt hat. Musik schenkt mir Lebenskraft und Freude. Und immer, wenn ich Musik höre, verspüre ich den Wunsch, mich zu bewegen. Ich tanze für mein Leben gern. Ich liebe Musik, die mir ein gutes Gefühl gibt, deswegen ist es nur natürlich, daß mich vor allem Tanzmusik anspricht. Mein musikalischer Geschmack bleibt aktuell, weil meine Kinder mich auf dem laufenden halten. Außerdem höre ich gerne Radio und achte immer darauf, was neu und gut ist. Die Musik, die ich bewundere, beeinflußt automatisch das, was ich selbst singe und aufnehme.

Wenn ich auf der Bühne stehe, genieße ich es, mich zu den Songs zu bewegen und die Lichter auf meinem Körper malen zu lassen wie auf einer Leinwand. Die Band ist immer ganz in meiner Nähe. Ich habe das Glück, mit den besten Musikern der Branche zusammenzuarbeiten, und nutze jede Gelegenheit, mit ihnen anzugeben.

Wenn man vor einem Publikum steht, hat man das Gefühl, mit einem Lächeln auf den Lippen durch den Himmel zu schweben. Das Publikum kann einem unglaubliche Energien verleihen. Es kann einen so in die Arme schließen, daß es einem warm ums Herz wird und man allen Schmerz und alle Sorgen vergißt, die man vielleicht gerade hat. Insbesondere an körperliche Schmerzen denkt man schon bald nicht mehr; emotionale Probleme dagegen werde ich auch auf der Bühne nur schwer los.

Wie Sie inzwischen wissen, habe ich immer versucht, mich auf Positives zu konzentrieren; dieses Prinzip hat es mir ermöglicht, als Künstlerin und Mensch zu wachsen und dazuzulernen. Eine positive Einstellung, Engagement und Entschlossenheit waren die Fäden, aus denen ich den Teppich meines Lebens zu weben versuchte. Aber bei jedem Ziel, das ich erreichte, bei jedem Schritt, den ich unternahm, egal, wie groß oder klein, schien es jemanden zu geben, der mich zu Fall bringen wollte. Jeder meiner Schritte wurde kritisiert. Ich selbst wurde beschimpft; meine Musik wurde lächerlich gemacht, meine Filme zerfleddert.

Das ist schon so, seit ich denken kann. Ich weiß noch, daß ich als Kind einmal übte und übte, um bei einem Singspiel in der Schule mitmachen zu dürfen. Ich wünschte mir so sehr, bei dieser kleinen Produktion dabeizusein. Einer von meinen Lehrern, Mr. Scrimsher, dämpfte meine Begeisterung. Er verhielt sich mir gegenüber sehr herablassend. Obwohl er es nie aussprach, kam es mir vor, als wollte er zu mir sagen: »Versuch es gar nicht erst, das ist nichts für dich. Mach etwas anderes – such dir lieber einen Job als Putzfrau oder Tippse.« Ich glaube, seine Ablehnung weckte in mir den Wunsch, ihn zu widerlegen.

Ich habe mich immer auf die positiven Aspekte von Kritik konzentriert. Konstruktive Kritik hilft mir, mich weiterzuentwickeln. Aus schwierigen Begegnungen und ablehnenden Urteilen kann man oft etwas lernen und zu Veränderungen inspiriert werden. Mein ganzes Leben lang habe ich mich bemüht, mich durch Enttäuschungen nicht entmutigen zu lassen. Ich lasse alle negativen Gefühle so schnell wie möglich hinter mir und konzentriere mich darauf, es besser zu machen.

Ich arbeite hart und bin immer mit Begeisterung bei der Sache. Ich versuche, stark und wachsam zu sein und die Kontrolle über mich selbst nicht zu verlieren. Ich habe eine positive Einstellung und fürchte mich nicht vor Fehlschlägen. Ich eigne mir alle Kenntnisse an, die nötig sind, um meine Arbeit richtig und schnell zu erledigen. Ich arbeite gern im Team und nehme auf andere Rücksicht, indem ich mich um Loyalität, gute Zusammenarbeit und einen freundschaftlichen Umgang miteinander bemühe. Ich habe keine Angst davor, andere zu loben und ihnen Vertrauen entgegenzubringen. Ich versuche, immer ich selbst zu sein und an meine Fähigkeiten zu glauben. Und ich mag Aufgaben, die mich fordern. Das wichtigste ist für mich, darauf zu vertrauen, daß sich die Dinge wunschgemäß entwickeln werden, wenn ich alles in meiner Macht Stehende getan habe. Last but not least übe ich mich in Geduld: Gut Ding will Weile haben.

Ich bin mit einem gesunden Selbstvertrauen gesegnet, das es mir stets ermöglicht weiterzumachen, egal, wer oder was mich daran zu hindern versucht. Darüber hinaus hat es mir immer sehr geholfen, Menschen um mich zu haben, die an mich glauben. Solche Menschen – Menschen, die an einen glauben – muß man hegen und pflegen. Sie sind wie die Wurzeln, die eine anmutige Weide selbst im schlimmsten Sturm noch sicher im Boden verankern.

So, wie diese Menschen mir beigestanden haben, habe auch ich versucht, denen, die ich liebe, zu helfen, sich auf ihren eigenen Wert zu konzentrieren und an sich selbst zu glauben. Ich habe erlebt, was geschieht, wenn jemand nie eine Chance bekommt oder schon beim ersten Versuch heftig kritisiert wird.

Kritik kann weh tun, selbst wenn man versucht, sie zu ignorieren. Ich habe schon wegen vieler Artikel über mich Tränen vergossen, aber hinterher bewege ich mich weiter und halte nicht daran fest. Statt dem Schmerz nachzugeben, den mir ein anderer zugefügt hat, konzentriere ich mich lieber auf all die positiven Dinge in meinem Leben.

Jemand sagte einmal zu mir: »Sie haben keine einzige Falte im Gesicht.« Und ich antwortete: »Noch nicht, aber das liegt daran, daß ich mich nicht mit Ärger oder Enttäuschungen aufhalte. Das alles lasse ich ganz schnell hinter mir.«

Genau das hat dazu beigetragen, daß ich heute ohne Schuldgefühle oder Bedauern an meinen Abschied von den Supremes zurückdenke; dasselbe gilt für meine Scheidung und alles andere, wofür ich in meinem Leben kritisiert worden bin.

Ich glaube, man nennt das auch innere Ruhe oder Seelenfrieden. Wenn man getan hat, was man für das Richtige und Beste hielt, kann man mit sich selbst und anderen in Frieden leben.

Ich denke nicht darüber nach, was hätte sein können, und lasse mich nicht durch die Vergangenheit beeinflussen. Was ich mir für mein Leben wünsche, ist, meine Vision zu leben, meinen Zweck auf Erden zu erfüllen, mein Leben zu meistern und weiterhin nach Glück zu streben.

Dies sind die Dinge, die ich gelernt habe und immer zu beachten versuche.

1. Sei dir selbst treu.
2. Hilf anderen.
3. Mache jeden Tag zu deinem Meisterstück.
4. Schöpfe tief aus guten Büchern (und lerne aus allen).
5. Baue dir eine Zuflucht für Regentage.
6. Mache aus der Freundschaft eine hohe Kunst.
7. Sei dankbar für alle Segnungen.
8. Bete jeden Tag um Führung.

Ich versuche außerdem, selbstlos zu sei, mein Temperament zu zügeln und nicht zu fluchen. Und niemals, niemals lasse ich mich durch die Ablehnung oder Negativität eines anderen Menschen aufhalten. Ich bemühe mich, bei allem, was ich tue, körperlich und seelisch im Gleichgewicht zu bleiben. Und ich versuche, das richtige Maß nicht zu verlieren: Ich setze meine Ziele nicht zu hoch an, aber auch nicht zu tief.

Abraham Lincoln sagte einmal, das Schlimmste, was man für die Menschen, die man liebe, tun könne, seien die Dinge, die sie selbst tun könnten oder sollten. Ich versuche, diese Erkenntnis zu beherzigen.

Der Kreis schließt sich

ICH BLICKE AUF MICH SELBST
UND SEHE MEIN FRAUSEIN
AUS DER INNENSCHAU

DER KERN IST STARK, UMGEBEN VON
EINEM NETZ AUS GEFÜHLEN UND SEHNSÜCHTEN

ICH WEISS, WER ICH BIN —
ICH FÜHRE SCHON SEIT JAHREN GESPRÄCHE MIT MIR.

ICH BIN MIT MIR SELBST IM REINEN.

ICH BIN EIN SPATZ.

ICH BIN DIANA.

ICH BIN EINE FRAU.

Dies ist eine wichtige Zeit für uns Frauen. Wir stehen an der Schwelle zu einem neuen Jahrhundert und haben mehr Macht und mehr Chancen als je zuvor in der Geschichte der Welt. Türen öffnen sich für uns, aber manche davon brauchen noch einen kräftigen Stoß, um ganz aufzugehen. Daß wir Frauen heute eine wichtige Rolle auf der Welt spielen, haben wir den vielen Frauen zu verdanken, die im Lauf der Jahrhunderte ungeheures Leid ertrugen, große Opfer brachten und sogar ihr Leben hingaben, damit wir heute gewisse Freiheiten und Möglichkeiten genießen können.

Obwohl ich stolz auf das bin, was ich im Leben erreicht habe, gibt es einen Teil in mir, der immer noch unruhig und rastlos ist; ich weiß, daß es noch viel zu tun gibt. Ich bin fest entschlossen, meine zukünftigen Ziele in die Tat umzusetzen. Ich spüre, daß es Zeit ist, mich als Frau und als freier Mensch zu engagieren.

Ich genieße die einfachen Freuden des Lebens. Beispielsweise gehe ich gern spazieren und sehe mir die Welt an: die Bäume, den Himmel, die ganze Natur. Ich möchte den Vögeln zuhören, den Wind spüren und den Duft der Blumen riechen. Ich möchte mich entspannen, in der Welt aufgehen. Ich lebe gerne im gegenwärtigen Moment, im »Jetzt«. Es gibt jedoch Zeiten, da muß ich ein Jahr oder zwei vorausdenken und mir Ziele setzen. Ich nehme an, die Branche, in der ich seit jeher arbeite, läßt mir keine andere Wahl. Im Unterhaltungsgeschäft muß man einfach vorausplanen; es gilt Tourneen festzusetzen, Konzerthallen zu reservieren und Studios für Plattenaufnahmen zu buchen.

Daß ich gezwungen bin, meine Ziele so weit vorauszuplanen, bedeutet für die jetzige Phase meines Lebens, daß ich auf diese Ziele hinarbeiten muß und nur wenig Zeit habe, die vielen Wunder des Lebens zu genießen und mich an den Menschen zu erfreuen, die ich liebe und die mich lieben. Ich möchte meine Tage genießen. Meine drei Töchter und meine zwei kleinen Söhne erfüllen mein Leben mit der Energie der Jugend. Meine Kinder werden es nie dulden, daß ich altmodisch werde, und darüber bin ich froh. Es ist wichtig für mich, auf dem laufenden zu bleiben. Daß ich in der Musikbranche tätig bin, hilft mir ebenfalls, weil ich dabei viel mit jungen Leuten zusammenkomme. Außerdem halte ich mich ziemlich fit. Ich bin sehr aktiv und tanze immer noch für mein Leben gern.

Aufgrund meiner besonderen Lebenssituation werden große Erwartungen in mich gesetzt. Ich könnte das als eine Bürde empfinden, aber statt dessen ziehe ich es vor, mein öffentliches Image als einen Anstoß zu betrachten, mich weiterzuentwickeln und immer besser zu werden.

Dinge, die ich nicht kenne, faszinieren mich. Das Leben ist für mich ein ständiger Lernprozeß. Ich habe mich entschieden, diese Welt zu ändern. Viele Probleme unserer Gesellschaft bräuchte es nicht zu geben, aber Haß und Vorurteile beginnen bei uns selbst.

Ich bemühe mich, gerecht zu sein und das Richtige zu tun. Ich versuche auch, Veränderungen zu akzeptieren und keine Angst davor zu haben. Veränderungen sind ein wichtiger Bestandteil des Lebens. Wenn wir Risiken in Kauf nehmen und uns ein liebendes Herz bewahren, können uns auch die widrigsten Umstände nicht davon abhalten, neue Ideen hervorzubringen und unsere Persönlichkeit weiterzuentwickeln. Wenn wir lernen, unserer inneren Stimme zu vertrauen, kann die Wahrheit manchmal wie eine Erleuchtung kommen; meistens jedoch entfaltet sie sich erst im Lauf der Zeit, schlängelt sich ganz allmählich in unser Bewußtsein und bleibt in ständiger Bewegung. Das Leben besteht aus Veränderung, und wenn wir uns dieser Veränderung widersetzen, widersetzen wir uns dem Leben.

Ich versuche, mich nicht zu widersetzen, sondern dem Fluß des Lebens nachzugeben, denn im Grunde ist das Leben nichts anderes als eine Reise. Wie diese Reise aussieht, hängt von jedem einzelnen ab. Es liegt an uns, unser Leben selbst in die Hand zu nehmen und ein schönes und sinnvolles Erleben daraus zu machen.

Unsere persönlichen Erfahrungen und Lebensumstände formen und prägen uns, und oft schieben sie uns herum wie Figuren auf einem riesigen Schachbrett. Leben bedeutet ständige Vorwärtsbewegung: Manchmal stolpert man, manchmal geht es unaufhaltsam aufwärts. Dabei ist es nicht so wichtig, ein bestimmtes Ziel zu erreichen; vielmehr weiß ich inzwischen, daß das Leben nicht das Ziel, sondern der Weg selbst ist, die Odyssee.

DAS LEBEN IST EINE HERAUSFORDERUNG. ES IST EIN PLAN

WENN WIR RICHTIG HINHÖREN FINDEN WIR IN UNSEREM LEBEN STABILITÄT UND ZEITEN DER STILLE.

Als Frau weiß ich, daß ich die Verantwortung für alles übernehmen muß, was in meinem Leben vorgeht. Ich versuche, nicht zuzulassen, daß ich das Opfer einer brutalen Gesellschaft oder brutaler Männer werde. So schrecklich körperliche Gewalt auch sein mag — mentale oder seelische Grausamkeit kann genausoviel Schaden anrichten. Ich meine damit jene Art von Diskriminierung, die es darauf anlegt, Frauen dort anzugreifen, wo sie am verletzlichsten oder unsichersten sind, um ihnen auf diese Weise ihr Selbstwertgefühl zu nehmen.

Nachdem ich beschlossen hatte, mein Leben selbst in die Hand zu nehmen, erweiterte sich mein Gesichtsfeld. Ich erkannte, welche Möglichkeiten mir als Frau offenstanden. Mir war aber auch klar, daß ich mich mit Rassismus und Sexismus würde auseinandersetzen müssen — ein harter Preis. Trotzdem habe ich mich weiter vorgearbeitet, wie wir es alle müssen, wenn wir überleben und uns weiterentwickeln wollen. Ich versuche, alle Chancen zu ergreifen, die sich mir bieten, und sie so gut wie möglich zu nutzen. Ich setze mir stets ein hohes Ziel, und ich lege an mein Leben und meine Karriere bestimmte Maßstäbe an. Ich habe eine Lebensweise gefunden, die mir entspricht. Von mir selbst verlange ich Perfektion, und von den Menschen um mich herum, daß sie ihr Bestes geben. Ich trage eine seelische Rüstung, die mir Stärke verleiht und mir hilft, zu überleben und diese Welt zu ertragen. Andernfalls würde ich zu verletzlich werden, Selbstzweifel zulassen und womöglich den negativen Kräften nachgeben, die sich manchmal von hinten anschleichen und versuchen, mich anzuspringen. Eine positive Kraftquelle ist für mich insbesondere die Erinnerung an meine Mutter. Sie ist meine ganz persönliche Heldin. Es gibt so vieles, was sie mir beigebracht hat. Sie hat mich auf das Frausein vorbereitet. Der Platz, den sie zu Lebzeiten in meinem Herzen und meinem Leben einnahm, wird immer für sie reserviert bleiben.

Ich stehe an einem Dreh- und Angelpunkt meines Lebens. Der Verlust der Mutter und der damit verbundene Schmerz sind etwas, womit man nie wirklich fertig wird. Aber jetzt nehme ich denselben Platz im Herzen meiner eigenen fünf Kinder ein. Ich trage inzwischen selbst die Verantwortung einer Mutter. Ich bin erwachsen, und es ist an mir, meine Kinder auf ihrer Reise ins Licht zu führen. Je länger ich lebe, desto mehr Kraft verspüre ich und desto klarer wird mir, was ich erreichen möchte. Alterslose Schönheit ist der Spiegel von Kraft und Liebe. Ich bin davon überzeugt, daß diese Art Schönheit mit der Zeit nicht schwindet, sondern wächst.

Weben am Teppich

Privatleben

DAS WUNDERVOLLE GESCHENK, EINE BERÜHMTHEIT ZU SEIN
BRINGT EINE SCHWERE BÜRDE MIT SICH
PROBLEME
STÖRUNGEN DES PRIVATLEBENS
MIT DENEN MEINE KINDER FERTIGWERDEN MÜSSEN.

Meine Karriere hat mich in den Blickpunkt der Öffentlichkeit gerückt. Ich
genieße das sehr und versuche, das Beste daraus zu machen. Als Persönlichkeit des öffentlichen Lebens möchte ich, daß mich die Leute respektieren.
Gleichzeitig ist mir mein Privatleben sehr wichtig. Ich habe bereits erwähnt,
was für eine Bürde es ist, bekannt zu sein, und welche Schwierigkeiten diese
Bekanntheit mit sich bringt, vor allem für meine Kinder. Ich habe oft
darüber nachgedacht, wie schwer es für ein Kind sein muß, seine Mutter als
ein wertvolles Geschenk zu schätzen, wenn es erst einmal mit ihrem Ruhm
fertigwerden muß.

Kinder brauchen Individualität und Unabhängigkeit. Es ist manchmal
nicht leicht, ihnen das zu geben. Ich kann mich an die Zeit erinnern, als
meine älteste Tochter Rhonda noch viel jünger war und im Sommer immer
in ein Feriencamp fuhr. Sie fehlte mir sehr, aber sie wollte nicht, daß ich sie
besuchte, weil ich zuviel Aufsehen erregte; trotzdem wußte ich, daß es
wichtig für sie war, in dieses Camp zu fahren. Heute haben wir eine
Beziehung, die es ihr ermöglicht, mit mir über alles zu reden, auch über ihre
Gefühle. Sie hat mir nie etwas verheimlicht.

Mein freundschaftliches Verhältnis zu meinen Töchtern basiert auf Of-
fenheit und Ehrlichkeit. Zwischen uns besteht ein Band, das uns immer
zusammenhalten wird.

Liebe Mommy,

jeden Tag lerne ich etwas über mich dazu. Es ist eine beängstigende und wundervolle Zeit. Der Boden unter meinen Füßen, den ich für festen Beton hielt, zerfällt bei jedem Schritt zu Asche und läßt mich wanken. Ich erwarte voller Spannung und Verwunderung, was vor mir liegt. Langsam, ganz langsam lerne ich, wie mein Leben aussehen wird, worauf ich vertrauen und mich verlassen kann. Langsam lerne ich, meine Schritte richtig zu setzen.

Mit jedem Detail, das ich über mich selbst lerne, beginne ich auch andere anders zu sehen. Ich sehe sie als Menschen – nicht mehr als Moms und Daddys. Es gibt zu viele Schwestern, Tanten und Onkel auf der Welt, aber niemals genug individuelle Menschen. Das wird mir im Moment immer klarer.

Auch Dich sehe ich jetzt aus einer anderen Perspektive. Ich schätze unsere Gespräche. Sie geben der Mutter-Tochter-Beziehung eine neue Dimension – eine, in der wir beide Menschen im wahrsten Sinne des Wortes sind. Wir kämpfen mit geballten Fäusten, wir lachen, bis uns die Tränen kommen, und wir umarmen uns und wissen, daß uns nichts passieren kann. (Das ist der Teil, den ich am liebsten mag.)

Mir gefällt, wie sich unsere Liebe entwickelt. Sie ist ein Band, das während meiner Zeit am College nur noch wachsen wird – und genauso wird es wachsen, wenn wir zusammen sind.

Wir müssen noch mehr miteinander reden. Es gibt so vieles, was ich lerne, so vieles, worüber ich nachdenke, und ich habe das Bedürfnis, es mit Dir zu teilen. Ich weiß, daß es Dinge gibt, die Du mir verschweigst. Du kannst mir ruhig davon erzählen. Ich bin Deine Freundin, mir kannst Du alles anvertrauen.

Du wirst Deine Tochter nie verlieren. Bei mir wirst Du immer einen sicheren Ort haben, wohin du Deinen Fuß setzen, wohin Du Deinen Kopf oder Dein Herz legen kannst. Zögere nicht, diesen Schritt zu wagen.

Ich liebe Dich,
Rhonda.

Ich habe versucht, meinen Mädchen beizubringen, über ihre Gefühle zu sprechen und Ärger oder Aufregung nicht in sich hineinzufressen. Wenn ich etwas tue, das ihnen nicht gefällt, sagen meine Kinder zu mir: »Mom, es war mir nicht recht, daß du das getan hast«, oder: »Mom, ich mag es wirklich nicht, wenn du mich von der Schule abholst. Es ist wichtig für mich, daß mich die Leute um meiner selbst willen mögen. Nicht, weil ich die Tochter von Diana Ross bin.«

Ich bin erwachsen genug, das zu verstehen, aber manchmal macht es mich sehr traurig, weil ich mehr an ihrem Leben teilhaben möchte. Das habe ich gemeint, als ich von der »Bürde des Berühmtseins« sprach. Wenn ich in die Turnhalle gehe, um den Mädchen beim Turnen oder Basketballspielen zuzusehen, wenden sich alle Blicke sofort mir zu. Das ist nicht nur für mich, sondern auch für die Mädchen ärgerlich. Wir versuchen, aufeinander Rücksicht zu nehmen und das Problem gemeinsam zu lösen. Ich glaube, das ist uns recht gut gelungen.

6. März 1989

Liebe Mommy,

ich möchte Dir danken, daß Du so bist, wie Du bist, denn ohne Dich wäre ich bei weitem nicht der Mensch, der ich bin. Du hast mir Deine Schönheit und Deine Klugheit geschenkt, von anderen Dingen (wie Deinem Po) ganz zu schweigen, und ich liebe Dich von ganzem Herzen. In diesem Sinne feiere ich heute mit Dir Deinen Geburtstag.

PS: Ich liebe, respektiere und verehre Dich. Du bist wundervoll.

In Liebe,
Deine Tochter
Tracee

Ich bin stolz darauf, wie ich Rhonda, Tracee und Chudney erzogen habe, und noch stolzer bin ich auf das, was aus ihnen geworden ist: anständige, ehrliche und charakterstarke Menschen.

Ich bin so froh, daß ich Kinder habe. Da ich aus einer großen Familie kam, wollte ich selbst auch viele Kinder. Mehrere meiner Freundinnen entschieden sich, zunächst einmal an ihrer Karriere zu arbeiten und erst später im Leben Kinder zu bekommen. Später wurde immer später, und am Ende hatten sie gar keine Kinder. Ich habe mir meine Projekte immer sehr sorgfältig ausgesucht, weil ich mich von meiner Arbeit nicht davon abhalten lassen wollte, Mutter zu werden. Mein Entschluß, Kinder zu bekommen, gehört zu den Dingen, die ich nie im Leben bereuen werde. Was hätte mir meine ganze Karriere genutzt, wenn ich immer in ein leeres Haus zurückgekommen wäre? Ich bin mehr Mutter als Berühmtheit.

Liebe Ms. Mommy,

ich wünsche Dir einen glücklichen, glücklichen, wundervollen, großartigen, phantastischen, grandiosen, supertollen, sagenhaften, erstaunlichen, aufregenden, umwerfenden, erhebenden, erhellenden, vorzüglichen, coolen, gelungenen, absolut zauberhaften, herrlichen, schönen, heiteren, angenehmen, erfreulichen, berauschenden, spritzigen, amüsanten, fröhlichen, erstklassigen, interessanten, kurzweiligen, rosigen, erlebnisreichen, erfüllten, wunderbaren, lustigen, genußreichen und faszinierenden Geburtstag.

Ich liebe Dich so, so, so, so, so, so, so, so, so, so, so, so, so, so, so, so, so, so, so, so, so, so, so, so, so, so, so, so, so sehr und von hier bis zur entferntesten und abgelegensten Galaxie.

In Liebe,
Chudney

Wow!

Habe leider noch kein Geschenk
konnte wegen Lawinengefahr
keines besorgen
Sorry sorry sorry
Geschenk folgt Montag
Erbitte hiermit Deine

Offizielle
Genehmigung

Für mich ist es ein Segen, eine berufstätige Mutter zu sein. Ich glaube, meine Karriere war der Erziehung meiner drei Töchter durchaus zuträglich – meiner Meinung nach hat sie mich zu einer besseren Mutter gemacht: Da ich selbst mit meinem Leben zufrieden war, konnte ich meine Töchter ermutigen, ihre eigenen Ziele zu verfolgen. Ich glaube auch, daß ich ihnen ein Vorbild war, indem ich ihnen gezeigt habe, wie man Beruf und Familie unter einen Hut bringen kann. Ich bin ausgesprochen stolz auf meine drei Töchter: Rhonda hat 1993 mit Auszeichnungen ihren Collegeabschluß gemacht, Tracee ist ebenfalls sehr gut und macht nächstes Jahr ihren Abschluß, und Chudney hat gerade ihr erstes Jahr an der Universität angetreten. Tracee hat einmal etwas sehr Schönes geschrieben, als sie kurz vor ihrem High-School-Abschluß ihre Gedanken über unsere Beziehung zu Papier brachte. Ich möchte einiges davon mit Ihnen teilen, weil es so wundervoll ist, genau wie Tracee selbst:

Die Musik setzt ein, der Vorhang geht auf, und die Lichter irren umher. Man kann ihre Stimme hören, aber wo ist sie? Dann erhascht sie der Scheinwerfer irgendwo auf der Bühne, und ihr Auftritt beginnt. Ihre Schönheit, ihr Talent und ihre Ehrlichkeit schlagen das Publikum in Bann, während sie einen Song mit einer starken Aussage singt. Dieselbe Frau hat mich morgens immer zur Schule geschickt und bei meiner Rückkehr auf mich gewartet. Ich habe Katherine Hepburn einmal sagen hören, daß »Frauen nicht alles haben können«, daß »sie sich zwischen Familie und Beruf entscheiden müssen«. Das hat Mom widerlegt. Sie ist in ihrem Beruf erfolgreich und hat trotzdem eine starke Familie. Sie schafft beides, und alle Beteiligten sind glücklich. Die Menschen werden durch ihre Musik beeinflußt und verehren sie als Künstlerin, als erfolgreiche schwarze Sängerin, der es gelungen ist, Mutterschaft und Karriere zu vereinen, und sie verehren sie als Mensch, als Persönlichkeit. Auch ich sehe all diese Dinge in ihr, aber aus einer anderen Perspektive, denn sie ist meine Mutter.

Sie ist mir und meinen zwei Schwestern sowohl Mutter als auch Vater gewesen. Sie ist viel unterwegs, manchmal nur eine Nacht, manchmal einen ganzen Monat, aber sie ruft uns so oft wie möglich an. Unser Familienleben unterscheidet sich von dem der meisten anderen Menschen. Wir müssen unsere Terminpläne immer aufeinander abstimmen, damit wir alle zusammensein können. Trotzdem hat sie für unsere Familie eine starke Basis geschaffen. Sie ist entschlossen, zuversichtlich und motiviert ... durch ein gutes Herz und so viele andere Dinge. Sie hat all diese Dinge genommen und daraus eine Familie mit hohen Moralvorstellungen und Idealen geschaffen ...

Außerdem hat sich meine Mutter aus dem Nichts eine erfolgreiche Karriere aufgebaut; alles, was sie hatte, waren Talent und Eigeninitiative. Sie ist eine Künstlerin, die sich um alles Geschäftliche selbst kümmert und von ihrem Publikum geliebt wird. Sie schafft sich Projekte, Ziele und Träume und versucht dann, sie in die Tat umzusetzen. Egal, ob der Traum nun darin besteht, eines Tages im Central Park zu singen oder das Klo im zweiten Stock sauberzumachen, es gibt immer irgend etwas Neues, das sie in Angriff nimmt. Für sie ist, wie sie selbst singt, »no mountain high enough«. Sie ist davon überzeugt, daß wir Träume brauchen, um glücklich zu bleiben. Einer ihrer Songs dreht sich genau um dieses Thema. Die entsprechende Zeile lautet: »dreams see us through forever«, und sie spiegelt einen Teil von Mom wider. Am Ende des Songs sagt sie: »hold on to your dreams«. Das ist ein seltsamer Moment in ihren Konzerten, weil sie damit einerseits das

Publikum anspricht, andererseits aber auch mich persönlich. Ich höre diese Worte aus dem Mund meiner Mutter. Das verstärkt ihre Wirkung. Es ist für mich eine wirkliche Motivation, weil ich weiß, daß sie selbst nach genau diesem Prinzip lebt. Ich weiß, daß Träume Wirklichkeit werden können. Andere hören ihr vielleicht zu und sagen dann: »In ihrem Fall mag das ja funktioniert haben, aber ich bin nicht wie sie.« Oder: »Woher soll ich wissen, daß das stimmt?« Da sie meine Mutter ist und ich weiß, daß es stimmt, weiß ich auch, daß ich es ebenfalls schaffen kann.

Sie rät mir, mich mit aller Kraft für meine Träume einzusetzen, dabei aber nicht zu vergessen, daß es auch dann, wenn ich aus irgendwelchen Gründen scheitern sollte, »nicht das Ende der Welt ist. Schlag einen neuen Weg ein. Ändere die Richtung. Versuche etwas anderes«. Das Zusammenleben mit ihr hat mich gelehrt, daß das Wichtigste nicht das Erreichen des Ziels, sondern die Reise selbst ist. Erst die schwierige Jagd nach dem Glück und der strapaziöse Aufstieg an die Spitze lassen einen den Moment genießen, wenn man sein Ziel erreicht hat. Manchmal muß man Risiken eingehen. Man muß seinen Fuß auf unsicheren Boden setzen, um es bis zur Spitze zu schaffen. Sie sagt: »Erst die schwierigen Dinge lassen einen die guten so richtig schätzen. Wenn alles perfekt wäre, dann wäre es gar nicht perfekt, sondern ganz normal.«

Sie ist ein Vorbild für mich, eine Motivation. In ihrer Karriere sehe ich die philosophischen Grundsätze widergespiegelt, die sie zu Hause an mich weitergibt, und mir wird klar, daß ich mich selbst auf den Weg machen und an einem Traum arbeiten kann. Auch ich kann es bis an die Spitze schaffen. Ich kann und werde es schaffen. Ich werde mich für meine Träume und Ziele einsetzen. Also macht euch auf einiges gefaßt, denn ich bin bald mit der High-School fertig – »I'm Coming Out«, um es mit einem weiteren ihrer Songs zu sagen – und bereit für die Welt.

Ich lasse Sie an diesen intimen Momenten teilhaben, um Ihnen zu zeigen, wie wichtig es für mich ist, auch als Berühmtheit noch ein Privatleben zu haben.

Gänsehaut

London

9. Oktober 1986

Mein liebes Mädchen,

für mich hat ein rasender Sturm etwas Reizvolles.
Mich reizt es zu kämpfen und zu gewinnen.
Mich reizen Wagnis und Gefahr.
Mich reizt es zu tun, was andere nicht zu tun wagen.

Aber all das habe ich bereits gehabt, bereits getan.
Du verheißt einen größeren Schatz – etwas,
das nur Du geben kannst. Mit Dir hoffe ich
strahlendere Himmel, mildere Sonnen und Meere zu entdecken,
die dem, der sie sucht, Frieden schenken.

Für Dich werde ich die hellsten Sterne vom Himmel holen.
Ich liebe Dich,
Arne.

Einige meiner elektrisierendsten und folgenschwersten Erlebnisse haben im
Regen stattgefunden: der Auftritt im Central Park und die erste Begegnung
mit meinem Mann. Übrigens war ich überhaupt nicht auf der Suche nach
einem Ehemann, als ich Arne traf. Ich glaube, gerade dann passiert so
etwas; Ehemänner laufen einem meistens dann über den Weg, wenn man
am wenigsten nach ihnen Ausschau hält.
   Arne ist mit Leib und Seele Geschäftsmann. Wenn man ihn über unsere
erste Begegnung sprechen hört, klingt das ganz sachlich. Für mich aber war
es wie eine exquisite Szene aus einem Spielfilm: Romantik, Leidenschaft,
Funken und Blitze. Es heißt, daß die Realität interessanter ist, als die
Fiktion jemals sein könnte. In diesem Fall war es ganz sicher so.
   Zum Schauplatz: Die Szene beginnt auf der tropischen Insel Nassau,

einer perfekten Kulisse für romantische Begegnungen. Ich war auf Tournee gewesen und wollte endlich mal wieder mit meinen Kindern zusammensein. Es sollte nur ein kurzer Urlaub werden; ich hatte vor, tagsüber ein bißchen zu schwimmen und nachts viel schlafen. Das war für mich die ideale Art auszuruhen, mich zu entspannen und das Zusammensein mit meinen Mädchen zu genießen. Meine Freundin Joanne war mitgefahren, um mir Gesellschaft zu leisten. Ich wäre nie auf die Idee gekommen, daß das Schicksal einen solchen Paukenschlag für mich bereithalten könnte. Aber ist das nicht immer so?

Zum Wetter: Regen, Regen und noch mal Regen. Ich brauche wohl kaum zu sagen, daß ich ein bißchen enttäuscht war. Arne Naess, ein norwegischer Reeder mit Wohnsitz in London, war gerade von einer Besteigung des Mount Everest zurückgekommen, einem Abenteuer, das jedem Romanhelden zur Ehre gereicht hätte. Er wollte ebenfalls mit seinen Kindern zusammensein, so daß sich unsere Wege in diesem regentriefenden Paradies kreuzten, obwohl wir gerade aus zwei völlig entgegengesetzten Winkeln der Welt kamen.

Die Szene beginnt an einem Swimmingpool, bei strömendem Regen; die Kinder, die sich vom Wetter nicht stören lassen, spielen im Pool. Beim Herumplanschen schließen sie sofort mit ein paar anderen Kindern Freundschaft. Meine Mädchen sind noch zu klein, um allein zu schwimmen, deswegen muß ich dabeisein und auf sie aufpassen. Angetan mit einem großen roten Hut, der mich vor dem Regen schützen soll, ziehe ich mir einen Stuhl unter einen kleinen Balkon und setze mich. Leicht gelangweilt beobachte ich meine Kinder, als plötzlich ein Mann auf mich zukommt. Ich blicke nicht einmal auf, denn ich weiß ohnehin, daß er sich neben mich setzen wird, weil es der einzige Platz ist, der vor dem Regen Schutz bietet. Er schiebt einen zweiten Stuhl unter den Balkon und nimmt schweigend Platz. Mir wird klar, daß er der Vater der anderen Kinder ist. Da er offenbar vorhat, auf die Kinder aufzupassen, stehe ich auf und gehe zu meinem Bungalow zurück. Ich sehe nicht einmal sein Gesicht.

Der Schauplatz wechselt. Inzwischen sitzen alle sechs Kinder in meinem Bungalow auf dem Boden und spielen Monopoly. Das ist nichts Ungewöhnliches; seit jeher habe ich Kinder angezogen wie ein Magnet. Jetzt sitzen wir also alle hier im angeblich so sonnigen Nassau fest und können den ganzen Tag nicht ins Freie. Den Kindern macht das Wetter natürlich nichts aus. Es sind fünf Mädchen und ein Junge, und sie verstehen sich großartig.

Plötzlich geschieht das erste Wunder – die Sonne zwängt sich durch die dicke Wolkenschicht. Wärme und Licht betreten die Szene, und Nassau beginnt dem tropischen Paradies zu ähneln, das in den Reiseprospekten abgebildet war. Die Kinder rennen mit Joanne hinunter zum Strand. Ich genieße für kurze Zeit mein Alleinsein und breche dann auf, um mich mit ihnen am Strand zu treffen. Aber da kommen sie mir auch schon entgegen. Der Mann, der neben mir unter dem Balkon saß, ist bei ihnen, und zum erstenmal sehe ich sein Gesicht. Was ich sehe, gefällt mir.

»Sie sind fast den ganzen Tag mit den Kindern zusammengewesen«, sagt er zu mir. »Was halten Sie davon, wenn ich mich revanchiere, indem ich die Bande zum Abendessen ausführe?«

»Gut, einverstanden«, sage ich. Sein Vorschlag klingt gut. Joanne und ich wollten heute sowieso ins Spielkasino gehen, und jetzt steht dem nichts mehr im Wege.

Wenn das Schicksal etwas für uns bereithält, nutzt es alle ihm zur Verfügung stehenden Mittel, um sein Ziel zu erreichen. Der Regen meldet sich zurück. Es gießt in Strömen, während ich zusehe, wie sich meine Kinder anziehen, um mit einer anderen Familie zu Abend zu essen. Vielleicht leiten mich unsichtbare Kräfte. Plötzlich weiß ich genau, was ich will. Ich sage zu Tracee: »Joanne und ich haben beschlossen, doch nicht ins Casino zu gehen. Es regnet zu sehr. Würdest du den Herrn fragen, ob wir uns eurer Runde anschließen dürfen?«

Die Antwort lautet ja.

Ein weiterer Schauplatzwechsel, eine neue Szene.

Ich lasse sie ohne mich vorausgehen; ich werde gleich nachkommen. Ich beginne mich umzuziehen. Dann klingelt das Telefon, und ich hänge eine Weile an der Strippe. Als ich aufbrechen will, bemerke ich, daß das Kleid, das ich ausgewählt habe, im Rücken zu knöpfen ist. Ich kann die lange Reihe winziger Knöpfe unmöglich alleine zumachen. Was soll's, denke ich, ich werde Tracee bitten, mir zu helfen, wenn ich dort bin.

Neuer Schauplatz: Ich springe in ein Taxi und erreiche den Club in Layford Cay, der so schön ist, daß er die perfekte Kulisse für den Höhepunkt der Szene abgibt. Als ich hineingehe, um nach Tracee Ausschau zu halten, springt Arne gleich auf. Ich bin sofort von ihm angetan; er trägt eine Fliege, die ich einfach wundervoll finde. Er kommt mir entgegen, um mich zu begrüßen. Ich lächle.

»Oh, ihr hättet nicht auf mich warten brauchen«, sage ich. »Warum habt ihr nicht einfach angefangen?«

Er lächelt und gibt mir zu verstehen, daß das schon in Ordnung sei, daß es ihm nichts ausmacht. Ich zögere einen Moment und werde ein bißchen rot, als ich zu ihm sage: »Ich kann mein Kleid nicht zuknöpfen. Könnten Sie meine Tochter Tracee bitten, herauszukommen und mir zu helfen?«

Ohne zu zögern, sagt er in sachlichem Ton: »Das mache ich schon.« Vier kleine Worte. Ich weiß nicht, warum ich das zulasse, aber ehe mir richtig bewußt wird, was ich tue, drehe ich mich um, nehme mein Haar im Nacken hoch und lasse einen Fremden mein Kleid zuknöpfen. Er fängt oben an. Während er ungeschickt versucht, die winzigen Knöpfe mit seinen großen Händen zu schließen, wird mir plötzlich bewußt, daß die Knöpfe bis zu meinem Po hinunterreichen. Inzwischen ist er auf halber Höhe meines Rückens angekommen, die winzigen Knöpfe bereiten ihm Schwierigkeiten, und ich spüre, wie ich eine Gänsehaut bekomme. Es ist ein seltsames Gefühl. »Ist schon gut so«, sage ich zu ihm. »Den Rest kann Tracee übernehmen.« Aber ich habe es mit einem Mann zu tun, der gerade den Mount Everest bezwungen hat. Er läßt sich nicht ins Bockshorn jagen. Er kämpft sich bis ganz nach unten vor. Endlich hat er es geschafft, und wir gehen zusammen in das Restaurant.

Ein weiterer perfekter Schauplatz: Er hat einen großen runden Tisch in der Mitte dieses höchst eleganten Speisesaals ausgewählt. Während ich näherkomme, fällt mir auf, daß die Sitzordnung, die wahrscheinlich zufällig zustande gekommen ist, einem seltsamen Schema zu folgen scheint. Joanne, Arne und die größeren Mädchen sitzen beisammen, fast der Größe nach; dann folgen die kleineren Mädchen, die miteinander kichern, und den Abschluß macht der Junge, Christoffer.

Arne läßt mich neben sich Platz nehmen, wir beginnen zu reden, und dann setzen plötzlich die Special Effects ein. Die ganze Szene um mich herum wird ausgeblendet. Sitzordnungen, kichernde Mädchen, Kellner, all das schwebt schwerelos um uns herum durch die Luft. Die Kamera hat nur mehr uns beide im Sucher. Arne und mich. Ich bin völlig fasziniert von Arne Naess, dem Mann, der gerade den Mount Everest bezwungen hat, dem Mann, der durch dieses Abenteuer eine Schicht seiner Haut abgestreift hat. Er spricht offen und ehrlich mit mir, während wir unser schönes Abendessen genießen und an unserem Weißwein nippen.

Dann blendet sich der Rest der Welt wieder ein. Das Abendessen ist anscheinend vorüber, die Kinder sagen: »Laßt uns gehen.« Während ich aus dem Restaurant schwebe, immer noch wie gebannt, fällt mir auf, daß er nichts über mich und meine Karriere weiß. Seine Tochter hat zu ihm gesagt: »Weißt du denn nicht, wer das ist? Das ist Diana Ross.« Er meint sich daran erinnern zu können, einen Auftritt von mir gesehen zu haben, aber er ist sich nicht sicher. Ich glaube, daß er mich vor langer Zeit mit den Supremes gesehen hat, aber niemals solo.

Der Zauber läßt nicht nach. Vor seiner Abreise am nächsten Morgen kommen er und seine Kinder kurz vorbei, um sich zu verabschieden. Er trägt khakifarbene Shorts und ein khakifarbenes Hemd. Er hat eine Kamera mitgebracht, und wir alle posieren für Polaroidphotos. Jetzt folgt Wunder Nummer zwei. Erst posiert er mit sämtlichen Kindern, dann bin ich an der Reihe. Als wir uns die Bilder ansehen, stellen wir fest, daß sie wie Familienphotos wirken. Richtig unheimlich. Wir tauschen unsere Telefonnummern aus. Ich sage zu ihm: »Wenn Sie jemals in New York sind, melden Sie sich doch bei mir.« Er sagt: »Und Sie melden sich, wenn Sie mal in London sind.« Noch heute sehe ich ihn vor mir, wie er davongeht, während ich mir sage: »Ich werde diesen Mann wiedersehen.« Ich behalte mein Photo. Ich habe es noch heute.

An dieser Stelle endete die Szene, aber nicht der Zauber. Kurze Zeit später, den genauen Zeitpunkt weiß ich nicht mehr, bekam ich einen Anruf. Arne war am Apparat. »Ich bin auf dem Weg nach Kalifornien und werde in New York City Station machen. Wenn Sie keine anderen Pläne haben, könnten wir uns vielleicht zum Mittagessen oder zum Abendessen treffen.« Ich war auch gerade auf dem Sprung nach L. A. Ich schlug ihm vor, uns dort zu treffen. Aufgeregt nahm ich seine Einladung zum Abendessen an.

Wir gingen zu Jimmy's. Wir unterhielten uns gerade recht gut darüber, wer er sei und wer ich sei, die üblichen »Kennenlern«-Themen, als er plötzlich mit dem Finger leicht über meine Hand strich. Obwohl er meine Haut nur leicht berührte, war das eine der sinnlichsten Erfahrungen meines Lebens. Bestürzt zog ich meine Hand zurück und fragte atemlos: »Warum haben Sie das getan? Warum haben Sie das getan?« Vor lauter Aufregung wiederholte ich mich. Vorher hatten wir uns ganz harmlos unterhalten, und das plötzliche Abweichen von der Normalität in die Sinnlichkeit war für mich völlig unerwartet gekommen. Vielleicht war er selbst ebenso überrascht.

Nach dem Essen beschlossen wir, tanzen zu gehen, aber vorher wollte ich noch etwas anderes tun. Ich mußte Arne meiner besten Freundin vorstellen, Suzanne de Passe. Es war schon sehr spät, aber ich rief sie trotzdem an. Niemand ging ans Telefon. Deswegen fuhren wir bei ihr vorbei, und ich weckte sie aus einem tiefen Schlaf. Sie war offensichtlich nicht in der Verfassung, Besucher zu empfangen. Ich mußte mit dem Vorstellen noch ein bißchen warten. Arne und ich gingen in eine Disco und tanzten stundenlang.

Als der Abend sich dem Ende zuneigte, sagte Arne zu mir: »Ich muß nach New York fliegen, möchte aber gerne nach Kalifornien zurückkommen, um dich wiederzusehen.«

Wieder hatte er mich überrascht. »Du meinst, du willst nach New York fliegen und dann den ganzen Weg wieder zurück?« fragte ich ungläubig.

»Ja, wenn du morgen mit mir zu Abend ißt.«

Sie wissen, wie meine Antwort lautete. Bald darauf heirateten wir. Wir wollten beide die Jahre, die uns noch blieben, möglichst gut nutzen. Deswegen hatten wir keine Zeit, lange umeinander zu werben und die üblichen Rituale zu absolvieren. Wir machten lieber Nägel mit Köpfen.

Etwa einen Monat nach unserer Hochzeit flog ich nach Norwegen, um ihn zu besuchen. Er hatte sich eine Rippe gebrochen. Wahrscheinlich hätte ich es gar nicht bemerkt, denn er spricht nie über seine Schmerzen; das ist typisch für ihn. Aber ich erwischte ihn einmal dabei, wie er sich an den Türrahmen hängte, um seine Rippen einzurichten. Obwohl wir verheiratet waren, hatte ich damals nicht das Gefühl, viel über ihn zu wissen; es war einfach nicht seine Art, viel über sich selbst zu reden.

Ich weiß noch, daß ich mich kurz nach unserem Nassau-Urlaub mit einer Freundin zum Essen traf und ihr erzählte, daß ich diesen sehr gutaussehenden Mann kennengelernt hätte. Sie fragte mich: »Weißt du denn nicht, aus was für einer Familie er kommt?« Ich schüttelte den Kopf; er hatte mir nichts davon erzählt. Ein paar Tage später schickte sie mir mehrere Bücher über die Naess-Familie. Aus diesen Büchern erfuhr ich, daß einer von Arnes Onkeln im Reedereigeschäft tätig war und Arne in seine Fußstapfen getreten war. Sein anderer Onkel, der wie er Arne heißt, ist Philosoph, und wie sich herausgestellt hat, verstehen wir uns ausgezeichnet. Ich finde, daß er in sehr netter Mann ist, mit dem man sich wunderbar unterhalten kann.

Arne selbst ist ein lässiger, natürlicher Mensch, der es gerne leger mag. Obwohl wir vom Wesen her recht unterschiedlich sind, verstehen wir uns sehr gut, auch wenn wir unsere derzeitige Lebenssituation durchaus als Belastung empfinden. Arne hat versucht, sein Geschäft hier bei mir aufzubauen, aber das entpuppte sich als zu schwierig. Seine Firma ist nach London umgezogen, und er auch. Ich bin ihm nicht gefolgt; das hat er, glaube ich, auch nie erwartet.

Ich liebe Arne sehr, und wir haben unsere zwei kleinen Jungs, aber ich muß auch an meine Mädchen denken. Rhonda ist inzwischen einundzwanzig, hat ihre eigene Wohnung und lebt ihr eigenes Leben. Sie hat vor kurzem ihren College-Abschluß gemacht. Chudney dagegen hat gerade erst mit dem College angefangen, und Tracee hat noch ein Jahr bis zu ihrem Abschluß. Ich kann nicht die eine Familie wegen der anderen verlassen. Arne versteht das. Er empfindet für seine Kinder ebenso. Daß wir beide soviel auf Reisen sind, macht es für uns nicht leichter, aber ich stelle es mir noch schwieriger vor, bloß zu Hause herumzusitzen und darauf zu warten, daß mein Mann heimkommt und mich zum Essen ausführt.

Ich brauche im Leben eine Beschäftigung und ein Ziel. Ich muß wissen, daß ich etwas zu tun habe, wenn ich morgens aufstehe. In London kenne ich kaum jemanden, weder beruflich noch privat. Obwohl ich weiß, daß ich es trotzdem schaffen würde, mir dort ein neues Leben aufzubauen, würde es mir zum gegenwärtigen Zeitpunkt sehr schwerfallen, hier alles aufzugeben und nach Europa zu ziehen. Natürlich möchte ich bei meinem Mann sein und er bei mir. Jedesmal, wenn uns das wieder so richtig bewußt wird, machen wir eine schwere Zeit durch. Ich weiß, daß es auch für die Jungs nicht einfach ist, weil sie ihren Vater wirklich brauchen.

Irgendwie haben wir es geschafft, einen Kompromiß zu finden. Ich glaube, wir lieben uns so sehr, daß unsere Liebe uns hilft, alle Probleme zu überwinden. Dazu kommt, daß die ständigen Trennungen die Romantik in unserer Beziehung immer wieder neu beleben. Wenn Arne eine Weile nicht da war, empfinden wir alles wieder ganz neu und freuen uns so richtig auf den anderen. Unsere gemeinsamen Abende verlaufen spontan und leidenschaftlich. Am Ende ist es jedesmal wundervoll, aber auf die Dauer wird diese Lebensweise immer schwieriger. Wir werden sehen, was die Zukunft bringt.

10. Juni 1988

Liebster Arne,

danke, daß Du mich an Deinem Erlebnis hast teilhaben lassen. Es ist, als wäre ich bei Dir und würde Dich aus der Ferne beobachten.

Ich beneide Dich um Deine Liebe zum Klettern. Ich weiß, daß ich mir keine Sorgen um Dich machen muß. Es ist wirklich wundervoll, daß Du beim Klettern etwas so Besonderes empfindest – dieses Gefühl kann Dir keiner nehmen.

Ich sitze hier schon seit sechs Uhr morgens allein in der Küche, trinke Kaffee und vermisse Dich. Ich zähle schon die Tage bis zu unserem Wiedersehen am Dienstag.

Wie fühlst Du Dich jetzt? Geht es Dir gut? Geht es Deinem Magen schon besser?

Ross schläft noch. Er entwickelt sich allmählich zu einem richtigen Energiebündel – bald wird er herumlaufen und die Welt erkunden. Komm bald nach Hause und sieh ihn Dir an, mein Liebster. Diese Zeit geht so schnell vorbei.

Sicher gehe ich Dir mit meinem Gejammere auf die Nerven – ich bin zur Zeit nicht besonders glücklich. Aber ich wehre mich dagegen, so gut ich kann.

Ich liebe und vermisse Dich.

Deine Frau
(die sich nach Dir sehnt)

Arne und ich sind jetzt sieben Jahre verheiratet, und dank der Flexibilität unseres Arrangements waren wir beide in der Lage, uns an die neue Situation zu gewöhnen. Ich finde, junge Paare sollten sich nicht kopfüber in eine Ehe stürzen. Man braucht weder seine eigene Identität noch irgendeinen Teil von sich selbst aufzugeben. Wenn jeder der Partner hundert Prozent in die Ehe einbringt, dann sollten am Ende zweihundert Prozent herauskommen, und nicht weniger. Auf diese Weise haben beide nichts verloren, aber viel dazugewonnen. Das ist wahre Synergie.

Natürlich tun Trennungen weh. Während der neun Jahre, in denen ich meine Töchter allein aufzog, habe ich mich daran gewöhnt, allein zu sein und alle Entscheidungen selbst zu treffen. An Arnes Abwesenheit möchte ich mich gar nicht erst gewöhnen. Ich möchte immer sagen können: »Hilft mir mal jemand, mein Kleid zuzuknöpfen?« Ein Gefährte ist jemand, mit dem man seine Probleme teilen kann. Wenn ich das nicht habe, wenn Arne lange Zeit weg ist, fühle ich mich zu allein.

Ich denke zur Zeit darüber nach, ob ich nicht doch irgendwann nach London ziehen soll, weil ich dann nicht mehr so viel zu reisen bräuchte wie jetzt. Ich möchte mein Leben lang singen, aber ich würde auch gerne mehr schreiben, vor allem Kinderbücher und Esoterisches. Ich spüre, daß ich etwas zu sagen habe, und auf diese Weise könnte ich weiterhin arbeiten und trotzdem meinem Mann und meinen Kindern, die ich so sehr liebe, näher sein.

Bis es soweit ist, weiß ich tief in meinem Herzen, daß Arne mich liebt und mir nahe ist, egal, wo wir gerade sind. Und falls ich das jemals vergessen sollte, habe ich seine Briefe, die mich daran erinnern. Ich möchte Sie an einem seiner Briefe teilhaben lassen; er hat ihn geschrieben, als er weit, weit weg war, hoch oben in den Bergen.

Mein Mädchen,
  ich bin Dir niemals fern. Du bist immer bei mir, vor allem hier in den Bergen.
  Der Geschmack Deiner Küsse, der Geruch Deiner Haut, die Erinnerung an unsere aufregenden Nächte – all das begleitet mich und hilft mir, von Dir zu träumen. Wenn ich allein bin, nimmt meine Phantasie dich mit über blühende Alpenwiesen bis hinauf zu den höchsten Gipfeln. Auf meinen einsamen Wanderungen bist Du meine Begleiterin, und wenn ich mich mitten in die Blumen lege, liegst Du neben mir, und mein Verlangen nach Dir, mein Mädchen, ist so stark und wild wie immer.

Dein Mann

Alte Spitze

Arne und ich heirateten in der Schweiz, in Lausanne, wenn auch nicht genau dort, wo wir ursprünglich wollten. Wenn wir aus Richtung Genf zu unserem Chalet fuhren, kamen wir in Chillon immer an einem schönen Schloß vorbei. Es war ein historischer, magischer Ort, und ich weiß noch, daß ich zu Arne sagte: »Dort würde ich gerne heiraten.« Er antwortete: »Laß uns doch mal nachfragen, ob sie das Schloß für besondere Anlässe zur Verfügung stellen. Vielleicht können wir es mieten.« Wir mußten die Idee schließlich wieder aufgeben, aber erst, nachdem wir uns bei den verschiedensten Stellen erkundigt und alles Erdenkliche versucht hatten, um es möglich zu machen. Das liebe ich an Arne: daß er einen Sinn für Romantik besitzt und versucht, jeden Augenblick zu etwas Besonderem zu machen.

Als ich einsah, daß ich das Schloß in Chillon nicht haben konnte, suchte ich in derselben Gegend nach einer kleinen Kirche. Ich fand schließlich eine hübsche alte Kirche in Lausanne, mit der ich sehr zufrieden war. Nachdem wir uns erst einmal für den Ort entschieden hatten, schien alles andere – wie das Vorbereiten der Einladungskarten und die Wahl eines geeigneten Floristen – wie von selbst zu gehen. Ich lernte eine wundervolle Amerikanerin kennen, die in der Nähe von Genf lebte und mir half, den ganzen Tag zu planen. Als ich in der Radio City Music Hall auftrat, gab es da einen netten Bäcker, der mir jeden Abend einen besonderen Kuchen brachte. Ich machte ihn ausfindig und beauftragte ihn, die Hochzeitstorte zu backen, ein großartiges, mit Edelsteinen übersätes Gebilde.

Elizabeth Courtney macht die schönsten Kleider, deswegen konnte ich mir nicht vorstellen, mein Brautkleid von jemand anderem entwerfen zu lassen. Schon seit etwa fünf Jahren hatte ich alte Spitze gesammelt, obwohl ich damals noch gar nicht wußte, daß ich wieder heiraten würde. Solche Dinge sammle ich einfach gerne. Ich ließ mir mein Brautkleid aus dieser schönen Spitze schneidern. Eigentlich wollte ich Weiß tragen, aber es heißt ja, daß sich das bei einer zweiten Hochzeit nicht schickt. Ich schloß einen Kompromiß und entschied mich für einen Cremeton, und dazu trug ich ein winziges Diamantendiadem, das ich in Paris gekauft hatte. Es war alt und fein gearbeitet, und es paßte ausgezeichnet zu der Spitze im Stoff meines Kleides.

Es gab soviel zu tun: die Einladungen zu versenden, die Sitzordnung für den Empfang zu regeln, die Speisenfolge für das Essen zu planen. Aber die Arbeit lohnte sich, es war ein einmaliges Erlebnis. Nie werde ich vergessen, wie wir die verschiedenen Blumen und Kleider für die Mädchen aussuchten, Rhonda, Tracee, Chudney und Arnes zwei Töchter, Katinka und Leona. Die Kleider waren alle pfirsichfarben, aber jedes war anders und auf seine Art hübsch. Wir engagierten eine wunderbare Friseuse, die uns die Haare stylen und mit Blumen schmücken würde.

Am Tag der Hochzeit übernahm Suzanne, meine Brautjungfer, die Führung. Sie sorgte dafür, daß alles reibungslos ablief, so daß ich etwas Zeit hatte, mich zu sammeln. Ihr habe ich es zu verdanken, daß ich mich auf meiner eigenen Hochzeit wie ein Gast verwöhnen lassen konnte.

Ich hatte mir eine große Hochzeit gewünscht, weil mir das entgangen war, als ich das erstemal heiratete. Bob und ich waren miteinander durchgebrannt; wir waren schnell nach Las Vegas gefahren, um uns dort in einer kleinen Kapelle trauen zu lassen. Das besaß seinen eigenen Zauber, aber ich hatte immer von einer großen Hochzeit geträumt, zu der mein Mann und ich alle unsere Freunde und Verwandten einladen konnten. Leider konnten wegen der großen Entfernung längst nicht alle meine amerikanischen Freunde kommen, aber Steve Wynn brachte ein paar davon in seinem Flugzeug mit, darunter auch Gregory Peck und seine Tochter.

Suzanne fungierte als Ringträgerin; ich werde nie vergessen, was für einen Streich Arne ihr an dem Tag spielte. Während der Trauungszeremonie ließ sie den Ring auf den Boden fallen und konnte ihn nicht mehr finden. Ein Blick in ihr Gesicht genügte, und ich wußte, daß sie kurz davorstand, in Panik auszubrechen. Dabei hatte Arne den Ring längst aufgehoben, ihr aber nichts davon gesagt. Nach viel Aufregung begriff sie schließlich, was gespielt wurde. Sie trug es mit Fassung. Als sie beim Empfang aufstand, um ein paar Worte zu sagen, hatte sie Tränen in den Augen, so sehr freute sie sich für mich. Suzanne ist eine meiner liebsten und besten Freundinnen.

Arne gelang es, den norwegischen Knabenchor für unsere Hochzeit zu verpflichten. Als der Chor in die Kirche einzog, trugen die Jungen Kerzen in der Hand, und ihre Stimmen klangen, als kämen sie geradewegs aus dem Himmel. Ich hatte meinen amerikanischen Seelsorger eingeladen, Wintley Phipps. Er sang ein Lied, das er speziell für uns geschrieben hatte. Wenn ich nach Worten suche, um meine Gefühle an jenem Tag auszudrücken, fallen mir Begriffe wie himmlisch, magisch, romantisch, göttlich oder selig ein. Wir waren so selig.

Arne und ich waren gerührt, unsere Freunde und Familien vereint zu sehen. Mein Vater war stolz auf mich, nicht wegen der Tatsache, daß ich Arne heiratete, sondern wegen der Dinge, die ich in meinem Leben erreicht hatte. Das gab ihm ein gutes Gefühl.

Nach der Hochzeit brachen wir Richtung Tahiti auf, wo wir unsere Flitterwochen verbringen wollten; Arne besitzt dort eine Insel. Sie ist sehr klein, aber man kann völlig ungestört Urlaub machen; wir liefen nackt herum und fühlten uns wie Adam und Eva. Ich kann nur sagen, daß wir sehr, sehr glücklich waren.

Meine Hochzeit war genauso, wie ich sie mir erhofft hatte. Sie war der Beginn eines Zaubers, der noch heute durch meine Ehe strömt. Sie war die Erfüllung meiner Träume, so schön und außergewöhnlich, daß ich schon heute für die Hochzeit meiner Töchter spare.

Gedanken an einen Regenbogen

[Eure Kinder] kommen durch euch, aber nicht von euch.

Kahlil Gibran, *The Prophet*

Arne und ich hatten von Anfang an den Wunsch, zusammen eine Familie zu gründen. Obwohl ich wußte, daß es nicht leicht sein würde, in unserem Alter noch einmal ein Kind aufzuziehen, und wir damit eine große Verantwortung übernahmen, wollte ich trotzdem ein Kind von Arne.

Als Ross auf die Welt kam, war Chudney bereits zwölf. Er wäre im Grunde wie ein Einzelkind aufgewachsen und auf die Gesellschaft seiner nicht mehr ganz jungen Eltern angewiesen gewesen. Ich beschloß, noch ein zweites Baby zu bekommen, weil Ross einen Bruder oder eine Schwester haben sollte. Ich wußte nicht, ob sich das in meinem Alter als schwierig erweisen würde, aber meine Mutter hatte immer gesagt, daß es egal sei, ob man nun ein Kind oder zwei aufziehe. Ross sollte einen Freund oder eine Freundin haben und nicht als Einzelkind aufwachsen.

Zwischen meinen beiden Schwangerschaften lagen nur zehn Monate. Ich wußte, daß ich sehr vorsichtig sein mußte. Als Mutter über Vierzig mußte ich mich verschiedenen Tests und Untersuchungen unterziehen, um sicherzustellen, daß die Babys gesund sein würden. Ich tat alles Erforderliche; ich versuchte, mich gesund zu ernähren und aktiv zu bleiben. Mit Evan nahm ich anfangs ziemlich viel zu, weil ich ständig Appetit auf Häagen-Dazs-Eiskrem hatte, aber dann speckte ich die überschüssigen Pfunde wieder ab, und alles klappte vorzüglich.

Babys zu bekommen und aufzuziehen hat für mich etwas höchst Magisches. Kinder geben meinem Leben einen besonderen Sinn, und ich frage mich oft, wie es gewesen wäre, wenn ich nie Kinder gehabt hätte. Wenn meine Jungs einmal groß sind, werde ich vielleicht ein Kind adoptieren müssen, weil ich es einfach liebe, Babys um mich zu haben. Ich weiß, daß meine Kinder auch dann noch da sein werden, wenn es meine Musik nicht mehr gibt, wenn sich niemand mehr an »Ain't No Mountain High

Enough« erinnert. Nie im Leben hätte ich zugunsten meiner Karriere auf meine Familie und meine Kinder verzichtet.

MEIN KLEINES KIND
SCHLIESS DIE AUGEN
DENK AN EINEN REGENBOGEN
AN LEUCHTENDE FARBEN.

MEINE BABYS
ICH LIEBE EUCH SO
MEINE KLEINEN KINDER
SCHÖN
MAGISCH
ICH WERDE EUCH IMMER LIEBEN
ICH WERDE IMMER FÜR EUCH DASEIN
BIS ANS ENDE MEINER TAGE
FÜR EUCH.

IM HALBSCHLAF SAGTE EVAN:
»MOMMY, ICH DENK AN EINEN REGENBOGEN«
ROSS, DER SCHON ZU SCHLAFEN SCHIEN,
STIMMTE PLÖTZLICH MIT EIN
»OOOH«, SAGTE ER.
ICH HABE ALS KIND AUCH EINEN GESEHEN.
MOM, WAR ER NICHT WUNDERVOLL.

MEIN LEBEN IST EIN REGENBOGEN AUS LEUCHTENDEN
FARBEN
ABER WIE BEI JEDEM REGENBOGEN
KOMMT ZUERST DER REGEN.

DIE SONNE SCHEINT
LAUFT NICHT WEG
BLEIBT HIER
HIER IM LICHT
ES WIRD ALLES GUT
SCHWEBEN AUF EINEM TRAUM
KÖNNT IHR DARAN GLAUBEN
VERSUCHT DARAN ZU GLAUBEN.

SCHÖNE BABYS
DANKE, DASS IHR HIER SEID
IN MEINEM LEBEN
DANKE, BABYS
SCHÖN — ES IST SO SCHÖN

ES GIBT NICHTS, WAS ICH LIEBER TÄTE
ALS HIER BEI EUCH ZU SEIN
UND EUCH ZU LIEBEN
GUTE NACHT

Wenn meine Kinder schlafen, schleiche ich mich manchmal auf Zehenspitzen in ihr Zimmer und sehe sie einfach nur an. In diesen Augenblicken danke ich Gott für mein Leben. Ich liebe es, zu Hause zu sein und zu wissen, daß meine Kinder im Raum nebenan spielen oder schlafen. Wenn man Babys hat, wird einem klar, daß die Kleinen alles, was sie über das Leben wissen, von ihren Eltern übernehmen. Deswegen versuche ich, meinen Kindern ein Vorbild zu sein.

Ich gebe mir große Mühe, eine gute Mutter zu sein, und ich habe das Gefühl, daß mir das auch gelingt. Wenn meine Kinder einmal älter sind und ich nicht mehr bei ihnen bin, werden sie sich bestimmt daran erinnern, daß ihre Mom immer für sie da war, wenn sie sie brauchten. Ich tue alles in meiner Macht Stehende, damit Ross und Evan intellektuell gefordert sind, genügend Anregungen bekommen und sich auch emotional zu selbstbewußten und glücklichen jungen Männern entwickeln. Ich versuche, ihnen die goldene Regel beizubringen, die ich selbst von meinen Eltern mit auf den Weg bekommen habe: Ich lehre sie, andere zu respektieren und alle Menschen gerecht zu behandeln. Ich mache ihnen klar, daß sie nicht alles an einem Menschen mögen müssen, um ihn lieben zu können. Mein Wunsch, ein Vorbild für sie zu sein, inspiriert mich dazu, immer liebevoll mit meinen Mitmenschen umzugehen, und ich werde versuchen, bis ans Ende meines Lebens so weiterzumachen.

Ich versuche meinen Kindern beizubringen, nicht nachtragend zu sein. Das ist etwas, das wir alle lernen müssen. Unversöhnlichkeit wirkt wie eine schleichende Krankheit oder ein Krebs, der langsam unsere Seele zerfrißt. Wir müssen lernen, Wut und Haß aus uns herauszulassen; wir müssen lernen, anderen und uns selbst zu vergeben. Ich versuche aus meinen Fehlern zu lernen, und wenn mich jemand verletzt hat, bemühe ich mich, ihm trotzdem liebevoll zu begegnen. Ich hoffe, daß meine Kinder diese Dinge von mir übernehmen werden.

Ich habe die Erfahrung gemacht, daß Gedanken und Worte die Grundlage für Erfolg und Mißerfolg im Leben bilden. Ich bringe meinen Kindern bei, wann sie flüstern und wann sie schreien sollen. Worte können oft verletzen, vor allem zwischen Mann und Frau. Ich möchte, daß meine Kinder verstehen, wie sie die Macht der Worte konstruktiv nutzen können: um Beziehungen aufzubauen, nicht, um sie zu zerstören. Ich möchte, daß meine Söhne lernen, Frauen zu respektieren. Ich möchte, daß sie wissen, wie schön es ist, wenn Männer und Frauen als Freunde und Gefährten zusammenleben; sie sollen wissen, daß Ehemänner ihren Frauen nicht Väter, sondern Freunde, Geliebte, Kumpel und Partner sein sollen. Ich bin mir sicher, daß meine Söhne nach strengen Maßstäben leben und Arne und ich einmal sehr stolz auf sie sein werden.

Obwohl ich einen leichten Schlaf habe und meine Kinder normalerweise schon höre, bevor sie zu mir ins Zimmer kommen, lasse ich nachts immer meine Schlafzimmertür offen, damit sie jederzeit hereinkommen können, wenn sie mich brauchen. Für Arne war es nicht ganz leicht, sich an die offene Tür zu gewöhnen. Wenn ich nicht zu Hause bin, wissen alle meine Kinder, daß sie mich zu jeder Tages- und Nachtzeit anrufen können, egal, wo ich bin oder was ich tue. Niemand, weder meine Angestellten noch sonst jemand, darf sie von mir fernhalten. Die Jungs verstehen noch nicht, warum ich manchmal über Nacht wegbleiben muß. Wenn ich auf Tournee bin, haben wir solche Sehnsucht nacheinander, daß ich viel Zeit damit verbringe, hin- und herzufliegen, nur, um in den Genuß zu kommen, mitten in der Nacht in ihr Zimmer zu gehen, sie zuzudecken und zu küssen. Selbst wenn ich nur ein paar Stunden geschlafen habe, stehe ich zeitig auf, frühstücke mit ihnen und verabschiede sie, wenn sie in die Schule oder in den Kindergarten aufbrechen. Meiner Erfahrung nach ist es das Wichtigste, die Kinder wissen zu lassen, daß ich da bin.

Die Jungs sind jetzt vier und fünf, und es scheint so, als würden sie sich allmählich schon zu richtigen jungen Männern entwickeln. Ich versuche, bei allen für sie wichtigen Ereignissen dabeizusein, wie ich es auch bei meinen Mädchen versucht habe. Das ist manchmal nicht einfach, aber die Freude, ihnen beistehen zu können, und das Bewußtsein, daß sie mein Gesicht sehen können und wissen, daß ich da bin, ist alle Strapazen wert. Ich versuche, meinen Terminplan auf ihre Theatervorführungen und Geburtstage abzustimmen. Wenn es irgendwie möglich ist, lege ich meine Tourneen so, daß ich zu solchen Anlässen zu Hause bin. Alle, die mit mir zusammenarbeiten, wissen, daß meine Kinder bei mir oberste Priorität haben, und wenn meine Mitarbeiter selbst Familie haben, nehme ich darauf entsprechend Rücksicht. So weiß ich, daß sich meine Kinder sicher, gut aufgehoben und glücklich fühlen, und dadurch laufen alle Bereiche meines Lebens viel reibungsloser ab.

Meine Familie ist mein Team. Es war nicht immer leicht, die vielen Rollen und Anforderungen einer berufstätigen Mutter und Ehefrau unter einen Hut zu bringen, aber es hat sich trotzdem gelohnt. Ich verbringe viel Zeit damit, über meine Kinder nachzudenken. Sie sind immer in meinen Gedanken und in meinem Herzen, und ich bete ständig darum, daß sie in dieser Welt Schutz und Beistand finden mögen.

Ich habe bereits ein gutes Stück meines Weges zurückgelegt; schon seit vielen Jahren versuche ich, meine Vision zu leben, meinen Zweck auf Erden zu erfüllen und mein Leben zu meistern. Meine Kinder stehen erst am Anfang. Ich möchte ihnen soviel wie möglich von meiner Lebenserfahrung mit auf den Weg geben. Ich wünsche mir, daß sie all ihre Möglichkeiten nutzen und lernen, sich selbst zu verstehen. Auf diese Weise werden sie vielleicht auch die Welt besser verstehen.

Schneekristalle

Arne und ich essen auf einer Dachterrasse des Yak and Yeti Hotel in Katmandu zu Mittag. Die Luft ist kristallklar. In der Ferne sehen wir die hohen Berge des Himalaja – die Wohnung von Göttinnen, das Heim des legendären Yeti, den Geburtsort Buddhas. In Kürze wird uns ein Helikopter nach Namche Bazar bringen, dem Zentrum der Sherpagemeinschaft. Von dort aus werden wir zu Fuß zum Everest Base Camp aufbrechen.

Ich bin wegen Arne hier. Er möchte, daß ich diesen wundervollen Ort sehe und spüre. Ich bin so glücklich, an seiner Welt teilhaben zu dürfen. Die Berge bewegen ihn auf eine Weise, wie nichts anderes es vermag, und ich möchte diesen Teil von ihm so gerne verstehen. Ich frage mich, wie die Berge auf mich wirken werden, ein Mädchen aus Detroit, wo es nicht einmal Hügel gibt, geschweige denn massive Gebirgszüge.

Als ich in Namche Bazar aus dem Helikopter steige und mich umblicke, fühle ich mich plötzlich wie ein Zwerg. Wir befinden uns elftausend Fuß über dem Meeresspiegel und sind von den beeindruckendsten Bergen umgeben, die man sich vorstellen kann. Weit vor uns, über allen anderen Gipfeln sehen wir den Mount Everest, Sagarmatha, die Göttin Erdmutter, wie sie von denen genannt wird, die zu ihren Füßen im Tal wohnen. Ich glaube den Namen verstehen zu können, als ich zu dem Federbusch hinaufstarre, der das Haupt dieser Göttin krönt – ein Werk des Schneesturms, der über ihre Gipfel hinwegfegt und ein Banner aus Schneekristallen bildet, das sich weit nach Tibet hineinzieht. Dann starre ich ebenso fasziniert auf Arne, der neben mir steht. In diesem Moment ist er mein Mann, ein normaler Mann aus Fleisch und Blut, aber zugleich ist er mehr als das. Daß er es geschafft hat, sich auf diesen großartigen Berg hinaufzukämpfen, läßt ihn in meinen Augen fast wie einen Gott erscheinen. Er hat seine Füße in die eisige, verschneite Haut dieser mächtigen Göttin gegraben, hat sich trotz beißender Kälte Schritt für Schritt einen Weg über ihre heimtückischen Flanken gebahnt, bis er schließlich auf dem Gipfel ihrer Macht stand. Er kennt ihren Zauber bereits. Der Zweck unserer Reise hierher ist ein zweifacher: Er möchte mich an seiner Welt teilhaben lassen, und er möchte

231

außerdem das Dorf der Sherpas besuchen, die ihn bei seinem wunderbaren Kletterabenteuer begleitet haben. Damals ist zwischen ihnen ein Band entstanden, und er hat das Bedürfnis, dieses Band von Zeit zu Zeit durch einen Besuch zu erneuern.

Die erste Nacht verbringen wir in einer kleinen, verwittert aussehenden Hütte, die die Leute hier »Teehaus« nennen. Es gibt keine Heizung, aber wir haben ja unsere doppelt gefütterten Schlafsäcke. Arne versichert mir, daß wir es mollig warm haben werden. Ich vertraue ihm völlig, wenn es um mein Leben geht, aber was die Frage betrifft, ob ich frieren werde oder nicht, traue ich ihm kein bißchen. An einem normalen Sommertag beklagt er sich bitterlich über die unerträgliche Hitze. Wenn neunundneunzig Prozent seiner Mitmenschen vor Kälte bibbern, findet er es angenehm kühl. Er scheint zu glauben, daß Hitze schlecht und Kälte gut ist. Wir führen endlose Diskussionen über dieses Thema. Im kältesten Winter reißt er die Fenster weit auf. In seiner Wohnung in London gibt es keine Heizung; er braucht so etwas einfach nicht. Wenn das Mineralwasser, das ich immer neben meinem Bett stehen habe, morgens gefroren ist, fühlt er sich erst so richtig wohl. Ich für meinen Teil mag es lieber warm.

Auf dieser Reise aber wird mir sehr schnell klar, daß es diesmal nach Arnes Willen gehen wird. Hier kann er es sich sparen, die Fenster zu öffnen. Der Wind bläst sowieso geradewegs durch die Ritzen in den Wänden und dem Dach. So wie ich das sehe, wird Arne besonders gut schlafen. Ich dagegen versuche, nicht an die bevorstehende Nacht zu denken.

Wir befinden uns in einem der vornehmsten Teehäuser. Zum Abendessen bekommen wir Kartoffeln, Eier, Chapatis und Chang, das hiesige Bier, daß so weiß ist wie Milch. Nach dem anstrengenden Tag hätte ich gegen eine etwas reichhaltigere Mahlzeit nichts einzuwenden gehabt. Da es im Teehaus keinen Strom gibt, beschließen wir, schon um acht Uhr schlafen zu gehen. Ich schlüpfe in ein sexy Seidennachthemd. Arne sieht mich an und lächelt. »Du siehst zwar phantastisch aus, aber ich glaube, mit einer langen Unterhose bist du heute nacht besser beraten.« Natürlich hat er recht. Selbst in meiner wärmsten Wollunterwäsche ist die Nacht lang und kalt, aber ich beklage mich nicht, sondern zittere still vor mich hin. Ich möchte nicht gleich in der ersten Nacht zu jammern anfangen.

Am nächsten Tag gehen wir über Pangpoche nach Chunlungchi. Dort bleiben wir wieder in einer dieser kleinen Hütten; diesmal liegt unser Teehaus an einem kleinen Fluß. Während sich mehrere Gebetsmühlen drehen, wird ein Mantra immer wieder wiederholt: »OM MANI PADME HUM.« Diese Worte, die man auch auf vielen Manisteinen entlang des Weges lesen kann, bedeuten übersetzt: »Der Edelstein ist im Herzen der

Lotusblume.« Man erklärt mir, daß die eigentliche Bedeutung eine zutiefst spirituelle und nur in den Tiefen der Ewigkeit und der Stille der Reinheit zu finden sei.

Das Teehaus von Chunlungchi besteht aus einem einzigen Allzweckraum, der als Küche, Wohn- und Schlafzimmer dient. Mir ist immer kalt. Am meisten fürchte ich mich vor den Nächten. Ich kann tun, was ich will, mir wird einfach nicht warm. Wenn die Nacht hereinbricht, schlafen Arne und ich in dem einen Bett, und die gesamte Sherpafamilie, bestehend aus Mutter, Vater und zwei Kindern, schläft in dem anderen. Die Kinder scheinen praktisch in diesem Bett zu leben. Wenn sie aus der Schule zurückkommen, die zwei Wegstunden entfernt liegt, klettern sie wieder ins Bett, um dort ihre Hausaufgaben zu machen.

Am nächsten Morgen marschieren wir stundenlang. Es geht endlos dahin, immer bergauf, bis wir Thyangboche erreichen. 13 500 Fuß über dem Meeresspiegel gelegen, ist es das am höchsten gelegene Kloster der Welt. Hinter dem Kloster erwartet mich der beeindruckende Anblick von Ama Dablam. Es ist kaum zu glauben, aber von hier aus hat man einen noch spektakuläreren Blick als von Namche Bazar aus.

Das Wetter schlägt um. Bevor ich ins Bett gehe, ziehe ich sämtliche Kleidungsstücke an, die ich mitgebracht habe, und darüber noch ein paar von Arne. Ich klettere in meinen Schlafsack und friere immer noch. Arne schichtet alles über mir auf, was er finden kann: Rucksäcke ebenso wie Regenmäntel. Lachend droht er, mich mit allem zuzudecken, was nicht niet- und nagelfest sei. Nun liege ich unter meinem eigenen Privatberg und friere immer noch. Ich werde nie verstehen, wie Arne und seine Kletterfreunde es bei vierzig Grad unter Null auf einem verschneiten Berggipfel aushalten und auch noch Spaß daran haben können.

Als ich am nächsten Morgen unter meinem Kleiderberg herausklettere, stelle ich fest, daß über Nacht Schnee gefallen ist. Wir stehen jetzt in zwei Fuß hohem Pulverschnee. Es ist unbeschreiblich schön, aber – so unwahrscheinlich das auch klingen mag – noch kälter als am Tag zuvor. Wenn ich an diese Reise zurückdenke, erinnere ich mich vor allem an zähe und freundliche Menschen, den majestätischen Anblick der Berge, die Wunder des Buddhismus und das Gefühl, immer, immer zu frieren.

Arne ist ein wundervoller Mann, der meine Unabhängigkeit liebt und bewundert, genau wie ich die seine. Das ist einer der Gründe, warum wir uns von Anfang an zueinander hingezogen fühlten. Aber manchmal führt eben diese Unabhängigkeit, die bei uns beiden mit großem beruflichen Engagement einhergeht, zu Störungen in unserer Beziehung.

Vorerst bleiben wir große Jongleure und mühen uns weiterhin ab, Karriere und Familienleben miteinander zu vereinen. Ein guter Jongleur versucht, immer alles im Griff zu haben. Es kostet mich Mühe, alles unter einen Hut zu bekommen, aber ich weiß, daß in meinem Leben nichts zu kurz kommen darf, daß ich auf jedes noch so kleine Detail achten muß, weil ich sonst irgendwann die Quittung für meine Nachlässigkeit bekomme. Also versuche ich, die Augen offen zu halten, damit ich nichts übersehe. Ganz besonders achte ich auf alles, was meine Kinder betrifft.

Arne hat drei wundervolle Kinder: Christoffer, Katinka und Leona. Als wir heirateten, stellte ich überrascht fet, daß es gar nicht soleicht war, eine Stiefmutter zu sein; ich hatte mir das viel einfacher vorgestellt. Normalerweise komme ich mit Kindern gut zurecht, die meisten mögen mich auf Anhieb, aber ich glaube, Arnes Kinder reagierten ganz normal auf die Frau, die ihr Vater heiratete. Für sie muß es so ausgesehen haben, als wollte ich ihnen den Vater wegnehmen. Ross und Evan liebten sie von Anfang an, aber sie fanden es sehr schwer, mich zu akzeptieren. Erst in letzter Zeit beginnt sich das zu ändern; nun, da Arne und ich schon mehr als acht Jahre verheiratet sind, begegnen sie mir wesentlich entspannter als früher.

Es ist wohl eine Frage des Respekts. Respekt muß erst wachsen. Er ist nicht sofort da, wenn man jemanden kennenlernt. Man muß ihn sich schon verdienen. Respekt entsteht nur, wenn man sich wirklich umeinander bemüht. Da ich so oft auf Reisen war, hatten sie gar nicht die Gelegenheit, mein Herz zu spüren und mich richtig kennenzulernen.

Ältere Menschen hatte ich schon immer gern. Als ich noch ein Kind war, arbeitete ich für eine karitative Organisation. Ich ging in Altenheime, hielt den alten Leuten die Hand, bürstete ihr Haar und wechselte sogar ihre Bettschüsseln aus. Das machte mir nichts aus. Ich bin älteren Menschen immer mit viel Geduld und Verständnis begegnet, genau wie Kindern; deswegen freute ich mich sehr, als ich Arnes Mutter kennenlernen durfte. Sie ist eine wunderbare Frau, und ich bin froh, daß sie jetzt zu meinem Leben gehört. Ich schätze ihre Weisheit, und obwohl ich traurig bin, daß die Jungs meine Mutter nicht mehr kennenlernen konnten, freue ich mich sehr darüber, daß sie wenigstens *eine* wundervolle Großmutter haben.

Ich betrachte meine Ehe mit derselben positiven Einstellung, mit der ich auch alles übrige in meinem Leben zu betrachten versuche. Ich spüre die Herausforderungen, die vor mir liegen. Ich habe die Vergangenheit gut hinter mich gebracht, und ich bin schon gespannt auf die Zukunft. Ich möchte jeden Tag so intensiv wie möglich erleben.

234

ES IST SCHWER, EINEN GROSSEN MANN ZU LIEBEN
ES IST SCHWER, EINEM GROSSEN MANN
WIRKLICH NAHEZUKOMMEN.
DA IST IMMER DIESE DISTANZ,
DIESE GEHEIMNISVOLLE AURA,
DIE REGION, DIE EINEM VERSCHLOSSEN BLEIBT
DIE REGION, ZU DER MAN NIE VORDRINGT.

Wenn man einen Menschen liebt, ist alles möglich.

Wunder

RÜCKBLICKEND
WAR JEDER SCHRITT IN MEINEM LEBEN
NOTWENDIG UND VOLLKOMMEN.

WENN ICH DEN TEPPICH MEINES LEBENS BETRACHTE,
DAS GEWEBE SEINER FÄDEN,
DIE FARBEN DES GARNS,
SEINE STRUKTUR, SEINEN FLIESSENDEN FALL,
DANN SPÜRE ICH SEINE EINZIGARTIGKEIT,
DIE NUR MICH ANSPRICHT.

WENN ICH IHN BERÜHRE, SPÜRE ICH
SEINE RAUHHEIT UND GLÄTTE, SEINE HÖHEN UND TIEFEN,
REICH AN LEKTIONEN UND ENTSCHEIDUNGEN.
ICH SPÜRE DIE STRASSEN UND WOHNUNGEN,
IN DENEN ICH AUFWUCHS;
DIE STIMME, DIE MICH AUF MEINEN REISEN LEITETE,
MENSCHEN UND FREUNDE,
MEINE KINDER
UND LIEBHABER,
ENG VERWOBEN IN MEINEN STOFF.

MEINE REISEN FÜHRTEN MICH DORTHIN,
WO ICH HEUTE STEHE.
MANCHMAL WAREN DIESE SCHRITTE
SCHMERZHAFT UND SCHWER,
ABER SIE FÜHRTEN MICH
ZU GRÖSSEREM GLÜCK UND GRÖSSEREN CHANCEN.
DURCH MEINEN SCHMERZ UND MEINE KÄMPFE,
DURCH DAS SCHREIBEN DIESER MEMOIREN
UND DURCH MEINE ERINNERUNGEN

HABE ICH VIELES GELERNT.
ICH SEHE, DASS DIESE LEKTIONEN
FÜR MICH SEHR WICHTIG WAREN.

ICH WEISS JETZT, DASS ALL DIESE VERÄNDERUNGEN
WOHL ALS MUSTER MEINES LEBENS GEDACHT WAREN –
MEIN GANZ PERSÖNLICHES MUSTER.
ICH ERKENNE, DASS ICH AUS ALL MEINEN MOMENTEN
ETWAS GELERNT HABE.

DIE GANZE ZEIT ÜBER BEGLEITETE MICH DIE MUSIK.

DER ZWECK MEINES LEBENS
IST MIR SEIT LANGEM KLAR.
DAS MAG SICH WIEDER ÄNDERN.
ICH WEISS, ICH BIN HIER, UM ZU DIENEN
UND ANDEREN ZU HELFEN,
INSBESONDERE KINDERN,
UND UM DIE WELT ZU ÄNDERN.

ICH HABE DIESEN WEG GEWÄHLT
ODER HAT ER MICH GEWÄHLT?

»DAS GEHEIMNIS IST, DASS ES KEIN GEHEIMNIS GIBT.«

DIANA

Ich stehe an der Schwelle zu etwas Neuem. Jeden Tag kann ich es spüren. Ich weiß, daß etwas Außergewöhnliches bevorsteht.

Ich habe das letzte Jahr damit verbracht, zurückzublicken und mich zu erinnern. Die Zeit ist schnell vergangen, und es war ein magischer, wundervoller Prozeß. Natürlich gab es auch Phasen, die ich als schmerzhaft, als Kampf empfand. Wenn man mitten in einer Sache steckt, fehlt einem oft die nötige Distanz, vor allem, wenn schmerzliche Erfahrungen damit verbunden sind. Aber ich glaube, daß alles, was in unser Leben tritt, einen Zweck hat und genau richtig für uns ist.

Ich habe ein sehr reiches, erfülltes Leben geführt. Und ich habe mich immer als leidenschaftlichen, eher introvertierten Menschen gesehen. Ich versuche mich auf die guten Dinge zu konzentrieren und schätze die Schönheiten des Lebens. Sie erinnern mich daran, was für ein Glückspilz ich bin, und dafür danke ich Gott jeden Tag. Ich hungere nach mehr Wissen, möchte immer wieder neue Dinge dazulernen. Ich versuche, nicht bequem zu werden, alles Neue offen in mich aufzunehmen und mich jeder Herausforderung zu stellen. Ich hoffe, daß meine Erfahrungen Sie alle dazu inspirieren werden, nach den Sternen zu greifen und ihre Träume zu verwirklichen, so, wie ich es selbst versucht habe.

Ich glaube nicht, daß ich ein besonders komplizierter Mensch bin, zum Glück besitze ich die Gabe, mein Leben zu genießen, selbst wenn ich mich manchmal mit meinen Ängsten auseinandersetzen muß. Ich sehe jeden Tag klarer, und ich versuche, andere zu inspirieren und durch mein gutes Beispiel Veränderungen zu bewirken.

Wenn ich mein Leben Revue passieren lasse, stelle ich fest, daß es nichts gibt, woran ich wirklich mit Ärger zurückdenke. Es hat für mich viele Wendepunkte und auch Höhepunkte gegeben. Ich habe eine Menge über mich selbst gelernt, aber ich weiß, daß es immer noch viel zu lernen gibt. Meine persönliche spirituelle Suche hat neue Dimensionen erreicht. Ich werde versuchen, einen Weg zu finden, wie ich dieses Wissen mit anderen teilen kann: mit meinen Kindern, meiner Familie, meinen Freunden, mit allen, die ich liebe – überhaupt mit allen, die dafür Verwendung haben. Obwohl ich diesen Rückblick auf mein Leben nie wirklich abschließen werde, blicke ich jetzt mit großer Spannung in die Zukunft. Ich stehe auf der Schwelle, begierig auf den nächsten Schritt, bereit, mich kopfüber in die zweite Hälfte meines Lebens zu stürzen.

Zu diesem Zeitpunkt verfüge ich über keine Formel, über nichts, das ich niederschreiben könnte, um dann zu sagen: »Das ist passiert, und so ist es gewesen«, oder: »Das habe ich erreicht.« Während ich diese Memoiren zu Ende schreibe, weiß ich bereits, daß ich meine Gedanken auch weiterhin in Büchern, Songs und Reden festhalten werde. Dies ist ein neuer Anfang für mich.

Ich finde das Leben aufregend, und ich freue mich auf meine Zukunft. Obwohl ich den Verlust meiner Mutter immer noch sehr schmerzlich empfinde, weiß ich, daß sie in meinem Herzen weiterlebt. Zeit ist für mich etwas sehr Wichtiges; ich möchte mehr von meiner Zeit mit den Menschen verbringen, die ich liebe. Ich liebe meine Familie so sehr: meinen Mann, seine drei Kinder, seine Mutter, meine fünf Kinder, meinen Vater, meine Geschwister. Ich empfinde es als großes Glück, am Leben so vieler Menschen teilhaben zu dürften; damit meine ich nicht nur alle meine Freunde, die ich in diesem Buch nicht einzeln nennen kann, sondern auch meine Arbeitskollegen, die Geschäftsleute, die meine Lehrer waren, meine Angestellten, die mir bei meiner Karriere und in meinem Leben zur Seite stehen, und natürlich die Menschen, die meine Musik lieben und kaufen. Vor allem aber möchte ich Gott für alles danken, insbesondere für meine Stimme und für die Liebe und Fürsorge, die er mir ins Herz gelegt hat.

Dieses Buch und meine Musik sind mein Geschenk an meine Leser und Zuhörer. Wenn Sie meine Worte lesen und meine Stimme hören, nehmen Sie ein Stück von mir mit nach Hause. Sie alle sollen wissen, daß ich Sie sehr liebe. Das Glück, das ich in meinem Leben hatte, wünsche ich auch jedem einzelnen von Ihnen.

Lebenslinie: Musik, Musik und noch mehr Musik

1944	Dina Ross wird geboren. *wie Marlien Note*	26. März
1959	*Tears of Sorrow* – erste Primettes-Single. 6	März
1959	Die Supremes unterschreiben einen Plattenvertrag bei Motown.	15. Jan.
	I Want a Guy – erste Supremes-Single. *Oldie sound*	9. März
	Buttered Popcorn (Single). 6	21. Juli
1962	Diana Ross schließt die Cass Technical High-School ab.	Jan.
	Your Heart Belongs to Me – erste Supremes-Single, die unter dem Motown-Label herauskommt. 6	8. Mai
	Let Me Go the Right Way (Single). 5	5. Nov.
1963	*My Heart Can't Take It No More* (Single) kommt heraus.	2. Feb.
	Diana Ross feiert ihren 19. Geburtstag. *Oldie*	26. März
	A Breathtaking, First Sight Soul Shaking, One Night Lovemaking, Next Day Heartbreaking Guy (später verkürzt zu *A Breathtaking Guy*) (Single).	12. Juni
	When the Lovelight Starts Shining Through His Eyes (Single) – der erste Song der Supremes, der es in die Charts schafft. 5	31. Okt
	Meet the Supremes, das erste Album der Gruppe, erscheint. 3	9. Dez.
1964	*Run, Run, Run* (Single).	7. Feb.
	Where Did Our Love Go (Single) wird der erste Number-One-Hit der Supremes.	17. Juni

240

I'm giving You Your Freedom The Supremes Oldie 2

Le Sup. A Breathtaking Guy w/lyrics " 2

m standing on the Crossroad of Love " 2

Where Did Our Love Go (Album). 31. Aug. 3

k Any Girl

one of the

Baby Love (Single; wurde Nr. 1). *rising sign* 17. Sept. 1

A Bit of Liverpool (Album). 16. Okt.

Come See About Me (Single; wurde Nr. 1). 27. Okt.

Die Supremes haben ihren ersten Fernsehauftritt in der 27. Dez.
Ed Sullivan Show.

1965	Auftritt in **Hullabaloo** (TV).	26. Jan.
	Stop! In the Name of Love (Single; wurde Nr. 1).	8. Feb.
	Auftritt in **The Hollywood Palace** (TV).	27. Feb.

Note

y Heart can't **Funny How Time Slips Away** (Single-Auskopplung aus 22. März *Take it to Mare 2*
Makes No dem Album **The Supremes Sing Country, Western &** *2-63*
cause I'm awake **Pop).** *Difference*

You Send Me (Single-Auskopplung aus dem Album **We** 12. April 1
Remember Sam Cooke).

Back in My Arms Again (Single; wurde Nr. 1). 15. April

Things Are Changing (Single) erscheint anläßlich eines Juni 6
Kongresses für gleiche Chancen auf dem Arbeitsmarkt.

Nothing But Heartaches (Single). *Note* *Note* 16. Juli 3–4

More Hits by the Supremes (Album). 5:45=2 | 16:30 = 2 23. Juli 2 + 2

Erster Auftritt in der **Tonight Show** (TV). 28. Juli

The Hollywood Palace. 26. Aug.

Hullabaloo. 13. Sept.

I Hear a Symphony (Single; wurde Nr. 1). 6. Okt.

The Supremes at the Copa (Album). 1. Nov.

Motown veröffentlicht die Single-Auskopplung *Child-* 18. Nov.
ren's Christmas Song aus dem Album **Merry Christmas.**

Hullabaloo. 13. Dez.

My World Is Empty Without You (Single). 29. Dez.

Orange Bowl Parade. 31. Dez.

1966	I Hear a Symphony (Album).	18. Feb.
	The Ed Sullivan Show.	20. Feb.
	The Sammy Davis jr. Show (TV).	4. März
	The Dean Martin Show (TV).	24. März

*10 Put Yourself In My Place 1 | 33. In My Lonly Room 2-3
26. Hang On Sloopy 2-3 | 35. Love is like a Heat Wave 2
28. It's Not Unusual 2-3 | 41. Don't Let True Love Die 13
| 51. Slow Down 2-

52. What is coming 2-3

53. What The World 2

54. Blowin in the 2-

55. With a Child's 1

56. Let The Music 1

2. 1 | 4. 2

10, 3, 11, 3 *

	Love Is Like an Itching in My Heart (Single).	8. April
	The Ed Sullivan Show (TV).	1. Mai
	Auftritt in der **Today**-Show (TV).	30. Juni
	The Ed Sullivan Show.	24. Juli
	You Can't Hurry Love (Single; wurde Nr. 1).	25. Juli
	The Tonight Show.	18. Aug.
	Supremes a Go-Go (Album).	25. Aug.
	The Ed Sullivan Show.	25. Sept.
	You Keep Me Hangin' On (Single; wurde Nr. 1).	12. Okt.
	The Hollywood Palace.	29. Okt.
	The Ed Sullivan Show.	4. Dez.
1967	*Love Is Here and Now You're Gone* (Single; wurde Nr. 1).	11. Jan.
	The Andy Williams Show (TV).	22. Jan.
	Supremes Sing Holland-Dozier-Holland (Album).	23. Jan.
	Highlights of Ice Capades '67 (TV-Special).	13. Feb.
	The Happening (Single; wurde Nr. 1), aus dem gleichnamigen Film.	20. März
	The Ed Sullivan Show.	7. Mai
	Falling in Love with Love (Single-Auskopplung aus dem Album **The Supremes Sing Rodgers & Hart**) erscheint nur für Diskjockeys. Außerdem tritt Florence Ballard in der **Tonight Show** vom 22. Mai zum letztenmal als Mitglied der Supremes auf.	22. Mai
	Reflections, die erste Single-Veröffentlichung unter dem neuen Namen Diana Ross and the Supremes.	24. Juli
	Diana Ross and the Supremes Greates Hits Volumes I and II (Album).	29. Aug.
	The Hollywood Palace.	25. Sept.
	In and Out of Love (Single).	25. Okt.
	The Ed Sullivan Show.	19. Nov.
	The Tennessee Ernie Ford Special (TV).	3. Dez.
1968	Die Supremes treten als Gaststars in der **Tarzan**-Folge »The Convert« auf (TV).	12. Jan.

Full YouTube

sound etwa
selbst sah 2

The Supremes in Berlin (TV). — 14. Jan.

Forever Came Today (Single). — 29. Feb.

The Ed Sullivan Show. — 24. März

Reflections (Album). — 24. März

Um diese Zeit trauert Amerika über den Verlust von Reverend Dr. Martin Luther King jr. Am Tag nach seiner Ermordung singen die Supremes in der **Tonight Show** eine schöne Version des Songs *Somewhere,* die einen denkwürdigen Monolog enthält, in dem es unter anderem heißt: »Let our efforts be as determined as that of Dr. Martin Luther King, wo had a dream…« — 5. April

The Hollywood Palace. — 4. Mai

The Ed Sullivan Show. — 5. Mai

Some Things You Never Get Used To (Single). Dieser Song markiert den Beginn von Diana Ross' Zusammenarbeit mit dem Songwriter-Produzenten-Team Ashford and Simpson. — 21. Mai

Auf Wunsch von Coretta Scott King treten Diana Ross and the Supremes im Atlanta Civic Center bei einem Benefizkonzert für die Poor People's Campaign auf. — 19. Juni

The Ed Sullivan Show. — 30. Juni

Diana Ross and the Supremes unterstützen in New York City Vizepräsident Hubert Humphrey bei seiner Bewerbung um das Amt des Präsidenten. — 23. Juli

The Ed Sullivan Show. — 18. Aug.

Diana Ross and the Supremes Sing and Perform »Funny Girl« (Album). — 26. Aug.

Diana Ross and the Supremes Live at London's Talk of Town (Album). — 26. Aug.

Dick Clark and a Cast of Thousand (TV-Special). — 6. Sept.

Love Child (Single; wurde Nr. 1). Diana Ross and the Supremes präsentieren diesen Song in der **Ed Sullivan Show.** — 30. Sept.

The Bing Crosby Show (TV). — 23. Okt.

Love Child (Album). — 8. Nov.

Diana Ross and the Supremes wird als erster Motown-Gruppe die Ehre zuteil, in der Royal Variety Show vor Queen Elizabeth II. und anderen Mitgliedern der englischen Königsfamilie aufzutreten. Sie singen ihre Version

von **Somewhere** mit dem Martin-Luther-King-Monolog 21. Nov.
und ernten stürmischen Beifall.

Diana Ross and the Supremes Join the Temptations 8. Nov.
(Album).

I'm Gonna Make You Love Me (Single), mit den Temp- 21. Nov.
tations.

T.C.B. – Takin' Care of Business (Album), mit den 2. Dez.
Temptations.

NBC bringt TV-Special zu *T.C.B.* 9. Dez.

Diana Ross and the Supremes präsentieren *The Holly-* 28. Dez.
wood Palace.

1969 *I'm Livin' in Shame* (Single). 6. Jan.

The Bob Hope Special (TV). 17. Feb.

I'll Try Something New (Single), mit den Temptations. 20. Feb.

The Hollywood Palace. 8. März

The Tonight Show. 18. März

The Composer (Single). 25. März

Like Hep, Diana Ross' erster Solo-Auftritt im Fernsehen, 4. April
mit Lucille Ball und Dinah Shore.

No Matter What Sign You are (Single). 9. Mai

The Ed Sullivan Show. 11. Mai

Let the Sunshine In (Album). 26. Mai

Diana Ross and the Supremes präsentieren **The Holly-** 31. Mai
wood Palace.

The Ed Sullivan Show. 3. Aug.

The Weight (Single), mit den Temptations. 21. Aug.

The Ed Sullivan Show. 7. Sept.

Diana Ross ist Stargast in **Laugh-In** (TV). 22. Sept.

Together (Album), mit den Temptations. 23. Sept.

Someday We'll Be Together (Single; wurde Nr. 1). 14. Okt.

Diana Ross and the Supremes präsentieren **The Holly-** 18. Okt.
wood Palace.

Cream of the Crop (Album). 3. Nov.

The Tonight Show.	11. Nov.
Diana Ross and the Supremes treten zusammen mit den Temptations in ihrem zweiten TV-Special für NBC auf, **G.I.T. on Broadway;** das Soundtrack-Album erscheint im selben Monat.	12. Nov.
Diana Ross tritt zum letztenmal zusammen mit den Supremes in der **Ed Sullivan Show** auf. Etwa zur gleichen Zeit veröffentlicht Motown *Diana Ross and the Supremes, Greatest Hits, Volume 3.*	18. Dez.

1970	Letzter gemeinsamer Auftritt der Supremes, im Frontier Hotel.	14. Jan.
	Dick Clark bringt Videoaufnahmen der **Farewell**-Show in **American Bandstand.**	14. Feb.
	Reach Out and Touch (Somebody's Hand), Diana Ross' erste Solo-Single. Im selben Monat bringt Motown das Album **Farewell** heraus, den letzten Auftritt von Diana Ross and the Supremes, live aufgenommen am 14. Januar.	6. April
	Diana Ross (Album).	19. Juni
	Ain't No Mountain High Enough (Single; wurde Nr. 1, später für einen Grammy Award nominiert).	16. Juli
	The Merv Griffin Show (TV).	1. Okt.
	Everything Is Everything (Single und Album).	3. Nov.
	Remember Me (Single).	8. Dez.

1971	Heirat mit Robert Ellis Silberstein.	20. Jan.
	Auftritt als Stargast in **Make Room for Granddaddy** mit Danny Thomas (TV).	4. Feb.
	Diana! (Original TV Special Soundtrack).	29. März
	Rona Barrett Report (TV).	2. April
	Diana, erstes Solo-TV-Special, hat auf ABC Premiere. Im April bringt Motown zwei Singles von Diana Ross heraus. Die erste, *Feelin' All Right,* ist ihrem ersten TV-Special entnommen; Diana Ross singt hier zusammen mit den Jackson 5. Die zweite Single, *Reach Out, I'll be There,* wird später in das Album **Surrender** aufgenommen.	18. April
	Surrender (Single und Album).	6. Juli
	Geburt von Tochter Rhonda Suzanne.	14. Aug.

I'm Still Waiting (Single).	13. Okt.
Beginn der Dreharbeiten zu **Lady Sings the Blues.**	6. Dez.
Diana Ross wird von **Billboard** zur besten Sängerin und von NAACP zur Entertainerin des Jahres gewählt; außerdem wird sie Ehrenvorsitzende der Image Awards Presentation, und **Diana!** wird als bestes TV-Special des Jahres ausgezeichnet.	Dez.

1972	Geburt von Tochter Tracee Joy.	29. Okt.
	Lady Sings the Blues. Original Motion Picture Soundtrack, wird Nr. 1. Das Album verkaufte sich innerhalb von acht Tagen 300 000mal. Der Film lief im Oktober an.	9. Nov.
	The Tonight Show.	10. Nov.
	Auftritt in der **Today**-Show.	8. Dez.
	Motown veröffentlicht eine Single aus **Lady Sings the Blues,** *Good Morning Heartache.*	18. Dez.

1973	Diana Ross bestreitet beim Rose Bowl das Programm während der Halbzeitpause: sie singt *Our Love Is Here to Stay.*	1. Jan.
	The Mike Douglas Show (TV).	11. Jan.
	Diana Ross wohnt der jährlichen Verleihung der Golden Globe Awards bei und wird mit dem Best Newcomer Award ausgezeichnet.	28. Jan.
	The Dick Cavett Show (TV).	1. März
	The Tonight Show.	1. März
	Jack Paar Tonite (TV).	5. März
	Your Choice for the Oscars. In dieser Fernsehsendung werden per Meinungsumfrage Zuschauer befragt, wen sie für die Academy Awards des jeweiligen Jahres vorschlagen würden. Diana Ross wird für ihre Darstellung der Billie Holiday in **Lady Sings the Blues** als beste Schauspielerin vorgeschlagen.	18. März
	Diana Ross wohnt der Verleihung der Academy Awards bei; sie ist für **Lady Sings the Blues** für einen Oscar als beste Schauspielerin nominiert worden.	27. März
	Touch Me in the Morning (Single; wurde Nr. 1).	3. Mai
	Touch Me in the Morning (Album).	22. Juni

You're a Special Part of Me (Single), mit Marvin Gaye.		13. Sept.
Diana Ross and Marvin Gaye (Album).		26. Okt.
Last Time I Saw Him (Single und Album).		6. Dez.

Ende 1973 hatte **Lady Sings the Blues** drei NAACP Image Awards bekommen, und Diana Ross war, neben anderen Auszeichnungen und Nominierungen, von der Zeitschrift **Cue** als Entertainerin des Jahres ausgezeichnet worden.

1974   *My Mistake Was to Love You* (Single), mit Marvin Gaye, erreicht die Top 20 Pop/Top 10 R&B Charts.   17. Jan.

Diana Ross ist Mitgastgeberin bei der Verleihung der Academy Awards.   2. April

Sleepin' (Single).   4. April

Yesterday – Good Ol' Rock and Roll (TV-Special).   28. April

Live! At Caesars Palace (Album).   15. Mai

Don't Knock My Love (Single), mit Marvin Gaye.   18. Juni

Beginn der Dreharbeiten zu **Mahogany**.   Nov.

1975   *Sorry Doesn't Always Make It Right* (Single).   11. Feb.

Diana Ross präsentiert zusammen mit Don Kirshner dessen **Rock Music Awards Show** (TV).   9. Aug.

The Theme from Mahogany (Do You Know Where You're Going To?) (Single; wurde Nr. 1).   24. Sept.

Mahogany (Original Motion Picture Soundtrack).   Okt.

Diana Ross singt *The Theme from Mahogany* in der **Tonight Show**.   3. Okt.

Highlights of a Quarter Century of Broadcasting (TV-Special).   24. Okt.

The Theme from Mahogany wird Nr. 1 der Billboard Pop Chart.   1. Nov.

Geburt von Tochter Chudney Lane.   4. Nov.

1976   **Diana Ross** erscheint. Dieses Album wird ein Riesenerfolg und erreicht die Top 10 der Pop- und R&B-Charts.   10. Feb.

I Thought It Took A Little Time (But Today I Fell in Love) (Single).   20. Feb.

Florence Ballard stirbt.   22. Feb.

Love Hangover (Single). Am 5. Juni wird diese Single die Nr. 1 der Pop-, R&B- und Dance-Charts.   16. März

Für die Fernsehübertragung der Oscarverleihung singt Diana Ross den für einen Academy Award nominierten Song *The Theme from Mahogany* live via Satellit aus Holland. Dieser überwältigende Auftritt ist der erste seiner Art in der Geschichte der Academy-Awards-Ausstrahlung.   29. März

Diana Ross, Greatest Hits (Album).   12. Juli
Die Single-Auskopplung *One Love in My Lifetime* gibt ihr Debüt in den Charts.

Diana Ross präsentiert zusammen mit Alice Cooper die Second Annual Rock Awards und wird bei dieser Gelegenheit von **Billboard** als Entertainerin des Jahrhunderts ausgezeichnet.   18. Sept.

The First Fifty Years of NBC Broadcasting (TV-Special).   21. Nov.

Diana Ross präsentiert **The Midnight Special** (TV).   26. Nov.

1977 **An Evening with Diana Ross.** Diese Live-Aufnahme von Diana Ross' One-Woman-Show wurde im Sept. 1976 im Ahmanson Theatre von Los Angeles mitgeschnitten. Die Show lief im Juni 1976 im Palace Theatre am Broadway und wurde dort ein Kassenschlager, wie man ihn seit über sechzig Jahren nicht mehr erlebt hatte. Dieselbe Show bildete die Grundlage für ein 90minütiges TV-Special für NBC, das am 6. März Premiere hatte und für mehrere Emmy Awards nominiert wurde.   18. Jan.

Auftritt in der **Tonight Show** mit *The Lady Is a Tramp*.   3. März

Baby It's Me (Album). Im Okt. erscheint die Single-Auskopplung *Gettin' Ready for Love.* Um diese Zeit tritt Diana Ross in den Kaufman Astoria Studios vor die Kameras, um mit den Dreharbeiten zu **The Wiz** zu beginnen.   16. Sept.

NBC – The First 50 Years: A Closer Look (TV-Special).   23. Okt.

1978 *Your Love Is So Good for Me* (Single-Auskopplung aus **Baby It's Me**).   24. Jan.

You Got It (Single-Auskopplung aus **Baby It's Me**).   13. April

Ease On Down the Road (Single), mit Michael Jackson.   21. Aug.

Top of the World (Single).   16. Sept.

The Wiz (Original Motion Picture Soundtrack).   18. Sept.

Diana Ross stellt im Universal Amphitheatre in Los Angeles ihre spektakuläre neue Show vor.		19. Sept.
Dick Clark präsentiert eine TV-Line-Show, die Diana Ross mit einem grandiosen Auftritt eröffnet; sie singt ihren Superhit **Ain't No Mountain High Enough.**		20. Sept.
Motown veröffentlicht **Ross** (Album).		21. Sept.
Galapremiere von **The Wiz** in New York.		24. Okt.
Auftritt in der **Today**-Show.		25. Okt.
America Alive! (TV).		26. Okt.
Diana Ross wird im Fernsehen für ein Barbara-Walters-Special porträtiert.		29. Nov.
What You Gave Me (Single-Auskopplung aus **Ross**) erscheint. Gleichzeitig bringt Motown *Pops We Love You* (Single) heraus. Diana Ross, Stevie Wonder, Marvin Gaye und Smokey Robinson nahmen diesen Song anläßlich des 90. Geburtstags von Berry Gordys Vater auf. Die Platte wurde der Vatertagssong des Jahres.		28. Dez.
1979	Diana Ross überreicht Jon Voight den Oscar für den besten Schauspieler.	9. April
	The Boss (Album).	22. Mai
	Diana Ross präsentiert die **Tonight Show.**	16. Juli
	It's My House (Single-Auskopplung aus **The Boss**).	12. Okt.
	Diana Ross wird von Tom Brokaw in der **Today**-Show interviewt.	15. Nov.
	Diana Ross singt anläßlich von Macy's 53. Thanksgiving Day Parade ihren Titel *The Boss.* Am selben Tag wird ihr von Bryant Gumbel der Front Page Music Award der New York **Daily News** überreicht.	22. Nov.
1980	**Sensational Wacky Seventies** (TV-Special).	4. Jan.
	Diana Ross tritt mit Kermit und Miss Piggy in der **Muppet Show** auf.	19. Mai
	Bob Hope's All-Star Comedy Birthday Party: A USO Salute (TV).	28. Mai
	diana. Aus diesem Platinalbum koppelt Motown zwei Singles aus:	22. Mai
	Upside Down (wurde Nr. 1) und	20. Juni
	I'm Coming Out.	22. Aug.

	It's My Turn, der Titelsong aus dem gleichnamigen Film.	29. Sept.
	The Wiz – Fernsehpremiere.	11. Okt.

1981	HBO sendet Diana Ross' erstes Special fürs Kabelfernsehen, **Standing Room Only: Diana Ross.** Die Sendung enthält Elemente aus Diana Ross' spektakulärer Show, die sie 1978 in Los Angeles vorgestellt hatte.	13. Jan.
	To Love Again. Dieses Album ist eine Zusammenstellung von Diana Ross' Arbeit mit dem Songwriter/Produzenten Michael Masser.	17. Feb.
	Good Morning America (TV).	25. Feb.
	Motown veröffentlicht *One More Chance* aus **To Love Again.**	27. Feb.
	CBS sendet **diana,** ein TV-Special mit Live-Aufnahmen, die am 5. Feb. bei einem Konzert im Los Angeles Forum mitgeschnitten wurden.	2. März
	Diana Ross besucht mit Michael Jackson die Verleihung der Academy Awards.	31. März
	Cryin' My Heart Out for You (Single).	8. Mai
	Diana Ross unterschreibt bei RCA Records.	14. Mai
	Endless Love (Single; wurde Nr. 1), mit Lionel Richie. Dieser Titelsong aus dem Soundtrack zum gleichnamigen Film führt neun Wochen lang die Charts an. Er wird in mehreren Kategorien für Grammys nominiert, unter anderem als Song des Jahres, Platte des Jahres und bestes Popduo. Er wird außerdem von der Academy of Motion Pictures Arts and Sciences als Song des Jahres nominiert.	24. Juni
	Why Do Fools Fall in Love (Single; wurde Nr. 1). Single und Album erscheinen im selben Monat. Es handelt sich dabei um Diana Ross' erstes Projekt für RCA. Sie hat das Album selbst produziert und bekommt dafür Platin. Motown bringt im selben Monat zwei Alben heraus, **All the Greatest Hits** und **Diana's Duets.**	25. Sept.
	Good Morning America.	23. Okt
	Good Morning America.	26. Okt.
	It's My Turn, Original Motion Picture Soundtrack. 20/20 (TV).	29. Okt.
	Motown veröffentlicht *My Old Piano* (Single).	4. Dez.
	Mirror, Mirror (Single).	11. Dez.

	The Tonight Show.	11. Dez.
1982	Diana Ross singt beim Super Bowl XVI die National-hymne.	24. Jan.
	Soul Train (TV).	30. Jan.
	Work That Body (Single).	19. März
	Im Rahmen der Academy-Awards-Verleihung singen Diana Ross und Lionel Richie *Endless Love;* der Song ist als bester Song nominiert worden.	29. März
	Auftritt in der **Today**-Show.	14. Juni
	Good Morning America.	1. Juli
	Diana Ross tritt im Meadowland Stadium in East Rutherford, New Jersey, auf. Als Gäste hat sie für diesen Abend Jazzgröße Miles Davis und die R&B-Gruppe Frankie Beverly and Maze ausgewählt.	4. Juli
	Motown veröffentlicht *We Can Never Light That Flame Again* (Single).	31. Aug.
	Silk Electric (Album).	10. Sept.
	Muscles, ein Song von Michael Jackson, ist die erste Single-Auskopplung aus **Silk Electric.** Der Song wird ein Top-10-Pop- und R&B-Hit und beschert Diana Ross eine weitere Grammy-Nominierung als beste R&B-Sängerin.	17. Sept.
1983	*So Close* (Single).	7. Jan.
	Anthology (Album).	5. Mai
	Diana Ross nimmt an dem TV-Special **Motown 25 – Yesterday, Today & Forever** teil; die Produktion wird mit einem Emmy Award ausgezeichnet.	16. Mai
	Ross (RCA Album).	17. Juni
	Pieces of Ice, erste Single-Auskopplung aus **Ross.**	17. Juni
	Bill Harris in Hollywood, ein Interview mit Diana Ross, läuft auf Showtime (TV).	Juli
	Bryant Gumbel interviewt Diana Ross in der **Today**-Show.	20./21. Juli
	»**For One and For all – Diana Ross Live! in Central Park.**« Diana Ross gibt vor 800 000 Menschen ein Konzert im Central Park, New York City; der Eintritt ist frei.	21./22. Juli
	Diana Ross singt in der **Tonight Show** *Let's Go Up.*	4. Aug.

Start einer Tournee durch 45 Städte.	5. Aug.
Up Front (Single).	Sept.
Let's Go Up (Single-Auskopplung aus **Ross**).	18. Nov.

1984	*All of You* (Single), mit Julio Iglesias.	20. Juni
	Swept Away (Single und Album).	2. Aug.
	Diana Ross beteiligt sich an Jerry Lewis' Fernsehspendenaktion für Menschen, die an Muskeldystrophie leiden; sie singt den Titel **Forever Young.**	3. Sept.
	Diana Ross' Show in der Radio City Music Hall bricht alle Kassenrekorde.	19. Sept.
	Diana Ross' Mutter Ernestine Jordan-Ross stirbt.	9. Okt.
	Missing You (Single); wird Nr. 1 in den R&B-Charts und Nr. 10 in den Pop-Charts.	16. Nov.

1985	Die Kaufman Astoria Studios in Queens, New York, benennen ein Gebäude nach Diana Ross; sie würdigen damit ihre Verdienste um die Wiederbelebung der New Yorker Filmindustrie.	24. Jan.
	Diana Ross ist Gastmoderatorin bei den American Music Awards. Im Anschluß an diese Veranstaltung fährt sie in die A&M Studios in Hollywood, um an den Aufnahmen zu einem Song teilzunehmen, der auf der ganzen Welt ein Number-One-Hit werden sollte: *We Are the World.*	28. Jan.
	Diana Ross tritt für das TV-Special **Motown Returns to the Apollo** im Apollo Theatre auf.	4. Mai
	Telephone (Single-Auskopplung aus **Swept Away**).	3. Juni
	Eaten Alive (Album).	23. Aug.
	Chain Reaction (Single-Auskopplung aus **Eaten Alive**).	25. Okt.

1986	Diana Ross tritt im Kennedy Center von Washington, D. C., auf, wo anläßlich des Martin Luther King Day eine Feier stattfindet.	20. Jan.
	Diana Ross präsentiert die 13. Verleihung der American Music Awards.	27. Jan.
	Diana Ross heiratet in der Schweiz Arne Naess.	1. Feb.
	Eröffnungsfeier für den Diana-Ross-Spielplatz an der 81st Street/Central Park West.	11. Sept.

1987	Diana Ross präsentiert die 14. Verleihung der American Music Awards.	27. Jan.
	Dirty Looks (Album).	29. April
	TV-Special **Red Hot Rhythm and Blues** läuft in ABC.	20. Mai
	Red Hot Rhythm and Blues (Album) erscheint.	9. Juni
	Tell Me Again (Single).	Juli
	Geburt von Sohn Ross Arne.	7. Okt.
1988	Diana Ross wohnt in New York der Verleihung der Grammy Awards bei und überreicht U2 den Grammy für das Album des Jahres.	2. März
	Geburt von Sohn Evan Olav.	26. Aug.
	If We Hold On Together (Single), aus Steven Spielbergs Zeichentrickfilm **The Land Before Time** (In einem Land vor unserer Zeit) erscheint bei MCA Records.	5. Nov.
1989	Start einer Welttournee.	1. Feb.
	Diana Ross unterschreibt neuen Vertrag mit Motown.	10. Feb.
	Workin' Overtime (Single).	24. April
	Workin' Overtime (Album).	24. Mai
	Diana Ross nimmt an dem Umweltkonzert Our Common Future teil, das aus dem englischen Wembley in die ganze Welt ausgestrahlt wird.	23. Juni
1990	Diana Ross besucht mit ihren Töchtern die Verleihung der Academy Awards und singt Harold Arlens *Somewhere over the Rainbow*.	26. März
	Tochter Tracee Ross macht ihren High-School-Abschluß. Diana Ross hält die Ansprache bei der Abschlußfeier.	13. Juni
	No Matter What You Do, mit Al. B. Sure, erscheint auf Sures Warner-Bros.-Album **PrivateTimes and the Whole 9!**	16. Okt.
	Diana Ross und Tochter Tracee präsentieren in Paris Thierry Muglers Frühjahrskollektion für 1991.	18. Okt.
1991	Diana Ross überreicht Phil Collins den Grammy für die Platte des Jahres.	20. Feb.
	In der **Arsenio Hall Show** (TV) stellt Diana Ross den Stevie-Wonder-Song *The Force Behind the Power* vor.	20. Mai

	Diana Ross startet eine 15monatige Welttournee, um ihr neues Album **The Force Behind the Power** zu promoten. Als Single wird unter anderem der Titel *When You Tell Me* ausgekoppelt, den Diana Ross in der **Tonight Show** präsentiert.	31. Mai
1992	Live-Auftritt im Ritz in New York; für ein Pay-TV-Programm singt Diana Ross einen ganzen Abend lang Jazz und Blues: »**Diana Ross Live/The Lady Sings Jazz & Blues, Stolen Moments.**«	4. Dez.
	Im Rahmen des TV-Special **Christmas in Vienna** singt Diana Ross zusammen mit Placido Domingo und José Carreras Weihnachtslieder.	23. Dez.
1993	**When You Dream,** Kinderbuch und CD, japanische Ausgabe.	April
	Tochter Rhonda macht mit Auszeichnungen ihren College-Abschluß.	31. Mai
	Diana Ross wird mit dem Global Youth Forum Award ausgezeichnet.	3. Juni
	Tochter Chudney Ross macht ihren High-School-Abschluß. Diana Ross hält die Ansprache bei der Abschlußfeier.	10. Juni
	In der Livesendung **Apollo Theatre Hall of Fame** (TV) singt Diana Ross Klassiker von Billie Holiday.	15. Juni
	Beginn der Dreharbeiten zu **Out of Darkness,** einer Fernsehproduktion für ABC.	3. Aug.

Quellennachweis

Wir danken den im folgenden Genannten für die Genehmigung zum Abdruck von bereits veröffentlichtem Textmaterial:

C AND WEST PUBLISHING, CO.: Vier Zeilen aus »Tears of Sorrow« von Richard Morris. Abdruck mit freundlicher Genehmigung von C and B West Publishing, Co.
    JOAN DAVES AGENCY: Einen Ausschnitt aus »I Have a Dream« von Martin Luther King, jr. Copyright Martin Luther King, jr., 1963; erneuertes Copyright Coretta Scott King, 1991. Abdruck nach Absprache mit den Erben des Estate of Martin Luther King, jr., c/o Joan Daves Agency als Vertretung des Rechteinhabers.
    EMI MUSIC PUBLISHING AND WARNER/CHAPPELL MUSIC, INC.: Drei Zeilen aus »It's My Turn« von Michael Masser und Carole Bayer Sager: © Colgems-EMI Music Inc., Prince Street Music, Unichappell Music Inc. und Begonia Melodies Inc., 1980. Alle Rechte für Prince Street Music kontrolliert und verwaltet durch Colgems-EMI Music Inc. Alle Rechte vorbehalten. Internationales Copyright gesichert. Abdruck mit Genehmigung.
    JOBETE MUSIC CO:, INC.: Neun Zeilen aus »Ain't No Mountain High Enough« von Nicholas Ashford und Valerie Simpson. Copyright © Jobete Music Co., Inc., 1967; und fünf Zeilen aus »Buttered Popcorn« von Berry Gordy und Barney Ales. Copyright © Jobete Music Co., Inc., 1961. Abdruck mit freundlicher Genehmigung von Jobete Music Co., Inc.
    WARNER/CHAPPELL MUSIC, INC.: Zehn Zeilen aus »Home« von Charlie Smalls. © Warner-Tamerlane Publishing Corp. 1971. Alle Rechte vorbehalten. Abdruck mit Genehmigung.

Bildnachweise